天下文化
BELIEVE IN READING

記憶
決定你是誰

WHY WE
REMEMBER

Unlocking Memory's Power
to Hold on to What Matters

探索心智基礎，學習如何記憶

Charan Ranganath

蘭迦納特 ——著　　姚若潔——譯

目次

獻給我的家人

各界推薦

如果你只想買一本有關記憶的書,那麼我會推薦你買這本,這是長久以來,內容最豐富,實驗寫得最正確(或許因為作者本身就是實驗者的關係吧),包含了最多最新的記憶實驗,尤其是預設模式網路和記憶關係的一本書。創造力和預設模式網路最近都很紅,但是把兩者之間的關係講得很清楚的,非本書莫屬。這是一本很值得閱讀的認知神經科學科普書。

——洪蘭,中央大學認知神經科學研究所榮譽教授暨創所所長

很多人不願意回想起過去不堪的往事,但若要把這些痛苦回憶從記憶中連根拔除,恐怕也不是件好事!因為,回憶代表我們曾活過,種種記憶不論好壞,建構了我們的自我認同。沒有某段回憶,你就不會是現在的你了。也許,我們不能決定腦海裡裝進了哪些記憶,但我們可以選擇用新的觀點看待過去曾發生過的事。《記憶決定你是誰》這本書,將帶你一探究竟!

——陳志恆,諮商心理師、暢銷作家

蘭迦納特巧妙揭示了記憶的神祕面紗,讓我們理解記憶如何影響我們的過去、現在和未來。這本書中充滿了迷人的科學和引人入勝的故事,無論是想了解記憶科學,還是希望改善個人記憶力,這本書都絕對是不可錯過的珍貴指南!

——黃貞祥,國立清華大學生命科學系副教授

(依姓氏筆劃順序排列)

蘭迦納特是頂尖的記憶研究者，在這本代表作中扭轉了我們對於記憶的許多認識，他以明確的證據揭示：為了讓我們對不確定、不斷改變的未來預作準備，大腦的記憶系統在大多數情況下，主要的任務就是把事情忘掉。論起講道理和說故事，蘭迦納特都是大師。

——列維廷（Daniel J. Levitin），《迷戀音樂的腦》（*This Is Your Brain on Music*）作者

蘭迦納特是知名神經科學家暨古根漢獎得主，以非凡的洞察力和清晰的知識，帶領我們理解記憶科學。他描述記憶特殊的迷人故事，並結合實用、可行的方法，讓讀者不只能記得更好，還會永遠記得這本改變人生的書。

——穆克吉（Siddhartha Mukherjee），普立茲非小說類獎《萬病之王》（*The Emperor of Maladies*）作者

對於我們如何記得、為何記得，本書提供了迷人的全新見解。蘭迦納特告訴我們，除了記錄過去之外，記憶更深深的影響著現在，通往預料中的未來。無論對個人或對團體，這本傑作都有重要的意義。

——沃克（Matthew Walker），《為什麼要睡覺？》（*Why We Sleep*）作者

本書實在太精采，足以改變思維。蘭迦納特在一流的科學知識與輕鬆的個人敘事之間取得平衡，只要讀過本書，都能對大腦有更好的了解，進而善加利用。

——薩波斯基（Robert Sapolsky），《行為》（*Behave*）作者

本書將改變讀者對於記憶的理解。沒有科學家比蘭迦納特更適合將這個符合時代需求的重要主題傳達給世人。

——克洛斯（Ethan Kross），《強大內心的自我對話習慣》（Chatter）作者

本書描繪出生活裡的偉大真理：記憶能將我們導向未來、與世界互動，它們並不是過去的靜態圖像，一成不變。蘭迦納特的描寫很有說服力，呈現出基礎科學如何幫助我們理解人類的經驗。這是一項重大的成就。

——葛詹尼加（Mike Gazzaniga），《意識本能》（The Consciousness Instinct）作者

本書證明了理解大腦如何幫助我們改善思維。當我們擁有一幅清楚的記憶地圖，就能更理想的掌控生活、從過去的錯誤中學習、為現在做出更好的決定、對未來做出積極的預測。

——沙羅特（Tali Sharot），《正面思考的假象》（The Optimism Bias）作者

大腦是我們最珍貴的器官，但大眾對它的認識並不深，而蘭迦納特是完美的信差，將大腦與記憶的角色傳達給社會。這本重要的書令人興奮，無論對個人或對社會，它都能幫助我們療癒，邁向更好的境界。

——梅布里特·莫澤（May-Britt Moser），諾貝爾生理學或醫學獎得主

沒有人比蘭迦納特更適合分享人類記憶研究的最新成就。他樂於交流、熱心分享知識、有宏觀的視角，是寫書談記憶議題的理想人選。

——愛德華·莫澤（Edvard Moser），諾貝爾生理學或醫學獎得主

「我們如何停止擔憂未來、放下過去、活在當下？」蘭迦納特為這個人類共通的問題提供了答案。他透過迷人的科學、深具說服力的個人故事，以及一流的寫作，讓本書完成使命。
——阿米希查（Amishi Jha），《巔峰心智》（*Peak Mind*）作者

蘭迦納特用尖端科學解釋現在如何形塑過去，而我們對自己訴說的故事最終又如何影響未來。本書能讓我們超越內心的敘事、做出有意義的決策，並且快樂生活，絕對是必讀之作！
——米樂兒（Lisa Miller），《有靈性的孩子》（*The Spiritual Child*）作者

本書為記憶科學領域提供完整、非常重要、吸引人、富有詩意、有實用價值的觀點。說起帶領我們飽覽內心風景的嚮導，蘭迦納特是不二人選。
——伊葛門（David Eagleman），《大腦解密手冊》（*The Brain*）作者

絕佳的科普讀物，既有趣又發人深省，鼓勵讀者保持開放心態。
——《金融時報》（*The Financial Times*）

富有啟發性。
——《紐約時報》（*The New York Times*）

對於記憶和外部資訊，我們比以往更容易進行事實查核，然後發現我們記得不夠清楚，而蘭迦納特熱切的想把理解記憶的新方法告訴我們。
——《紐約客》（*The New Yorker*）

聰明巧妙，兼顧洞見與幽默。……最重要的一課是：我們不必被過去不完整的記憶局限住。

——《華爾街日報》(*The Wall Street Journal*)

蘭迦納特把複雜的研究敘述得既有趣又清楚，生動的描繪出記憶科學的知識發展史……他是位慷慨、謙虛的敘事者……本書最引人入勝的地方在於它提供可靠的科學原理，讓我們寬心的接受：無論這個嶄新的世界發生什麼大事，我們都無法記住每一件事。記憶研究清楚的顯示，與其對抗遺忘的浪潮，不如坦然面對，讓記憶只留下少許在岸上，其他的就讓遺忘沖走，有時不失為一種解脫。

——《華盛頓郵報》(*The Washington Post*)

本書概述記憶的運作方式，引人入勝。……蘭迦納特有一種本領，能把神經解剖學化為易懂的詞彙，他在書中提到的科學令人驚奇。……內容平易近人、富有啟發性，值得一讀。

——《出版者周刊》(*Publishers Weekly*) 星級評論

蘭迦納特是一個精明親切的嚮導。

——《夜明雜誌》(*Undark Magazine*)

前言
認識記憶的我

我記得 1980 年代的歌曲和歌詞，卻不記得自己為何走進廚房。
——網路迷因

　　請先稍微花點時間，想一下你自己是誰。

　　想想你身邊最親近的人、你的工作、你所在的地理位置、你目前的生活狀況。是哪些最難以磨滅的生命經驗，造就今天的你？你最深刻的信念是什麼？不管大小或好壞，是什麼樣的選擇，引領你到現在這個時空？

　　在背後不斷產生影響，有時甚至完全主宰你如何做出選擇的，是記憶。借用諾貝爾經濟學獎得主暨心理學家康納曼（Daniel Kahneman）的說法，過著生活的是「經驗的我」，但做出選擇的卻是「記憶的我」。[1] 有時這些選擇平常而瑣碎，像是決定中午要吃什麼，或是站在超市貨架前從琳琅滿目的洗衣精中挑出一個品牌。但這些選擇有時候成為驅動生命改變的抉擇，例如要投身何種職業、要在何處定居、持有什麼樣的價值觀，甚至如何養育小孩、希望和什麼樣的人往來。更進一步，記憶也塑造著你對這些選擇的感覺。康納曼等人已經在許多研究中顯示，我們自己做出決定後，能從結果獲得快樂和滿足感，但這種快樂和滿足感並非來自於經驗，而是記憶。

　　簡單的說，「記憶的我」基本上牽動著我們做的每個決定，藉此持續不斷且全面的塑造我們的現在與未來。這不見得是壞事，但確實表示我們有必要了解「記憶的我」，以及其影響深遠的運作方式。

　　不過，儘管想法、行動、情緒與決策都牽涉到記憶，我們對此卻往往渾然不覺——除非記憶出現問題。畢竟每當剛認識的人知道我專門研究記憶時，他們最常提出的問題就是：「為什麼我這麼容易忘東忘西？」我也常問自己同樣的問題。想不起名字、臉孔、對話的情況幾乎天天都會發生，甚至隨時有可能忘記自己本來要做什麼。我們都為那些想不起來的時刻而懊惱，而隨著年紀愈來愈大，這些情況還可能開始令人擔憂。

　　嚴重的失憶確實會使人無法順利生活或工作，但我們平時常抱怨和擔憂的健忘，卻大多來自於誤解，而且這誤解深植人心，很難消除。與一般看法相反，記憶的科學告訴我們，最重要的並不是怎麼做才能記得更多，我們甚至要懷疑是否應該要記得更多。問題不在於我們的記憶，問題在於我們對記憶的目的抱有錯誤的期待。

　　我們本來就不應該記得自己過去的每一件事。就記憶的運作方式而言，它並不是要幫助我們記得在某處遇到的某人叫什麼名字。英國心理學家巴特利爵士（Sir Frederic Bartlett）是記憶研究史上的重要人物，他說：「鉅細靡遺回憶的重要性異於尋常的低。」[2]

　　所以，與其問：「我們為什麼想不起來？」倒不如問：「我們為什麼會記得？」

　　我對這個問題的探索之旅，始於 1993 年一個颳著風的秋日下午。當時我二十二歲，在美國西北大學攻讀臨床心理學的博士學位，剛設計出我的第一個記憶實驗——雖然那個實驗本來不是針對記憶的研究。我正在研究臨床上的憂鬱症，而那個實驗是要測試一個理論，看看悲傷的心情如何影響注意力。我走進克雷薩普實驗大樓（Cresap Laboratory），耳機裡大聲播放胡斯克杜樂團（Hüsker Dü；這個團名在瑞典語的意思是「你是否記得？」）的歌，培養情緒準備蒐集我第一個受試者的腦電圖（electroencephalography, EGG）。受試者是一個滿頭捲髮的大學生，我笨手笨腳的把一個個電極貼到她的頭皮上，然後凝視著電腦螢幕，著迷於她腦部電活動所顯現的波形，經過三十分鐘後，再取下電極並收拾乾淨。雖然我已經盡力，但她離開實驗室時，頭髮上仍四處掛著殘餘的導電膠。

　　那個實驗背後的想法，是先讓情緒健康的參與者感到悲傷，然後觀察在悲傷的情緒中，注意力是否會受到引導，比起中性的詞彙（如「香蕉」或「門」），是否更容易捕捉負面的詞彙（例如「創傷」或「悲慘」）。為了讓自願參與者進入悲傷的情緒，我們讓他們聽一些沉重緩慢的古典音樂，包括選自電影《亞歷山大·涅夫斯基》（*Alexander Nevsky*）裡的〈蒙古枷鎖下的俄羅斯〉（Russia Under the Mongolian Yoke），這是普羅高菲夫（Sergei Prokofiev）所作的曲子，它引發悲傷情緒的力量很有效，已經運用在好幾個憂鬱症的研究上。[3] 我們在背景播放這支樂曲，同時請參與者回想自己過去某個十分悲傷的事件或時期。我們預期音樂能讓人比較容易想起悲傷的事件，而回想悲傷的事件會讓人感到悲傷。沒錯，這麼做每次都奏效。

雖然那個實驗的其餘部分失敗了，但讓我留下深刻印象的是，我們能夠透過人的過往記憶，來改變現在的感覺和看法。不只是想著痛苦的往事讓人悲傷，似乎是當人處於悲傷的狀態時，也比較容易想起其他悲傷的事件。從那時起，我開始深深著迷於腦中產生「記憶」的結構，想知道它如何能夠深刻牽動我們現在的思想與感覺，從而影響我們如何向未來邁進。

在實驗室裡，記憶可以透過一段悲愴的古典音樂而激發，但在真實世界裡，這些記憶往往在我們最沒有預期的時刻悄然而至，透過最意想不到的來源而引發，例如隻字片語、某張臉孔、某種氣味或味道。對我來說，只要聽到〈美國出生〉（Born in the U.S.A）這首歌的兩個和弦，就足以讓我湧現中學時的記憶，想起那些經常用各種種族歧視綽號取笑我的人。

我們在現在經驗到的聲音、氣味和景象也可以把我們帶回快樂的時光。獨立搖滾樂團救火隊（fIREHOSE）的一支曲子，總是把我帶回我跟妻子妮可的第一次約會；波羅蜜的氣味讓我想起某次在印度馬德拉斯（Madras）的海邊，與祖父一同散步；而柏克萊一間小酒吧「星犁」外牆上色彩鮮豔的壁畫，會把我帶回大學的日子，我們的搖滾樂團「插入式迷幻藥」那時正完成一場值得紀念的演出。（對，我很後悔取了這個樂團名稱。）

身為臨床心理學家和神經科學家，這每一個經驗的回想及引發的感覺，都呼應著我大部分研究底下的一個核心原則：記憶遠遠不只是過去的檔案庫；它是一個稜鏡，我們透過它來看見自己、別人與世界。它將我們所說、所思與所做全部連結在一起。我的職涯選擇無疑受到自己身為第一代美國移民的影響，那經驗在我身上永久留下「身為他者」的感受。那感受有時強烈到讓我覺得自己像個外星人，探測著人腦，想要了解人如何、以及為何表現出種種行為。

　　人腦捕捉過去的方式既奇怪又美妙，如果想完整了解，我們必須追問更深層的問題：記憶是為何、又如何形塑我們的生命。形成記憶的種種機制，是為了因應生存挑戰而演化出來的。我們的祖先必須優先記住能夠幫助自己應付未來的訊息。他們必須記得哪些果子有毒，什麼人比較可能幫助自己，什麼人比較可能背叛自己，什麼地方有涼爽的晚風或乾淨的飲水，哪條河又住著鱷魚。這些記憶幫助他們能夠活著吃下一頓飯。

　　透過這樣的觀點來看，那些常被人視為缺陷的地方，其實正是記憶的特性。我們之所以會忘記，是因為必須優先保存重要的訊息，以便在需要時可以迅速調度使用。我們的記憶能夠改變，有時很不精確，因為腦的設計是為了在一個不停變化的世界裡尋找方向。某個地方曾經是良好的覓食之處，現在有可能變成荒蕪之地。某個我們曾經信任的人，現在卻可能帶來威脅。人的記憶必須要有彈性、能夠適應不同的情境，這種特性的記憶更勝於永久不變且如相片般精確的記憶。[4]

　　因此，這不是一本關於「如何記住所有事情」的書。在接下來的章節，我會帶你進入記憶過程的深處，好讓你了解「記憶的我」如何影響你的人際關係、選擇、自我認同，以及你所居住的社會。當你明白「記憶的我」會產生多麼深遠的影響之後，便可以把心力放在記住你想牢記的事物，並藉由過去邁向未來。

在本書的第一部，我將介紹記憶的根本機制，也就是我們為何會忘掉某些事物，以及如何記住重要事物。但這只是旅程的開始。在第二部，我們會逐步深入，揭開記憶「看不見的力量」，這些力量決定著我們如何詮釋過去，並塑造我們對現在的認知。最後，到了第三部，我們將探索記憶本質上的可塑性如何讓我們適應變化多端的世界，並思索記憶在更大範圍的意義：我們自己的記憶如何與別人的記憶交織。

在這趟旅程上，你將會認識一些人，他們的生命因記憶的特質而受到很大的影響：有些人記得太多，有些人無法形成新的記憶；有人受到過去記憶的折磨，有人因為別人的錯誤記憶而遭遇巨大的不幸。他們的故事，加上我自己較為平凡無奇的故事，幫助描繪出記憶這隻（有時候）看不見的手，是如何引導著我們的生活。

記憶不只關乎過去的自己，也關乎現在的我們以及將來的可能性，而這不管對個人和對社會都是如此。「我們為什麼會記得」的故事，同時也是人類的故事。而這個故事始於把我們的過去、現在和未來天衣無縫銜接在一起的神經連結。

第一部

記憶的基礎

1

心智在哪裡？

為什麼有些事情我們記得，
有些卻會忘掉？

我的記性之所以如此差勁，或許是因為我老是同時至少做兩件事。當你只花一半或四分之一的心思時，自然更容易忘記。

——安迪沃荷（Andy Warhol），普普藝術開創者

　　你我一生之中接觸到的資訊非常多，任何生物都不可能全部記住。根據一項估計，一般美國人在一天之中接觸到的資訊高達 34 GB（相當於花費 11.8 小時）。[1] 透過手機、網路、書籍、廣播、電視、電子郵件、社群媒體，我們源源不絕的接收影像、文字、聲音，更不用提我們在具體世界中活動時數不清的經驗，也難怪我們記不住每一樣東西。反過來說，能記住任何一樣東西就已經令人驚訝。忘記是人的天性。然而，忘記也是人類經驗裡最令人難以理解、最讓人感到挫折的一件事。

　　所以，我們很自然會產生這個問題：「為什麼有些事情我們記得，有些卻會忘掉？」

　　不久前，我和妮可慶祝我們相識三十週年。為了紀念這個特殊時刻，我們翻出積滿灰塵的陳年家庭錄影帶，拿去轉成數位版。我特別著迷於女兒米拉好幾次生日派對的影片。我們看著米拉漸漸長大的身影時，我本來預期會有許多記憶湧上心頭，結果卻發現自己幾乎對每一場派對都沒有印象。拍攝的人明明是我，但我卻沒有一一想起這些生日派對的場景，只有一場除外。

　　米拉小時候，我們幾乎每年都幫她舉辦生日派對，地點選在沙加緬度動物園（Sacramento Zoo）、本地的科學博物館、兒童健身房，或是室內攀岩場等等。這些場地能提供主題活動，還有不

斷供給的食物和飲料，可以讓小孩子在兩小時之間充分玩樂。我會一同愉快慶祝，但多半專注於把珍貴的時光拍攝下來，好讓妮可與我日後可以再次回顧。

米拉滿八歲那年，我決定做個新的嘗試。在我自己小時候，我和弟弟拉維是在自己家裡慶生，父母不用花多少錢，我們也玩得很開心。所以那年我順從自己的 DIY 龐克搖滾精神，在我們家裡舉辦米拉的派對。任何辦過小孩生日派對的人都知道，第一要務是不能讓小孩子閒下來。米拉向來都對美勞有興趣，所以我在鄰近的小城找到一間店，向他們訂購貓咪形狀的陶瓷半成品，讓小朋友用釉料上色，燒製之後可以各自帶回家。在美勞活動之外，我還把海綿寶寶造型的拉繩糖果玩具皮納塔掛在後院。有了這兩項安排，我認為自己已經打點好一切。

結果我錯得一塌糊塗。活動開始後只過了十五分鐘，所有的貓咪陶瓷都已上好顏色。距離吃蛋糕的時間還有幾個小時，小朋友開始煩躁不安，我則開始恐慌起來。我把小朋友帶到後院，讓他們排好隊，輪流拉扯皮納塔的繩子，卻沒有糖果掉下來。最後我只能親自下海，從車庫裡找出一根高爾夫球桿，往海綿寶寶身上砸出一個大洞。糖果向四面八方噴灑，小孩子蜂擁聚集到紙糊的海綿寶寶身上，活像電視劇《陰屍路》（*The Walking Dead*）中的場景。我看到一個小女生像是奧運體操選手般飛躍到院子另一端，奪得草地上的迷你士力架巧克力。

此時要端出蛋糕還是太早，因此我靈機一動，讓他們用車庫裡找到的一條舊繩子玩拔河。前一天剛下過雨，這些小孩在滿是泥巴的草地上滑來滑去。我記得自己環顧後院，看著幾個小孩吃掉糖果後興奮的互相追逐，一兩個小孩抱怨手掌因為繩索摩擦而發痛，還有幾個輪流揮舞高爾夫球桿，繼續打爛海綿寶寶的遺骸，然後我心想：八歲小孩的生日派對要從彩繪陶器變成無政府狀態的《蒼蠅王》（Lord of the Flies），真的只是一瞬間的事。這不是我人生中最光彩的時刻，但我記得的細節卻清晰到令人痛苦。

我們經歷的事情各自有不同的重要程度。有些事情實在乏善可陳，有些時刻卻讓我們想要永久珍藏。不幸的是，即使是那些珍貴的片刻，有時也可能從指尖溜走。在米拉每次生日派對的當下，我或許發誓自己一定會記得清清楚楚，那麼為什麼只有這次讓我印象特別深刻，而其他的生日影片卻像是某個年代久遠的重播電視劇？

我們當下覺得難忘的經驗，到底是怎麼化為空虛的碎片？

對於想要記住的事，雖然我們傾向相信自己可以、也應該記得住，但事實卻非如此：我們生來就是會遺忘，而這是記憶的科學最重要的一課。在這一章裡我們將會探討，只要我們認真觀照自己如何記得、為何忘記，就能為最重要的時刻創造出能夠長久留存的記憶。

重點是建立對的連結

現在的記憶科學研究，是由十九世紀末的德國心理學家艾賓浩斯（Hermann Ebbinghaus）開創的。[2] 艾賓浩斯是嚴謹而有條理的研究者，他認為要了解記憶，必須先有能力以客觀的方式把記憶量化。他不問人主觀的問題，例如小孩的生日派對發生什麼事，而是發展新的方法，將學習和遺忘加以量化。他也不像現代心理學家那樣擁有自願參與實驗的大學生，可憐的艾賓浩斯只能獨自研究。他就像哥德風格恐怖小說裡的瘋狂科學家一樣，對自己進行傷透腦筋的實驗。他背下數千個由三個字母組成的無意義單字，每個字都是中間一個母音，前後兩個子音，稱為「三字母組」（trigram），例如 DAX、REN、VAB 等。他的想法是，可以藉著計算自己成功學起來並記住的三字母組數量，來測量記憶。

　　我們應該先暫停一下，對艾賓浩斯這項艱辛的研究工作致敬。在他 1885 年的論文《論記憶：對實驗心理學的一份貢獻》（*On Memory: A Contribution to Experimental Psychology*）中，他寫到自己在每次四十五分鐘的時段裡，只能記住六十四個三字母組，因為「時間快要到時，常感到筋疲力竭、頭痛和其他症狀」。[3] 最後，他那超人般的努力終於帶來成果。他的實驗確實揭露出學習和遺忘最基本的一些面向，其中最重要的成就是建立「遺忘曲線」（forgetting curve），這是有史以來第一次有人把「我們會多快忘掉資訊」繪製成圖。艾賓浩斯發現，記住一連串三字母組後，只要過二十分鐘，他就忘掉將近一半；一天之後，原本記住的字忘掉約三分之二。雖然艾賓浩斯的發現還是有一些地方不能照單全收，[4] 但已經確立最重要的事實：你現在經歷的多數事情，不到一天就會遺忘。這是為什麼？

　　要回答這個問題，讓我們先來拆解記憶形成的過程。人腦的最外層是「新皮質」（neocortex），這是充滿皺摺的灰色組織，由數量龐大的神經元組成，據估計多達 860 億個，是地球人口的十倍有餘。[5] 神經元是腦中最基本的運作單元。我們從世界得到的感官資訊，會由這些特化的細胞負責傳送到腦的不同區域。我們感覺到、看到、聽到、摸到、嚐到的所有東西，還有我們之所以能夠進行每一次呼吸、一舉手一投足，都得仰賴神經元的彼此溝通。如果你覺得自己墜入情網、感到憤怒，或覺得有點餓，都是神經元彼此交流的結果。神經元也可以在幕後處理我們根本沒有覺察到的重要功能，例如維持心臟跳動。甚至在我們睡覺時，神經元也不停的工作，往我們腦中注入瘋狂的夢境。

神經科學家仍在釐清神經元到底如何共同運作，但目前為止我們得到的知識，已足夠建立電腦模型，幫助了解掌管腦部運作的一些基本原則。基本上，不管是哪一種神經運算，每個神經元只扮演一個小角色；神經元的運作就像是民主政治，每個人對選舉結果的影響力只有一票。在民主政治中，我們會形成政治上的結盟，好推動個人關心的事項，神經元也形成類似的盟友關係，完成腦中的種種事項。加拿大神經科學家赫柏（Donald Hebb）在研究中，把這些聯盟稱為「細胞群組」（cell assembly），幫助我們了解神經元在學習方面扮演的角色。

神經科學如同政治，重要的是擁有對的連結。

為了更加明白神經元如何運作，讓我們考慮新生兒暴露在人類語言時發生的事情。在習得語言之前，嬰兒可以聽出聲音之間的不同，但並不知道如何以有語言意義的方式解析這些聲音。幸運的是，從我們出生那一刻起，我們的腦就開始執行聽懂聲音的任務，嘗試把連續不斷的音波拆解成一個個分開的音節。嬰兒腦中處理說話聲音的區域會進行投票，決定最終會感知到什麼。或許這個嬰兒聽到某個聲音，但房間裡同時有一些吵雜聲，所以分不太清楚這個聲音到底是「洗澡」還是「睡覺」。腦部語言中心的某處，有個神經元的大聯盟把票投給「洗澡」，而有個較小的聯盟投給「睡覺」，還有更少的少數把票投給其他候選人。在不到半秒鐘的時間，投票結果統計出來，於是這個嬰兒聽到現在該洗澡了。

　　這也是學習發生之處：在選舉之後，獲勝的聯盟會加強鞏固自己的地盤，或許需要跟稍微支持獲勝聲音的神經元拉攏關係，並與不支持的神經元斷絕關係。於是支持「洗澡」的神經元之間，連結得到加強，而獲勝聯盟與投錯聲音的神經元之間，連結變得弱化。然而在不同的情況時，這個嬰兒可能聽到某人大聲說著「睡覺」，支持「睡覺」的神經元之間，連結會得到加強，而獲勝聯盟與投錯票的神經元之間，連結會減弱。透過這些選後的關係梳理，不同聯盟黨派之間的區分會變得更為清楚；神經元跟它們已經支持的聯盟會有更加緊密的關係，而與本來關係平平的聯盟變得更加疏遠。這使得選舉效率變得愈來愈高，所以選舉結果會在投票一開始就變得更為明確。

　　大腦會持續的變動，不斷重新組織，使自己對環境的知覺益加精進，尤其是嬰兒的腦。在生命最初幾年，嬰兒以驚人的進展，學會區分不同音節，透過不斷的重整神經元連結，一連串的聲音能夠成為有意義的話語。但隨著神經元在不同聲音的聯盟裡各自安頓下來，嬰兒對於那個語言裡不存在的聲音也會變得較不敏感。這就好比神經元只能從少數幾個重要選項之中做出選擇。

大腦因應新的經驗而在新皮質裡改變連結，稱為「神經可塑性」（neural plasticity）。隨著我們進入成人期，神經可塑性也跟著降低，這是廣為人知的現象，然而這項科學卻稍微受到新聞和電視節目的扭曲，被說成神經可塑性在我們長大後就消失。[6]這種說法受到一些公司利用，拿來販售據稱可以對抗神經可塑性降低的產品。雖說過了十二歲，熟悉聲音的神經元聯盟變得較為固化，學習新語音也因此變得較慢，所以對於從未暴露在外語環境的人來說，如果要在四十幾歲時開始學外語，會比較困難，但幸運的是，成人的腦不用吃任何藥丸、藥粉或膳食補充品，仍擁有許多神經可塑性。當我們有目的的提升自己的感知、運動和思考，並因此獲得愈來愈多經驗，腦中的連結也會一直不斷的重新塑形。還有，一旦我們超越簡單的知覺（如看、聽、觸、嚐、嗅到的東西）來到較高層次的功能時（如判斷、評估、解決問題），大腦其實非常有彈性，神經元投票的競爭非常激烈。

那麼，假設你為了學說印度話需要待在德里一個星期，而你想向餐廳要「水」（panni）。雖然你在一小時前才剛背過那個單字，但現在卻想不起來。不幸的是，在你變得更熟練之前，很多印度話的字聽起來都一樣。對於你想要的「水」這個字，細胞群組還未形成夠強的連結，很多神經元的意見因不同的可能性而分歧。此時我們面對的困難，如同試圖記住較為複雜的人生經驗，

例如我女兒在沙加緬度動物園那次規劃完善的生日派對。要成功
找到我們想記起的東西，必須設法找到正確的神經元聯盟，但很
多時候，你所尋找的聯盟（含有你想要的記憶）和目前不需要的
聯盟（含有其他的記憶）之間，有著激烈的競爭。有時候競爭沒
那麼強烈，但如果你有很多聯盟代表著相似的記憶，它們彼此間
的征戰就有可能很激烈，且可能沒有任何明顯的贏家。在記憶研
究中，科學家把這種不同記憶之間的競爭稱為「干擾」，而干擾
正是我們日常生活中無法想起回憶的罪魁禍首。[7] 避免干擾的關
鍵，是要形成能夠在競爭裡脫穎而出的記憶，幸運的是，我們確
實有能力辦得到。

注意力和動機

　　讓我們想像一個日常中會發生的情況。你下班回家，用手機
確認電子郵件，同時把鑰匙插入鑰匙孔，打開大門。你踏入家
中，家裡那隻不久前才認養、還沒訓練好規矩的好動小狗撲過
來，纏著你跳來跳去，搞得你身上沾滿狗兒的口水。你聽到女兒
的房間大聲傳出卡加咕咕樂團（Kajagoogoo）的歌曲，一小段極易
琅琅上口的重低音合成流行音樂鑽進你的腦門。你疲憊的走進廚
房，裡面有股腐臭味，告訴你昨晚忘記把垃圾拿出去丟。然後，
忽然一個抽痛，提醒你要冰敷幾週前扭傷的腳踝。

　　現在，不要轉頭，試著回想你把鑰匙放在哪裡。如果你想起
自己把鑰匙留在鎖孔上，那很好，但如果實在想不起來，你也並

不孤單。你可能只是被太多事情轉移了注意力，一旦有一大堆訊息襲來，我們對單一事件的記憶會變得混亂。[8] 更糟的是，當我們試圖回想自己最後把鑰匙放在哪裡時，會一一篩檢各式記憶，包括自己以前曾放置鑰匙的所有地方，以及我們把鑰匙放在各個地方的各種不同情況，不管那些事件是發生在昨晚、上個星期，甚至去年。這樣的干擾有很多，所以諸如鑰匙、手機、眼鏡、皮夾，甚至車子等常用的東西，我們經常忘記它放在哪裡。競爭的記憶那麼多，能夠記住這些東西放在哪裡才奇怪。

　　試著把記憶想像成一張桌子，上面雜亂的放滿皺皺的紙片。如果你把網路銀行的密碼隨手抄在這種紙片上，想重新找到這張紙片，不僅需要耗費一番努力和運氣，同時也在挑戰你的記憶力。這類經驗就像艾賓浩斯努力背誦的無意義三字母組，想找到當下所需的正確記憶，難度會不成比例的增加。但如果你把密碼寫在一張亮眼的桃紅色便利貼，要找到就變得格外容易，因為桃紅色便利貼會從桌上所有其他紙片之中凸顯出來。記憶以同樣的方式運作，愈特殊的經驗愈容易記得，因為它會從所有其他記憶裡凸顯出來。

　　那麼，要如何使記憶從我們堆滿雜亂事物的腦袋中凸顯出來呢？答案是「注意力」和「動機」。利用注意力，大腦能把我們看到、聽到、想到的事情提高優先順序。我們隨時都可能把注意力放在四周的諸多事物上，而環境裡發生的事情常常會吸引我們注意。在前面描述的假想情況中，你的注意力可能短暫的放在鑰匙上，接著注意力被門打開後遇到的許多事情給轉移。即使你留意著應該記住的重要事物（一小時後得去機場接妻子，你需要那串鑰匙，否則會遲到），也不見得能幫你建立特殊的記憶，足以對抗各式各樣吸引你關注的干擾（好動的狗、廚房裡的垃圾臭氣，或女兒房間傳出的樂團聲音）。

　　這就是「動機」登場的時候了。你需要利用動機來引導注意力，讓注意力鎖定在某個特定的事物上，好製造一個之後能找得到的記憶。下次你放下鑰匙這類經常找不到的東西時，花一點時間專注在當時和當地的某個獨特事物，例如檯面的顏色，或鑰匙旁邊那疊未拆封的信件。只要一點點專心的動機，就能對抗大腦忽略日常事件的天性，建立較為明顯的記憶，如此便有機會戰勝那些干擾的喧囂。

腦的執行長

　　在日常生活的絕大部分情況中，我們都能夠專注在應該專注的事物上。對此，你可以感謝坐鎮於前額內，稱為「前額葉皮質」（prefrontal cortex）的腦部區域。在本書中，前額葉皮質還會出現很多次，因為它在我們日常生活記憶的成功與失敗裡扮演著耀眼的角色，而它眾多功能的其中一個，就是幫助我們透過動機來學習。

　　前額葉皮質約占據人腦的三分之一，然而在神經科學史的大部分時間裡卻遭到誤解。在 1960 年代，神經外科醫生經常藉由切除前額葉皮質，治療思覺失調症、憂鬱、癲癇及各種反社會行為。這種粗暴的手法稱為額葉切除術，做法是先進行局部麻醉，然後把一根類似冰錐的手術工具插入病患眼球後方，然後攪動這根工具，破壞一大片前額葉。整個手術十分鐘左右便可完成。在成功的額葉切除術之後（有很多手術並未成功，導致嚴重的併發症甚至死亡），病患能夠正常行走和說話，似乎沒有健忘，也確實變得較穩定而順從，彷彿被「治癒」。事實上，額葉切除術非但沒有治療真正的心理疾病，反而使病患進入喪屍般的狀態，變得淡漠、溫順、缺乏動機。

　　大約同時，有一群神經科學家致力研究前額葉（屬於較大區域「額葉」的一部分），儘管他們為數不多，卻開始了解到腦中這個區域的重要性。他們看到前額葉皮質的破壞會導致思考方面與學習方面的缺陷，[9] 但它的功能顯得很神祕。1960 到 1980 年代的文獻會以〈人類額葉功能之謎〉、〈額葉的問題〉、〈額葉：腦的未知領域〉這類標題，強調這個區域的神祕本質。

　　不過在人類的記憶方面，前額葉皮質並未得到應有的認可。如果你讀過任何有關記憶的書籍或報導，可能會看到海馬迴（hippocampus）的介紹。這個形似海馬的區域深藏在腦部中央，被認為是決定你會記得或忘記某事的最關鍵區域。海馬迴的確在記憶方面扮演很重要的角色，我們會在下一章介紹。不過，即使海馬迴對大多數神經科學家來說是眾所矚目的舞會之花，前額葉皮質在我心目中仍有著特殊地位，它是我踏入記憶研究的入口，而且是決定何事會留存、何事會消逝的關鍵角色。

　　教科書向來告訴我們，前額葉皮質和海馬迴是腦中兩種不同類型的記憶系統。前額葉皮質是「工作記憶」系統，把資訊暫時維持住，就像是電腦的隨機存取記憶體，而海馬迴據信是「長期記憶」系統，讓我們能夠長久儲存記憶，就像是電腦的硬碟。[10]有一些神經科學家把工作記憶系統設想為某種分流站，暫時容納我們取得的資訊，直到資訊被丟棄，或送往海馬迴打包成為長期記憶。但我們很快就會知道，這樣的觀點實在太過簡化，無法呈現前額葉皮質在所有認知面向上的廣大能力。

　　到了 1990 年代中期，研究人員開始使用腦成像技術，揭示前額葉皮質這類的腦區如何對工作記憶做出貢獻。有一種成像技術叫正子斷層造影（positron-emission tomography, PET），研究人員把含有放射性追蹤劑的水注射到受試者體內，並讓受試者躺在能偵測放射線的掃描儀裡，藉此鑑別出腦中血流量較高的區域。早期研究顯示，腦中工作量高的區域需要大量葡萄糖來維持運作，而且那裡的血流量會提高。科學家讓受試者從事需要運用不同能力（如知覺、語言和記憶）的任務並加以掃描，藉此測繪人腦。

　　由於這種技術所費不貲，且對人注射放射性追蹤劑並不是什麼好事，正子斷層造影很快被另一種技術取代，稱為功能性磁振造影（functional magnetic resonance imaging, fMRI），研究人員可以透過這種方式測量血流帶來的磁場變化，因為紅血球帶有鐵，在沒有攜帶氧時，會對磁場敏感。

　　在典型的功能性磁振造影研究中，受試者會平躺在一具大磁鐵孔洞中的一張床上，這張床位於一個磁場強度為 1.5 或 3 特斯拉（這是地球磁場的三萬或六萬倍）的管子內，受試者的頭部則位於一個用來掃描腦部的頭盔狀線圈中。頭部的線圈裡有一面鏡子，鏡子的角度讓受試者可以看到螢幕上播放的影像。受試者會拿到一個帶有按鈕的盒子，在實驗中可以按下按鈕做為反應。受試者還會戴耳塞，因為在蒐集功能性磁振造影的數據時，掃描儀會不停發出又吵又大聲的嗶嗶聲。這聽起來一點都不舒適，但對我來說則不然——我很容易在裡面睡著。

　　如果想用功能性磁振造影來研究工作記憶，一種可能的方式是讓掃描儀裡的受試者看一連串輪流顯示的數字，受試者必須把螢幕上最新的數字記在心裡，每次再有新的數字顯示時，受試者就必須判斷這個數字是否與上一個一樣。[11] 這個測驗需要使用工作記憶，因為受試者只需要記住最後一個數字，然後拋棄這個數字、記住新數字，再與下一個數字比較。這個測驗有一些變化形式，例如要受試者記住最後兩個數字，或三個數字等等。受試者需要記住的數字愈多，在前額葉皮質顯現的活動也愈多。看來這是個不錯的證據，顯示前額葉皮質在暫時保存資訊上扮演一角。

　　我在西北大學念研究所時，對這個研究很感興趣，但似乎與我在埃文斯頓醫院（Evanston Hospital）接受神經心理學訓練時看到的情況不同。診療室的病患有很多是透過他們的醫生轉介過來，醫生懷疑他們可能有某種形式的腦部損傷，而我的任務是對他們進行一系列的認知測驗，以協助診斷和治療。有些病患的問題是語言上的（失語症），或做不出想要的動作（運動失能症），或無法辨認物體或臉孔（辨別失能症）。另外有些人有記憶問題（失憶症），這會在阿茲海默症的早期發生，也可能是因為癲癇或某些導致腦部短暫缺氧的疾病。以上這些症狀都不難發現。但還有一些人，損傷發生在前額葉皮質。[12]

　　有時這些損傷有明確的理由，例如某位檢察官發生中風，某位建築工人遭梁木擊中頭部，又或者某位公車司機進行過切除腦部腫瘤的手術。也可能某位病患有多發性硬化症，免疫系統失常，攻擊前額葉皮質與腦部其他地方，破壞了神經連結的完整性。這些病患都有一個共通的抱怨，就是自己的記憶有問題。但當我對他們進行測試時，看起來卻不像是記憶缺損。搞鬼的應該是別的問題。他們能夠輕鬆記住一連串數字並向我回報，也能應付類似記憶觸控遊戲「西蒙」（Simon）的任務：先觀看我連續拍擊不同積木，然後以同樣的順序拍擊。換句話說，這些病患可以把資訊保存在工作記憶裡。然而，要求他們在干擾存在的狀況下保持專注時，卻頗有困難。舉例來說，我們可能會要求他們忽視在螢幕兩側閃爍的字母，只記住螢幕中央的數字。在這些情況下，病患容易被側邊的字母干擾，無法記住中央的數字。

　　額葉功能受損的病患在長期記憶測驗中的表現也不一致。在這些測驗裡，我們請他們記住一個清單上的詞彙，例如肉桂或肉豆蔻。如果要他們回想這些詞彙，而不給予任何線索時，病患能回想起的詞彙數量很少。但如果我們問他們某個特定詞彙是否曾出現在清單上，他們卻可以輕鬆辨認。病患確實形成了這些詞彙的記憶，但在缺乏特定線索時，卻無法找到這些記憶。[13] 他們之所以在取回記憶上遭遇困難，一個原因是他們沒有利用任何類型的記憶策略，只是專注在當下吸引他們注意力的任何事物。相對的，健康的人通常會利用一些策略，幫助自己在回想和辨認測驗上都能有好的表現（例如注意到有許多詞彙是香料名稱）。

　　我在測驗許多病患後發現，前額葉皮質功能有問題的人，在接受到清晰的指令且沒有干擾時，表現還不錯；但在必須靈活使用記憶策略，或存在其他無關事物而使注意力受到干擾時，則發生困難。這些觀察讓我相信，雖然前額葉皮質本身「不記憶」，但前額葉皮質的損傷實際上會影響人的記憶。

　　我在 1999 年完成臨床訓練後，轉到賓州大學醫學院，在德斯波西多博士（Mark D'Esposito）那裡進行全職研究。德斯波西多當時正在挑戰極限，發展更新、更好的功能性磁振造影技術來研究記憶。德斯波西多與大多數認知神經科學家不同，他也是行為神經科主治醫師，因此同時投入實驗室和臨床研究。德斯波西多很敏銳的意識到，許多神經科學家談論前額葉皮質的方式，與他從那些前額葉皮質受損的病患身上看到的問題並不一致。他有一個病患名叫吉姆，因中風而導致額葉大範圍受損，無法繼續卡車司機的工作，甚至無法自理生活。吉姆的妻子解釋，他有記憶問題，在看完電影後會忘掉一整段場景，只好連續重看兩三次；或者忘記刷牙或刮鬍子，而他生病前在這方面可說一絲不苟。然而這些記憶問題底下，似乎另有蹊蹺。吉姆並不是忘記這些活動怎麼做，因為他完全有能力自己刷牙，但如果放任不管，他就是不會起身去做這些事，又或者他會受到別的事情吸引而去做別的事。吉姆有點像我在埃文斯頓醫院進行測驗的人，不會使用任何策略來記憶詞彙。

德斯波西多實驗室的成員當中，有幾個人已經做過工作記憶的功能性磁振造影研究，實驗的結果一直暗示著：在腦的後方有一些儲存特定類型記憶的細胞群組。當研究人員要求受試者記住某張人臉時，受試者腦後活躍起來的細胞可能在某個區域，而要求受試者記住一間房子的樣子時，腦後活躍起來的細胞可能在另一個區域。至於一個人在腦中記住的是什麼、甚至是否必須使用工作記憶，前額葉皮質的活動並沒有明顯的區分；[14] 但當一個人必須使用動機來持續執行任務、專注於特定的訊息、避免分心、或開始採用某種幫助記憶的策略時，前額葉皮質就變得十分活躍。[15]

科學文獻的討論和我們在病患身上觀察到的現象並不一致，而我們對前額葉皮質的研究將兩者之間的鴻溝連結起來。教科書的觀點是：大腦是由特化的記憶系統所組合，每個系統各自對應不同的任務。但這樣的觀點不夠全面，因為前額葉皮質並沒有專門為某種特定類型的記憶進行特化。功能性磁振造影研究和對病患的觀察則支持不同的觀點：前額葉皮質是大腦的「中央執行」（central executive）系統。[16]

要了解這個理論，最好的方式是把腦想成一間大型公司。在大型公司裡，許多工作都有專責的部門，例如工程、會計、行銷、販售等等，職務各異。執行長的任務並不是做某種專門的工作，而是領導整間公司、協調所有部門的運作、讓每個員工為同樣的目標貢獻心力。人腦也一樣，分布於各處的不同區域有相對特化的功能，前額葉皮質的工作是做為中央執行系統，跨越網路協調各種活動，以達成共同的目標。

　　由於額葉切除術或中風導致額葉損傷之後，執行專門工作的腦部網路還存在，但無法再為共同目標一起工作。前額葉受損的人如果在沒有干擾的環境中，被人用清晰的指令要求進行特定的記憶任務，或許還可以表現得完全正常。但沒有了前額葉皮質，他們無法透過動機來引導學習，也無法有效利用自己記得的資訊，在真實世界裡完成任務。他們本來要去超市買牛奶，卻有可能受到洋芋片花俏包裝的吸引。他們也可能明知已經預約要去看醫生，卻無法使用任何策略（例如在手機上設定提醒鬧鈴）來確保自己不會忘記。

如何保養你的前額葉皮質

　　額葉損傷病患遇到的記憶問題，跟我們在日常生活中所面對的記憶挑戰有著直接的關聯，而這個關聯成為我對前額葉皮質深感興趣的原因之一。即使在沒有具體損傷的情況下，前額葉皮質的功能仍會受到許多因素影響，進一步導致顯著的記憶問題，[17] 例如我在埃文斯頓醫院神經心理學診間測試的許多病患，轉介過來是為了評估阿茲海默症的可能性，但在進一步測驗後，卻發現是臨床上的憂鬱症。在年紀較長的成人身上，憂鬱症有可能看起來很像早期的阿茲海默症，好比我曾經測驗過一名剛退休不久的學校老師，他一向以頭腦清晰自豪，現在卻難以專注，一直忘東忘西。儘管從磁振造影看不出明顯的腦部損傷，但他的認知卻不比前額葉皮質受損的人好上多少。他和醫生都沒想到，這些認知問題可能與他剛經歷一場離婚，以及幾十年來第一次獨居的情況有關。

前額葉皮質是腦部最晚成熟的區域之一，在整個青春期會持續調整與其他腦區的聯繫。兒童雖然學習很快，卻不擅長專注在應該專注的事物上，因為容易分心。這對於有 ADHD（注意力缺失／過動障礙症）的兒童更是嚴重，他們在學校表現不佳並不是因為缺乏理解力，而是因為在教室裡難以集中注意力、培養有效的學習習慣，以及利用可以應付考試的策略。有大量證據顯示，ADHD 與前額葉皮質的異常活動有關。[18]

前額葉皮質也是我們進入老年時，首先開始衰退的區域之一，我們因此覺得自己變得比較健忘。[19] 幸好，對多數年長的人來說，形成記憶的能力不會有問題，倒是專注力的改變會影響我們記憶事件的方式。舉例來說，你可能記不住你在表妹婚禮上遇到的某個人叫什麼名字，卻可以記得你們會面時各式各樣的其他資訊，諸如他臉上有雀斑，戴著鮮黃色的領結，或不停說著他最近到田納西州那許維爾（Nashville）的事。

隨著年齡變長，我們想起瑣事卻想不起重要事情的傾向也會提高。[20] 已經有無數研究顯示，在必須專心、忽視干擾的情況下記憶時，年長者表現得比年輕人要差，然而他們記得干擾訊息的能力卻與年輕人一樣好，有時甚至更好。隨著年歲漸長，我們依然能夠學習，卻較難專注於想要記住的細節，反倒常常記住無關緊要的事情。

　　除了年齡之外，讓你覺得自己的前額葉皮質有問題的因素多得不得了。在現代世界裡，一心多用恐怕是最常見的罪魁禍首。[21] 我們的對話、活動和會議不斷受到簡訊、電話的干擾，而我們本身又常把注意力分散在好幾個目標上，使得問題更加嚴重。[22] 就算是神經科學家也無法免於多工作業——在今天，幾乎每一場學術演講中，都能發現臺下的科學家（包括我自己）拿出筆記型電腦，時而聽講、時而回電子郵件。很多人甚至對一心多用的能力很自豪，但同時做兩件事很難不用付出代價。[23] 為了達成目標，前額葉皮質能幫助我們專注在所需的事情上，但如果我們在不同目標間迅速換來換去，這項美妙的能力就會消失。

　　加州大學舊金山分校神經科學家安卡佛（Melina Uncapher）的團隊便指出，「媒體多工」（media multitasking）對記憶不利，意思是在不同媒體的訊息間切換會妨礙記憶，例如一下子看簡訊、一下子看電子郵件。更嚴重的是，習慣重度媒體多工的人，平均而言前額葉皮質的某些區域會變得較薄。至於額葉的功能失常究竟是媒體多工的原因或是結果，還需要更多研究才能了解，但不管如何，這裡傳達出來的訊息相當一致。我的樂團夥伴米勒爾（Earl Miller）是世界頂尖的前額葉皮質專家及麻省理工學院的教授，他經常這樣說：「沒有所謂一心多用；你只是輪流把不同的事情做得很糟。」[24]

　　前額葉的功能也會遭到一些健康問題的破壞。例如高血壓和糖尿病會傷害白質，這是大腦各區域間相互溝通的神經纖維通路。[25] 我和同事發現，與年齡相關的白質損傷，似乎會讓前額葉皮質失去跟大腦其他部分的聯繫——請試著想像這名執行長被單獨鎖在房間裡，無法使用電話和網路。感染疾病後如果造成腦部的發炎，也可能導致相似的結果，例如在新冠肺炎流行早期受到感染的人，注意力和記憶力等執行功能出現衰退，而且前額葉皮質部分區域的結構發生改變。[26] 一旦前額葉的運作發生改變，就可能導致「腦霧」（又稱為「長新冠」）——當感染的時間很長，或罹患慢性疲勞症候群（chronic fatigue syndrome）等與感染相關的病症時，有機率出現腦霧的症狀。

　　如果我們生活時忽視自己的身心健康，也可能使前額葉皮質暫時失能。[27] 例如睡眠剝奪可能對前額葉皮質和記憶造成毀滅性的打擊。酒精也對前額葉皮質帶來負面影響，有些研究顯示這些影響在大量喝酒後還會持續好幾天。我們在後面的章節將探討，壓力會破壞前額葉的運作。如果你在充滿壓力的一週工作之後，熬夜喝酒又不停滑手機看網路新聞，然後發現自己整個週末都在跟腦霧奮戰，不用太驚訝。

　　幸運的是，我們確實可以做一些事來增進前額葉皮質的運作，雖然那些事可能跟你想的不一樣。[28] 你的腦是身體的一部分，所以任何對身體有幫助的事情，對你的腦都有幫助，進一步也對記憶有幫助。例如充足的睡眠、適度的運動、健康的飲食，這些事物都有益於你的生理和心理健康，也有益於你的前額葉皮質。有氧運動如跑步，能促進腦部化學物質釋放，進而提升神經可塑性，改善為腦運送氧氣和能量的血管系統，降低發炎並減少罹患腦血管疾病和糖尿病的可能性。運動也會改善睡眠、降低壓力，而睡眠不足和壓力過高正是耗盡前額葉資源的兩大元凶。這些因素會一同作用，影響記憶功能在我們年齡增長時的維持狀況。有一項令人敬佩的研究，追蹤了多達兩萬九千人的記憶表現，發現那些在生活方式裡包含上述某些有益因素的人，在十年期間記憶能力的維持狀況也較佳。[29]

運用專注力

記憶具有選擇性，意味著我們的生活會無可避免的遭到縮減，包括遇到的人、所做的事情、拜訪的地方，將只剩下記憶能捕捉到的一小部分。不過，對於記憶的選擇性，與其進行徒勞無功的對抗、試圖記得更多，不如反過來擁抱這種善於遺忘的設計，用動機來引導自己的注意力，好記住重要的事情。

遇到某個人卻苦苦掙扎想不起對方的名字，是大多數人都經歷過的體驗。事實上，我們能夠成功記住任何名字，本身就很驚人，因為名字和臉孔的連結並沒有本質上的意義。某些策略能提供一點幫助，像是單純的複誦名字，但這個方法往往還不夠，因為沒有從強化名字和臉孔的連結下手。想成功記住人名，你需要利用動機，專注於「對」的資訊，如此一來當你再次看到那張臉時，就可以像抓到一條救生索般取得線索，想起那個人的名字。舉例來說，如果你我在某個派對上認識，然後你有一些希臘神話的背景知識，你可能會把我的名字「查蘭」（Charan）聯想到「凱隆」（Charon），也就是幫助亡者的靈魂渡過冥河的船夫。如果你利用我的某些外表特徵來讓自己想起希臘神話、甚至死人，就已準備好以後再次看到我的臉時，隨時從記憶裡喚出我的名字。這類策略的重點是，刻意創造有意義的連結，讓我們能夠回溯那些想要保住的記憶。

　　這又使我想起女兒的生日影片。隨著錄影設備變得愈來愈輕巧又便於攜帶，我們開始用影像來記錄米拉的各個里程碑。不幸的是，藏身於鏡頭後面必須付出代價。在女兒生日派對的大部分時間，我的注意力大多放在拍攝上，導致我對這些重要時光只剩模糊的印象。如果我放下攝影機，讓大腦進行它擅長的事情，在記憶上就會有更好的效果。

　　問題並不必然在於科技，而是我們透過攝影鏡頭過濾掉自己的經驗。[30] 當我們拍照或錄影時，容易把注意力放在這份經驗裡的視覺細節，卻損失了本來可以沉浸其中的其他細節，如聲音、氣味、想法和感覺。這些線索原本能幫助我們對抗干擾、形成獨特的記憶，但在我們埋頭記錄事件時，卻往往與之脫鉤。

　　幸好，拍照或錄影並非總是不利於記憶。最理想的方法，是平衡「經驗的我」和「記憶的我」的需求。只要有一些專注的動機，相機就可以為我們服務，幫助塑造甚至策劃未來可以重訪的記憶。我外出旅遊時，不喜歡一直把時間花在拍攝擺姿勢的人像、風景或觀光景點，因為這些活動會干擾我在現場的體驗。相對的，我喜歡拍攝別人大笑、驚訝、或全神貫注時不加修飾的快照，又或者是稀奇的事物，例如意外的好笑標語或格外俗艷的塑像。藉由記錄下少數挑選過而不同尋常的時刻，我可以讓自己的腦袋擁有充分自由，直接體驗這趟旅遊，把注意力放在周遭發生的事情。回顧這些獨特的照片時，可以把我帶回旅程裡想要重訪的部分，而另一方面，旅程中沒那麼有趣的面向，例如擁擠的人潮、排隊、塞車等，則可以任其變得模糊。

　　人生短暫。記憶的易逝本質使生命顯得更短。我們往往認為記憶可以讓人掌握過去，但事實上人腦的設計並不是一座單純的經驗資料庫（我們在後面的章節會認識更多功能）。遺忘並非記憶的失敗；大腦為了讓我們了解世界、不致迷失，必須能夠區分訊息的優先程度，而在這個過程中，遺忘是自然的後果。我們可以從現在開始進行有意識的選擇，主動對遺忘進行管理，進一步策劃能伴隨我們到未來的豐富記憶。

2

時間和空間的旅人

記憶如何把我們帶回某時某地？

我認為時間旅行真的已經存在了……

存在於我們心智的力量之中。

——烈焰紅唇合唱團（The Flaming Lips）

　　「忘記」雖然令人挫折，卻也有帶來意外驚喜的另一面：偶爾，我們以為早已忘記的記憶突然從腦中蹦出來，把我們帶回某個特別的時間和地點。這並不是大腦在跟我們開玩笑。我們常以為記憶是過去曾發生「什麼」的紀錄，但人腦有著把「什麼」與「何處」、「何時」、以及「如何」聯繫起來的卓越能力。這也說明了為什麼我們想起某事時，常伴隨著一種難以用言語形容的「過去之感」。正因如此，一旦我們處於對的時間和對的地點，失去的記憶似乎會「回來」找我們，這種經驗在我生命中就發生過許多次。

　　父母在我不到一歲時把我帶到美國。我幾乎一輩子都住在加州北部，但我的親戚大多都住在印度。在我的成長過程中，我們大約每四年會回去印度一次，拜訪祖父母、叔姨、堂表兄弟姊妹。在我的童年和青春期，每一次去印度都會有許多獨特的經驗，但是一回到加州，這些事件的記憶便開始褪色，彷彿與我相隔一萬公里遠，就像祖父母家與我家之間的距離。雖然我人生剛開始說的語言是父母的母語坦米爾語（Tamil），但現在只能說幾個句子（我的祖母對這件事很是懊惱）。有時候，那些記憶好像是被鎖在某個看不見的房間裡，永遠無法觸及。但當我人一回到印度，那些記憶就在那裡。

　　從加州飛往印度，經過十七個小時令人暈頭轉向的飛行後，我從清奈（Chennai）國際機場的海關出來，進入完全不同的世界。一踏出開著空調的航廈之外，各種感覺紛紛向我襲來。空氣厚重而潮濕，悶熱的夏季高溫就像是桑拿，全身上下流出的汗水一點兒都沒有幫我散熱。從忙碌嘈雜的市場裡女子身穿的鮮豔傳統服飾「紗麗」，到路上卡車的繽紛彩繪，我被淹沒於這個城市華麗而明亮的色彩之中。各種氣味如潮水般湧來且不斷改變，可能令人作嘔（經過沒加蓋的下水道時），也可能使人迷醉（熱帶花朵的香甜氣味、海邊的空氣、路邊攤烤花生用的柴火之煙）。第二天早上，隨著太陽從地平線爬升，熱帶鳥類的喧囂在整個街坊迴盪，迎接仍有時差的我。身處清奈，四周包圍著這些刺激感官的聲音、顏色、氣味，那些在加州時難以取回的記憶，變得唾手可得。

　　處於特定時間和地點的感覺稱為「情境」（context），而情境對我們的日常記憶十分重要。日常生活中經常發生的「想不起來」，大多不是因為記憶消失，而是因為我們找不到取回記憶的路徑。一旦有了適當的情境，看似早已消失的記憶便有可能突然浮現，再次任憑我們招喚。

　　為什麼在適當的情境中，我能夠取回那些在加州時找不著的沉睡記憶，包括陌生語言的字彙和句子？答案在於我們的腦如何為事件埋下記憶。

心智的時間旅行

　　二十世紀關於記憶的研究，有很大一段時間是由「行為主義」（behaviorism）主宰，這個學派的主要前提是：記憶可以化約為「刺激」（聲音、氣味或視覺線索）和「反應」（我們對這些刺激做出的行為反應）之間的簡單連結。[1] 在行為主義的全盛時期，關於學習的研究大多以動物為對象。不管是通過迷宮的大鼠，用啄擊來取得酬賞的鴿子，或是努力背下乏味三字母組清單的人，背後的想法都很一致：學習是形成連結的過程，簡單不複雜。至於試圖研究人如何了解和有意識的招喚出過去事件，則被認為是不科學又沒意義的事情。對行為主義者來說，所謂的了解記憶，就是要看看在各種不同條件下，習得連結和忘記連結的速度有多快，並找出正確的方程式加以量化。閱讀這個時期的研究文獻，跟去看牙醫一樣「有趣」（沒有對任何牙醫不敬的意思，而且我的牙醫很棒）。

　　在這樣枯燥的背景之中，圖威（Endel Tulving）登場了。他出生於愛沙尼亞，是加拿大多倫多大學的心理學教授。圖威喜歡做各種猜想，不只是實驗，也設想人們腦中到底發生什麼事。他在 1972 年時開創新的篇章，提出人類有兩種非常不同的記憶，否定記憶只是簡單連結的倉庫，自此記憶與行為主義理論徹底分手。他創造「事件記憶」（episodic memory）一詞，用來描述可以讓我們回想起來、甚至重新經歷過去事件的記憶。圖威還提出與事件記憶不同的「語意記憶」（semantic memory），[2] 語意記憶能讓我們回想事實或關於這個世界的知識，而不必去管這些訊息是在何時何地學到。圖威最關鍵的洞見在於，要記得某件事情（事件記憶），我們的心智必須重返那個特定的時間與地點；但要擁有知識（語意記憶），我們必須能夠使用過去在各種不同情境裡學到的事物。

　　圖威指出記憶不只是一堆刺激反應的呆板連結，進一步完全避開行為主義誘人的簡單性質。他後來甚至把事件記憶稱為一種「心智上的時間旅行」，意指回想的過程把我們帶到一種意識狀態，覺得自己似乎回到過去。[3] 圖威說，人類意識的一個重要特徵，是我們「能夠進行心智的時間旅行，在已經發生和可能將發生的事情之間任意漫遊，不受掌管宇宙的物理定律所限制」。我第一次讀到這段描述時，覺得圖威有點過頭了，什麼時間旅行、意識等等，聽起來可不太科學。但只要稍加省思，就會了解圖威的說法有其意義。

　　例如請你談談你知道的巴黎。你可能會開始說巴黎是法國的城市，有艾菲爾鐵塔，以美術館和餐館聞名。你對這些陳述可能有百分之百的信心，即使想不起來自己最初在什麼時候、從哪裡得到這些資訊。接著問你是否去過巴黎。如果你去過，在回答時或許會喚起一些訊息，把你帶回某個特定經驗：從旅館走向地下鐵時，從路邊攤飄來烤栗子的香氣；在沁涼的秋季傍晚即將日落時，排隊等電梯到艾菲爾鐵塔頂；在日光逐漸隱沒時，俯瞰整個城市，鐵塔的燈光忽然亮起。不管記憶深刻的程度或強或弱，你都可以有把握的喚出有關巴黎的事實（語意記憶），也可以鮮明的重返你的巴黎之旅（事件記憶），然而這兩種經驗卻是如此的不同。

　　一開始，心理學界對圖威提出的看法分成兩派。但在接下來五十年裡，科學家累積大量科學證據，驗證了圖威的猜測：我們能夠重新啟動自己的心智，回到當初經歷某個事件時的狀態。事件記憶遠遠不只是簡單的回想，它能夠把我們連結到過去的短暫時刻，而那些時刻造就現在的我們。

人類1分，機器人0分

　　事件記憶和語意記憶的區別，是讓人類快速學習、擁有智慧的關鍵。讓人意想不到的是，這個論點有一部分證據來自機器如何攻克學習難關的研究。從智慧助理如 Alexa 和 Siri 到自動駕駛汽車，在人工智慧或說 AI 方面，許多最精細複雜的應用都是根據「神經網路」（neural networks）的訓練而來——神經網路是一種電腦程式，以抽象的方式模仿人腦中發生的學習過程。[4] 每一次訓練神經網路學習一項事實，網路裡受到刺激的神經元就會修改彼此之間的連結。隨著神經網路接受愈來愈多的訓練，模型裡受到刺激的細胞群組會持續重整，在投票時不再以某個學過的單一事實為基礎，而是以整個類別的知識來表態。舉例來說，你可能如此訓練神經網路：

　　「老鷹是一種鳥。牠有羽毛、翅膀、喙，會飛。」

「烏鴉是一種鳥。牠有羽毛、翅膀、喙，會飛。」

「隼是一種鳥。牠有羽毛、翅膀、喙，會飛。」

到最後，電腦模型憑藉過去所學，會變得很擅長學習新的鳥類。如果神經網路學到海鷗是鳥，模型裡的細胞群組可以填補資料的空缺，推論出海鷗會飛。但如果你教它有點兒不太一樣的東西呢？

「企鵝是鳥。牠有羽毛、翅膀、喙，會游泳。」

現在，機器遇到一個問題：企鵝符合鳥類的所有特徵，除了一項。企鵝是「所有鳥都會飛」的例外，所以當電腦學習這項例外時，會忘掉之前學到關於鳥類的全部特徵。這個問題稱作「災難性干擾」（catastrophic interference），對機器學習來說，嚴重的程度恰如其名。解決方法是要確認機器以慢得令人痛苦的速度來學習，才不會為了學習例外，馬上捨棄先前建立的規律。這意味著要讓神經網路達成一項任務，必須進行非常龐大的訓練，這也使得神經網路很難快速適應複雜的真實世界。即使到今天，最精細複雜的人工智慧產品要做出一點有用的成果，仍必須經過大量數據的訓練。

人類跟上面描述的神經網路模型一樣，擅長從過去經驗中抽取出一般性的知識，所以我們可以對未來的情況做出假定與推論（「那個動物看起來像隻鳥，所以我能預期牠會飛走」）。但是我們與機器不同，不會一遇到變化就失靈，因為我們還有事件記憶。事件記憶的作用不在於捕捉我們所有經驗的共同點，而是把每個事件分開儲存並編寫索引，所以當你學到不符規則的例外時，不會發生混淆。[5]

同時配備著事件記憶和語意記憶的我們，可以同時快速學習規則（大部分鳥會飛）和例外（企鵝是可以游泳的鳥）。在真實世界裡，這讓我們可以挑選出多數情況下可靠的訊息，例如判斷每天通勤上班的最佳路線；但也有足夠的彈性來適應不尋常的狀況，例如想起某個路段正在施工而暫時封閉，改走不同路線。

神經的解剖構造、腦部活動的神經科學研究、人類腦部損傷造成哪些影響的研究、再加上電腦模型，科學家統合這些領域的資訊，大致得出一個結論：人腦擁有的系統能以不同方式學習，進而克服災難性干擾的問題。我在第 1 章談過的新皮質（大腦組織的大片灰質），運作方式就像傳統的神經網路，讓我們挑選出事實，例如關於鳥或清奈 6 月天氣狀況的知識。而安全坐落在大腦中央的海馬迴，負責掌管大腦在事件發生時迅速建立新記憶的驚人能力，這讓我們可以快速習得不符合過去知識的特殊經驗，例如清奈某個不那麼酷熱又乾燥的夏日。

尋找記憶密碼

在整個神經科學領域，海馬迴或許是得到最多研究的腦區。對很多神經科學家來說，海馬迴已成為記憶的同義詞，有部分原因來自神經心理學先鋒米爾納（Brenda Milner）的研究。米爾納在 1957 年發表一篇論文，向全世界介紹了病患 H.M.──這是他在科學文獻中的名字，用以保護他的真實身分。[6] 不過現在我們已經知道他叫莫雷森（Henry Molaison），是個受癲癇所苦超過十年的年輕人，病情嚴重到使他無法持續工作，也不能過正常生活。

將近三十歲時，H.M. 為了治療癲癇，同意進行一種極端的實驗性手術，方法是從左右海馬迴各切除約五公分的組織，還有周圍位於顳葉的新皮質組織。[7] 施行這項手術的人是腦外科醫師斯科維爾（William Scoville），手術後雖然降低了 H.M. 的癲癇嚴重程度，卻也使他變得十分健忘。H.M. 的記憶障礙非常嚴重，旁人可以跟他談話，離開房間幾分鐘再回來時，他已經不記得剛才跟人談過話。米爾納的論文明確的把新記憶的形成與海馬迴聯繫在一起，這無異於一記全世界都聽得到的槍響，啟發一整個世代的科學家，動身了解人腦中這個小小的區域為何、又如何讓我們招喚過去。米爾納對記憶科學的貢獻具有十足的衝擊力，因此在 H.M. 的研究發表幾年後，前蘇聯神經心理學大師盧力亞（Alexander Luria）寫給她一張短籤：「記憶是腦中的睡美人，現在她醒來了。」[8]

米爾納的研究為神經科學樹立一個里程碑，在那之後，問題不再是海馬迴「是否」在記憶中占有重要地位，而是海馬迴「如何」辦到。後續研究發現，H.M. 和因為疱疹性腦炎（herpes encephalitis）或克薩夫氏症候群（Korsakoff's syndrome）等不同病症而失憶的其他人，似乎都很難記住最近發生的事件，也不易學習新的事物。於是一些人做出結論：海馬迴想必負責記憶所有的面向，[9] 因此圖威對事件記憶和語意記憶的區分無關緊要。

　　然而這個結論下得太早。米爾納當初清楚指出，H.M. 在海馬迴外面的區域有所缺損。磁振造影掃描技術問世後，很快就發現這樣的陳述太過於輕描淡寫。斯科維爾把 H.M. 的顳葉去除掉約三分之一，連白質也破壞了一大塊（白質在正常情況下可以讓未受損的不同腦區彼此溝通）。所以，在其他許多腦區都受到手術影響的情況下，我們無法得知海馬迴專門支持哪些記憶功能。要回答這個問題，我們得再挑選研究的對象，找出那些損傷更局限於海馬迴的人。

　　1997 年，英國倫敦大學學院的神經心理學家瓦爾加卡德（Faraneh Vargha-Khadem）就做了研究，發現圖威對語意記憶和事件記憶的區分正確無誤。[10] 瓦爾加卡德研究的是具有「發展性失憶症」（developmental amnesia）的青少年和年輕人——她用這個詞彙描述在非常年輕時就發生記憶問題的人。這種不幸的病症或許比你想像的更為普遍，原因可能來自早產、糖尿病低血糖、溺水事故，或嬰兒出生時因臍帶纏住頸子而造成的腦部缺氧等等。在這些案例中，腦中第一個受到影響的部位都是海馬迴。瓦爾加卡德在 1997 年劃時代的文獻中描述三個個案，全在兒童時期經歷過事故，造成海馬迴損傷。我們可能會因為許多有關 H.M. 的研究，預期這些兒童的成長將持續受到阻礙，無法取得身處於世界中所需的知識。但實際上，雖然他們的事件記憶明顯不良，在學校裡卻仍可以獲得新的語意知識，儘管學習速度可能比海馬迴未受損傷的人稍慢一點。

　　同一年，瓦爾加卡德邀請圖威在內的一群科學家，到倫敦實際接觸論文裡描述的其中一名青少年，喬恩（Jon）。喬恩在十一歲時被診斷出發展性失憶症，儘管如此，喬恩能夠自由運用歷史知識，輕鬆引用諸如「第一次世界大戰時，大英帝國支配全球陸地面積約三分之一」等事實，令人印象深刻。那天稍後，這群科學家帶喬恩外出吃午餐，唯獨圖威沒有參加。圖威設計出一份記憶測驗，等喬恩回來後進行測試。圖威的測驗顯示喬恩對於午餐時發生的事情、前往餐廳的路線，或他在路途上的所見所聞，幾乎都沒辦法回想起來。圖威的評論是，喬恩的語意記憶和事件記憶的差異非常大，讓他「與先前所有描述過的病患都不同。」

　　藉由研究喬恩這類患者，清楚顯示出事件記憶必須仰賴海馬迴。從那以後，功能性磁振造影研究也提供更多資料，讓我們窺見海馬迴如何在未受損的腦中運作。隨著新型功能性磁振造影技術的引進，神經科學領域也有了大幅進展，讓我們可以在受試者回想特定記憶（例如巴黎之旅）時，窺見腦部的運作。這項技術讓我們不只是看到腦部亮起來，而是能夠讀取個別事件的訊號，藉此了解每個記憶之所以獨特的原因。

　　以下是這種研究的運作方法：如果某人正在接受一項記憶實驗，你看著他的功能性磁振造影資料，會看到海馬迴在任何時刻，總會有某些點看起來比較暗、某些點看起來比較亮。這種明暗形式會隨著時間發生些微變化，也就是說，某個像素可能會變得亮一些或暗一些。過去我們認為這些隨時間發生的改變屬於

「雜訊」，是磁振造影掃描本身造成的奇怪問題，[11] 但現在已經搞清楚，有些變化具有意義。2009 年時，我和朋友諾曼（Kenneth A. Norman，現在是普林斯頓大學心理學系的系主任）共進午餐，他說服我，我們研究記憶時應該更仔細檢查這些腦部活動的模式。我開始想，會不會每一次我們回想一個特定事件，都有相應那個事件的獨特腦部活動模式？每一個像素明暗的圖案，會不會就像是一種二維條碼，每個獨特圖形都會指向特定的記憶？這樣的話，我們就可以用磁振造影掃描來讀取「記憶密碼」，得知記憶如何在腦的不同區域進行處理。[12]

　　舉例來說，假設我躺在磁振造影掃描儀裡，回想起家族不久前在公園裡野餐，看到我弟弟拉維和他的狗玩耍，然後回想幾年前在舊金山拉維家附近，看到他在一條骯髒的人行道上牽狗散步。或許在這兩個經驗裡，可以找到相似的記憶密碼。在我們的研究中，我們恰恰在新皮質的某些區域看到相似的記憶密碼，那裡似乎儲存著關於何人（拉維）和何事（他的狗奇齊）等一般性的事實；然而這兩個事件的記憶密碼在海馬迴中看起來完全不一樣。另一方面，當一個人回想同一件事的兩項不同資訊（例如回想同一次家族野餐時，在公園看到拉維，以及看到我妻子妮可），海馬迴呈現的記憶密碼卻很相似。[13]

　　這些發現有助於了解海馬迴如何幫我們執行心智時間旅行。有些細胞群組能讓我們記得一件事中的特定部分，例如拉維的臉、野餐中三明治的味道，以及他的狗在背景中的叫聲。這些細胞群組分別位在腦的不同區域，通常不會彼此溝通，唯一的共通之處，是它們差不多會在同一時間活躍起來。而海馬迴與這些區域都有連結，它的工作就是記住哪些細胞群組同時活躍。之後，如果我再次想起家族野餐時的公園，我的海馬迴會幫忙重新活化那些細胞群組，於是我便可以重溫看到拉維的經驗。海馬迴讓我們能夠針對不同事件，為記憶製作「索引」，它是根據事件中的「何時」與「何地」，而不是發生「何事」。[14]

海馬迴形成記憶的方式提供了一個有趣的附加好處。因為海馬迴根據情境來組織記憶，所以在回想某個事件中的某樣東西時，在大約同一時間或同一地點發生的其他事件也會變得比較容易取回，因而得到更完整的景象。[15] 回想我們在野餐時切西瓜的片刻，可以喚出接下來的一連串事件，例如幾分鐘後我們開始玩飛盤和排球。海馬迴帶著我們在時間中前進、後退，我們甚至不需要電影《回到未來》（*Back to the Future*）裡那部不可靠的時光機。

抓住此時此地

由於事件記憶不只能夠通往過去，使得它的威力更為強大。我們對於現實的根本知覺，有一部分在於我們能夠明白自己目前在時間與空間中的位置，而要做到這點，我們經常需要回想不久前的過去。想想你在半夜醒來，躺在一張不熟悉的床上，第一個念頭是：「我在哪裡？」為了幫你回答這個問題，海馬迴開始把正確的記憶密碼抓出來；或許你想起自己在幾小時之前住進一間旅館，而隨著這個資訊浮現，迷失的感覺便快速褪去。抓出不久前的記憶，幫助你踏實的存在於此時此地。有個著名的理論說，事件記憶演化自一個更為基本的能力，也就是我們得知自己存在於世界中何處的能力。[16] 這種能力對於存活非常重要，後來我和年輕研究生庫克（Peter Cook）一次偶然的合作中，也了解到這種能力的重要性。

　　我最初是在一個記憶研討會上遇到庫克。在幾個學生報告了人類如何學習一長串文字的研究後，庫克上臺，播放一系列短片，內容是他以加州海獅所做的學習實驗。他的研究吸引住我，因為我從來沒想過可以在海獅身上研究記憶。庫克的報告結束後，我立即向他自我介紹，在我的遊說之下，庫克邀請我和家人拜訪他在加州大學聖克魯茲分校的實驗室。當時五歲的米拉因此第一次近距離與海獅相處，甚至幫忙蒐集資料。我們在那裡時，庫克進行其中一個記憶實驗，米拉負責操作開門用的拉桿，並在每次試驗時按下按鈕，播放聲音給海獅聽。

　　在我們拜訪期間，我得知庫克正在研究軟骨藻酸（domoic acid）對海馬迴的影響。軟骨藻酸是一種海洋生物毒素，會在有害的藻華（也就是「赤潮」）發生時產生，然後往食物鏈的高層移動：藻類首先被蚌和貽貝等貝類吃掉，貝類再被魚蟹類吃掉，然後海獅大量取食魚蟹，結果海獅便暴露在高濃度的軟骨藻酸中。如果人類吃到這種毒素，有可能發生「失憶性貝毒中毒」（amnesic shellfish poisoning），症狀包括嘔吐、頭暈、神智不清、記憶喪失，而暴露於軟骨藻酸的海獅看起來也有同樣的症狀。庫克有了難得的機會，可以把這些海獅放到磁振造影掃描儀中，結果發現這些軟骨藻酸中毒的動物在海馬迴有明顯的損傷。

在這次拜訪之後，庫克與我決定合作，後來促成我整個職業生涯裡最有意思的腦部造影計畫之一。我幫助庫克發展出新的記憶實驗來測試海獅。[17] 在其中一項試驗裡，海獅必須記住庫克藏魚的特定位置；在另一項試驗中，海獅必須記得自己不久前做的事，才能有效率的取得放在不同水桶中的魚。軟骨藻酸中毒的海獅在這些試驗中的表現很差，而我們能夠根據海馬迴的受損程度，預測出牠們的表現會有多差。我們的研究幫助解釋這些可憐的動物為什麼會被沖到岸邊，因為牠們缺乏正常運作的海馬迴，變得混亂迷失，迷了路又記不得自己的覓食地，於是變得營養不良，最終被困在岸上。

當我看到庫克的實驗結果，忽然想到我們經常無意間仰賴事件記憶，幫助自己在時空中定位。還記得自己是在旅館中嗎？現在，想像你醒來，卻想不起來現在是哪一天、不知道自己在哪裡；無法確定所處的地方與時間，使你感到混亂迷失。這樣的悲慘現實，正是數百萬阿茲海默症患者的經歷。海馬迴是阿茲海默症最先開始破壞的腦區，這或許可以解釋早期病患為什麼經常迷路、失去時間感。我有個朋友負責照顧患有阿茲海默症的母親，她告訴我，當母親搞不清楚當下是什麼時候、自己又在哪裡時，那害怕的表情令她十分痛心。我想那種迷失的感覺必定十分可怕，像是在無邊的汪洋大海上獨自航行。

情境是時光機

　　雖然海馬迴讓我們能夠透過心智而旅行，重返過去的地點和時間，但我想澄清一件事，就是大腦沒有辦法直接感知我們的位置及時鐘上的精確時間。我們的記憶並沒有時間戳記和衛星定位坐標，所以不能告訴我們某件事情發生的確切時間和地點。[18] 海馬迴似乎是藉著捕捉周遭世界的變化來追蹤時間。我們一整天的活動中，會在不同地點之間轉換，從封閉窄小的室內到天寬地闊的戶外，每個地方都有獨特的景觀、聲音和氣味，給予我們一種感覺，能知道自己身在「何處」。再者，我們身邊的環境不斷改變。[19] 白天轉為黑夜，飽足感轉為飢餓感，興高采烈也有可能轉為疲乏勞累。

　　這所有的外在因素，再加上我們內在世界的動機、想法與感覺，共同形成獨特的情境，隨時包裹著我們的經驗。當我們回想某個特定的事件記憶時，也同時能夠抓到一點當時的心智狀態，這給予我們回到過去時空的感覺。當情境隨著時間改變，又會使我們的腦部活動模式發生改變，而這些改變讓我們有了時間流逝的體驗。發生時間相近的兩個事件會有比較多的共同情境要素，例如煮咖啡和吃早餐；相對來說，發生時間隔得較久的事件會有比較少的共同情境要素，例如吃早餐和準備晚餐。

　　情境是事件記憶裡不可或缺的部分，因此對於我們能記得什麼事，具有非常強大的影響力。身處某個特定的地方，能夠喚回我們在其他地方想不起來的記憶，例如我身處印度祖父母家時，能透過視覺和聽覺想起過去在印度的回憶。嗅覺和味覺也是很重要的線索，皮克斯動畫工作室的《料理鼠王》(Ratatouille) 在最後的場景對這件事做出很生動的描繪：只因為一匙尋常的法式燉菜，脾氣暴躁的美食評論家回到童年，想起他的母親也做過同一道料理。

音樂也能成為事件記憶的有力暗示。所以聽見一首從十七歲之後就沒再聽過的歌，能夠讓你想起高中舞會的初吻。我在加州大學戴維斯分校的同事賈納塔 (Petr Janata) 做過有關音樂的研究，他記錄人們不同時期聽的音樂並加以分類，發現歌曲對於誘發心智時間旅行特別有效。[20] 其他研究者則發現，在阿茲海默症病患身上，音樂能夠誘出對過去事件的回憶。[21] 祖父遭逢失智症時，我曾親眼目睹這種效果。祖父曾是南印度的電影製作人，在他生命最後一段時間，記憶退化，有時連我都不認得，但仍然能夠哼出他以前為自己的電影所寫的歌，要不是這些歌，他也無法取回那段時光的記憶。

情緒也對情境有所貢獻，這意味著現在的感覺會影響我們想起什麼事。[22] 當我們生氣時，很容易想起讓人不高興的往事，要喚出相反的記憶則困難得多。舉例而言，當你與交往中的對象相處愉快時，要喚出美好的回憶並不困難，但當你們為了該輪到誰牽狗散步或洗碗而爭吵時，要喚出美好的回憶就沒那麼容易了。

情境在事件記憶裡占有核心地位，這有助於了解我們為什麼會想不起來，以及在面對大量干擾時如何克服想不起來的狀況。如同我在第 1 章提過的，我們最常見、也最令人挫折的記憶困擾來自重複的經驗，例如試圖回想自己把鑰匙放在哪裡，或今天早上吃過藥了沒。

　　假設你現在找不到自己的皮夾，不確定是忘在客廳的矮桌上、辦公室的桌上，還是外套口袋裡。這些都是你的皮夾曾經出現過的地方，但現在都不重要，重要的是最近一次到底放在哪裡。如果海馬迴對於發生「什麼事」只儲存相片式的記憶，找到皮夾就成為幾乎不可能的任務，因為你得從一大堆的「皮夾」記憶中一一篩選。但是海馬迴的重要能力，是記得我們有興趣的事物以及相關資訊，然後把相關資訊與情境資訊綁在一起，這包括一大堆正在背景中發生的事情；例如我們現在關心的是皮夾和客廳矮桌，背景則包括電視上的節目，放下皮夾後拿起咖啡小啜一口時的香氣與味道，因為覺得熱而想要開冷氣的感覺。我們經歷的重複事件多到數不清，但情境使得每個事件都變成獨一無二。這表示我們可以把情境當作救生索，抓著它逐步回溯，找回我們時常遺失的東西。

　　當你在上班遲到的狀況下瘋狂尋找某樣東西（例如皮夾）時，由於當下你已經很匆忙，或許會開始採用以語意記憶為主的策略，根據你「通常」把皮夾放在哪裡的知識來搜尋。但你也可以採用事件記憶來回溯你的每一步。試著回想你最後一次記得皮夾時，自己在哪裡、在做什麼，而且盡可能生動鮮明。如果你可以進行一趟心智上的時間旅行，回到放下皮夾的那一刻，海馬迴可以幫助你取出大約發生於同時的其他資訊。你愈能回到那個情境，就愈容易找回皮夾。

　　處於某個特定的地點、情況、心理狀態，比較容易讓人回想起發生在類似情境下的事件，但如果處於錯誤的情境，要找回正確的記憶就會比較困難。[23] 假設你參加某個派對，幾杯黃湯下肚後，開始和某個陌生人展開有趣的對話。第二天你在超市碰巧又遇上同一個人，卻想不起來她是誰，或你們是怎麼認識的。這裡的問題在於，海馬迴不僅把這個人的臉儲存在記憶之中，還與情境連結起來，諸如屋子裡的老式家具、第二杯紅酒帶來的輕微飄忽之感，還有當時播放的舞曲，以及其他人說話的背景雜音。在缺乏那些情境線索的狀況下，你會很難想起排隊等廁所時碰巧搭上話的隔壁女性。

　　回溯的過去愈是久遠，你的腦就愈難抓出當時的情境，而且到了某種程度，你根本無法找回情境。儘管有些軼事聲稱並非如此，但科學研究已經確立：成人缺乏兩歲之前可靠的事件記憶。這種現象稱為「嬰兒經驗失憶」（infantile amnesia），科學家還無法解釋，畢竟嬰幼兒的學習很快，看起來有能力形成事件記憶，但基於某些原因，我們長大成人後卻無法喚回那些經驗。[24] 根據我在加州大學戴維斯分校的同事蓋蒂（Simona Ghetti）的研究，有一種可能性是，人在生命最初幾年，海馬迴仍在發育，所以很小的幼兒沒有能力把經驗與特定的時空情境連在一起。[25] 我則懷疑嬰兒經驗失憶之所以會發生，是因為人在生命最初幾年，整個新皮質神經元之間的連結正大幅進行重新整理。[26] 成人幾乎不可能回溯到嬰兒時期，除非我們的腦取消那些年的連結改變，才能返回嬰兒時的心智狀態。

我到底在找什麼？

你可能有過這種經驗：走進一個房間，卻不記得你原本要做什麼。這不表示你的記憶有問題，它實際上是一種很普通的現象，來自於記憶研究者所說的「事件邊界」（event boundary）。你在家裡時，有著自己身在那裡的感覺。一旦踏出家門，即使實際移動的距離很短，那個感覺也會產生很劇烈的變化。當我們對周遭世界的知覺經歷了改變，自然會更新對情境的感覺，而這些改變的點標示著不同事件之間的邊界。[27]

隨著事件邊界而發生的情境變化，對於事件記憶有重要的影響。[28] 事件邊界把我們經驗的時間線分隔為容易掌握的小區間，就好像牆壁把房子內部具體區隔為不同房間。相對於事件進行當中的資訊，我們比較容易記得在事件邊界上發生的資訊。近期有幾個實驗室的研究顯示，這是因為海馬迴在儲存某個事件的記憶時，會先行等待，一直到越過事件邊界，才把記憶儲存下來；如此一來，只有在我們完整了解某個事件時，才會把這個記憶編碼記下。[29]

由於我們對情境的感覺是在事件邊界上突然改變，因此有時會難以回想不久前才發生的事。我自己至少每週會有一次，在走進廚房後卻摸不著頭緒，自問：「我到底在找什麼？」挫折感迫使我從冰箱拿出一點零食來吃，然後走回自己的書桌，才剛坐下，立刻想起我去廚房本來是要拿眼鏡。我之所以吃下許多垃圾食物，都是事件邊界害的。

　　事件邊界一直在發生，而且它不見得需要空間位置有改變才會發生。任何可以改變你對當下情境感覺的事情，如聊天話題的改變、你眼前目標的改變，或冒出某件令人吃驚的事情，都可以導致你設下事件邊界。你很可能經歷過這種情形：你正在講述一件事情，突然有人打斷你的思緒，例如提醒你的鞋帶沒綁好，然後你便完全忘記自己本來要說什麼。有時這令人沮喪，而如果我們正邁向中年或更高年齡，必須停下來問「我剛剛在說什麼？」時，甚至會令人不安。[30]但請放心，這是大腦利用情境來掌握事件記憶的一種正常副產物。

　　事件邊界不僅會造成忘東忘西的窘境，還可以影響我們對時間流逝的感覺。2020 年新冠病毒第一波流行時，世界各地有無數人經歷好幾個月的封鎖。每天都待在同一個地方，無法從事我們平日的活動，例如上班通勤、按表操課等，而這些活動本來會提供日常生活的結構。一整天待在同一個地方的單調感讓許多人覺得，自己似乎失去跟時間和空間的連結。為了理解人們在這段時期感受到的時間扭曲，我對自己開的線上課程「人類記憶」的一百二十名學生進行調查，看他們如何感受時間的流逝。這些學生整個學期幾乎都待在同一個房間，瞪著電腦螢幕，不是追劇就是在線上上課，他們絕大多數（95%）都說自己覺得每天都很漫長。然而，因為在這樣的日子中並沒有特別不同的記憶，大部分人（80%）也覺得每週過得很快。

　　由於缺少事件邊界，無法為生活提供有意義的架構，使得我的學生，以及全世界數百萬人，都覺得自己彷彿住在「陰陽魔界」，在時空中毫無方向的漂流。

善用心智時間旅行

　　我們最重要的珍貴記憶多半都帶有懷舊感，這種既甜美又苦澀的感覺混合了喜悅和悲傷；透過懷舊，事件記憶強烈的影響著我們的日常生活。大致來說，人覺得回想正面經驗比回想負面經驗要容易，這種正面偏誤會隨著我們年紀漸長而增加，這或許就是為什麼年長的人比較喜好懷舊的原因。[31]

　　有很多研究顯示，回憶快樂的經驗可以提高自信、讓心情變好，也因而讓我們對未來較為樂觀。我在本章稍早提到《料理鼠王》，電影裡的回憶段落之所以使觀眾產生深刻的共鳴，是因為我們在這位乖戾的美食評論家身上看到自己。那個橋段讓我們想起，只要一個簡單的情境暗示，就可以把我們送回一個比現在更快樂的時光，或許還能改變視角，轉換我們看待自己和自身處境的方式。

　　我們回顧自己的過去時，傾向集中在十到三十歲這段時期，這段時期的記憶占有優勢的現象稱為「懷舊高峰」（reminiscence bump）。[32] 不只在我們要求人回想自己的人生事件時會這樣，當你要求人迅速列出最喜歡的電影、書籍和音樂時，也會間接的顯示出這個現象。在那些年歲聽的歌、看的電影，可以給我們某種意義，與理想中的自己連接起來。

　　懷舊雖然能讓人愉快，卻也可能帶來相反的效果，一切取決於我們選擇哪些記憶來回味，以及我們對這些記憶有什麼想法。「懷舊」一詞是一名瑞士醫生在十七世紀晚期創造的，用來描述他從一些離鄉背井的傭兵身上觀察到的特殊焦慮症。[33] 對這些傭兵來說，發生在過去熟悉之處的快樂記憶，只會加強現在的不快樂。近期的研究者發現，如果人在日常生活中感到寂寞，懷舊會讓他們覺得更加疏離和孤單。[34] 換句話說，懷舊的代價是讓我們與當下的生活脫節，覺得事情不如那些「美好的日子」。

懷舊有一個邪惡雙胞胎，叫「反芻思考」（rumination），意指耗費時間和精神，不斷重複回想負面事件；這也是一個「別」使用事件記憶的最佳範例。有一類人擁有「高度優異自傳式記憶」（Highly Superior Autobiographical Memory），可以從遙遠的過去鉅細靡遺的喚回一些不怎麼重要的經驗，這類人同時也比較容易過度反芻。[35] 正如某位當事人的說法：「我花在回想事情的時間確實比別人更久，當發生令人痛苦的事情時，例如分手或親人死亡，我無法忘記那些感覺。」[36]

要從心智時間旅行獲得好處，可以想想人腦為什麼會演化出這種能力：因為可以從單一經驗中學習。當我們回顧過去的情境時，當時的經驗可以讓我們轉換角度重新審視現在。回想負面事件可以提醒我們過去學到的教訓，好讓我們現在做出更好的決定。[37] 回想正面事件，則可以讓我們更加無私、更能體恤他人，幫助我們變得更好。有一項研究顯示，如果能夠清晰的回想自己幫助他人的經驗，會對別人的困境更有同情心，也更願意幫助有需要的人。[38] 對於我們自己能做什麼、可以成為什麼樣的人，只要透過回想過去那些發揮慈悲心、智慧、毅力或勇氣的時刻，就會有更宏觀的認識。

3

減量、重複使用、回收再利用

如何以少記多？

對於專家能夠當下做出反應的能力，我們常形容這是「直覺」，
有時也會說是「判斷」或「創意」。
——司馬賀（Herb Simon），諾貝爾經濟學獎得主

　　我們在生活中遇到的資訊實在太多，不可能記住自己經歷過
的所有事情。幸運的是，我們不必記住每件事。我們可以利用自
己所知的事物來管理經驗，把數不清的片段資訊整理成較容易掌
握的組塊資訊。隨著愈來愈有經驗，我們可以獲得專家級的技
術，快速辨識出熟悉的模式，幫助自己記住過去、了解現在、預
測未來。

　　說起優秀運動員，我們很自然會想到美國奧運選手體操天
后拜爾絲（Simone Biles）、牙買加短跑健將「閃電」博爾特（Usain
Bolt），或阿根廷足球選手梅西（Lionel Messi），還有一個看似不屬
於這份名單的人，名叫海格伍德（Scott Hagwood）。海格伍德是來
自美國北卡羅來納州費耶特維爾（Fayeteville）的前化學工程師，
他在「記憶運動」的世界裡是個傳奇，奪得四屆「美國記憶錦標
賽」（USA Memory Championship）的冠軍，也是獲得國際記憶協會
（International Association of Memory）「記憶大師」頭銜的第一位美
國記憶運動員。

　　優秀專業運動員似乎天生擁有超乎常人的生理天賦，但海格
伍德不同，並非生來就有任何卓越的能力。他自述學生時代表現
平平，成績中等，考試時嚴重焦慮。然而在三十六歲時，他被診
斷出患有甲狀腺癌，並得知用來救命的放射治療，會摧毀他的記

憶。海格伍德擔心記憶一旦開始惡化，關於自我認知的重要部分
會一併遺失，他為了對抗放射治療的副作用，轉而向記憶的科學
求助。[1]

　　海格伍德偶然間讀到英國記憶訓練專家博贊（Tony Buzan）的
書，[2] 於是開始用一副撲克牌進行一種記憶練習。他對成果大感
佩服，不久後便與弟弟打賭，自己可以在十分鐘內記住一整副剛
洗過的牌，而且贏得賭局。一年後，隨著病情緩解，海格伍德決
定測試自己的新能力，他參加全國記憶錦標賽，與來自全美各地
的記憶運動高手較勁，在五分鐘或十五分鐘內記住一大堆人臉和
名字、好幾頁未曾發表的詩作、撲克牌的順序，以及長串隨機的
文字和數字。海格伍德不僅成為那年的全國冠軍，在接下來三年
的錦標賽中也衛冕成功。

　　競賽式的記憶運動從 1990 年代早期開始受到歡迎，隨後
迅速發展，在世界各地都有了全國型的比賽。如今，新一代的
記憶術大師把這項運動帶入二十一世紀，包括擅長使用社群
媒體的選手，如蒙古裔瑞典籍、三度創下世界紀錄的溫特索爾
（Yänjaa Wintersoul），她同時也是世界記憶錦標賽（World Memory
Championship）獲勝隊伍中的第一位女性。[3] 溫特索爾總是把頭髮
染成紫色，最出名的或許要算是 2017 年一支廣為瘋傳的影片，
她在影片中用不到一週的時間，背下宜家家居（IKEA）的整本家
具目錄（共 328 頁，約有五千件產品）。[4]

　　當我們看到海格伍德、溫特索爾等優秀選手的傑出表現，再
考慮到這些記憶高手對一般主題的自然記憶力完全不比一般人

高，甚至表示自己的心智能力並沒有比別人強時，就更令人驚訝了。這些尋常人到底如何展現令人驚嘆的記憶之術？而對於一般人的記憶方式，我們又能從他們身上學到什麼？

有一個線索，埋藏在流傳長達數千年的口述傳統之中。從《羅摩衍那》（*Ramayana*）和《摩訶婆羅多》（*Mahabharata*）到《伊里亞德》（*Iliad*）和《奧德賽》（*Odyssey*），吟遊詩人透過詩的結構與韻律的重複模式，把這些經典史詩整部記下。類似的例子還有原住民文化，透過歌曲、故事、舞蹈和儀式，保存代代相傳的各種知識，包括動物和植物、天文與地理、家譜與神話。

不管是今天可以記住圓周率到小數點後十萬位數的記憶運動員、古時候以英雄傳奇娛樂聽眾的吟遊詩人，或甚至學唱 ABC 字母歌的一班幼稚園小朋友，效果最好的記憶術都衍生自人腦為了掌握世界複雜性而演化出來的基本方式——從一種稱為「意元集組」（chunking）的過程開始。

將內容切分為塊

1956 年，在認知心理學還在萌芽階段時，創立者之一米勒（George Miller）寫下一篇有點奇特的論文。當今的期刊編輯和偏執的審稿人總強迫我們採用無趣、缺少靈魂又乏味的文風，但米勒這篇論文非常不一樣，它以一種胡鬧、譏諷的段落開始，或許反映出當時的寫作習慣：

我的問題，在於被一個整數不斷糾纏。七年來，這個數
字老是跟隨著我，入侵我最私密的資料，也在我們最公
開的期刊頁面上攻擊我。……借用一位著名政治家的話
來說，有某種計謀、某種模式掌控著它的出現。要不是
這個數字真的有某種不尋常之處，就是我自己有被害妄
想症。[5]

儘管米勒在這段開場中用了特別怪異的語氣，論文本身卻成
為經典，因為它指出記憶的一個基本特性，並且一再通過驗證：
人腦在任何時間能夠保存的資訊量是有限的。[6]

米勒透過「一個整數不斷糾纏」的幽默比喻，吸引人注意他
的結論：我們能在腦中保存的東西只有七樣。較近期的估計顯示
米勒還太過樂觀，其實我們一次只能保存約三到四項訊息。記憶
的這項限制，可以幫忙解釋為什麼網站吐出由字母和數字隨機組
成的字串做為暫時的密碼時（例如 JP672K4LZ），如果你不寫下
來，就會立刻忘掉。專業的記憶運動員也和大家一樣，都得面
對這項限制，但他們利用一個漏洞來迴避這個問題：到底什麼是
「一項」資訊，沒有固定的定義。「意元集組」讓我們把大量資
料壓縮為可掌握的大小，也就變得容易取回。[7]

或許你並沒有清楚意識到自己這樣做，但在每天的學習與記
憶過程中，你早已經在使用意元集組的技巧。舉例來說，如果你
是美國公民，很可能已經背下自己的九位數社會安全號碼。要讓
這一串數字相對容易記憶，可以把它拆解為三個容易記得的集

組，例如容易預期的三、二、四模式。美國人也用類似的方法記住十位數電話號碼（模式為三、三、四）。藉由把數字分組，我們把腦中必須處理的資訊量減少了三分之二。首字母縮寫和離合詩也使用類似的原則，前者例如用「HOMES」（「家」的複數）來記住北美五大湖：休倫湖（Huron）、安大略湖（Ontario）、密西根湖（Michigan）、伊利湖（Erie）、蘇必略湖（Superior）；後者例如用「Please Excuse My Dear Aunt Sally」（請原諒我親愛的莎莉姑媽）來記住數學運算的順序：括弧（parentheses）、指數（exponents）、乘法（multiplication）、除法（division）、加法（addition）、減法（subtraction）。這讓原本難以記住的資訊變成容易了解的簡單概念。即使是隨機產生、沒有意義的字母和數字組合，也可透過意元集組而變得容易記憶，例如 JP6-72K-4LZ。

　　1970 年代的司馬賀曾針對意元集組做過一些頗具說服力的研究，他是美國卡內基美隆大學的心理學家，也是人工智慧領域發展初期的開路先鋒。司馬賀在很多領域都有貢獻，包括經濟學，這讓他在 1978 年獲得諾貝爾經濟學獎，但對我而言，最有趣的還是關於西洋棋的研究。在 1950 年代，司馬賀想要發展電腦演算法，模擬人類如何解決問題，而他以西洋棋做為終極的挑戰目標。[8]

　　在新手眼中，西洋棋複雜得令人生怯。棋局開始時，雙方各有八個士兵、兩個主教、兩個騎士、兩個戰車、一個皇后、一個國王，要在六十四個黑白交錯方格組成的棋盤上移動。看著棋盤，初學者可能光是要記得每個棋子的位置就已經有困難。相對的,「特級大師」(grand master,這是西洋棋棋手的最高頭銜)對棋子在棋盤上的配置一目瞭然,能夠辨識熟悉的模式和序列,並做出反應。也因此新手步步維艱,大師則可撇除枝節,預見一連串還未展開的棋步。

　　司馬賀研究西洋棋高手時,發現他們看棋盤上整組棋子的布局只要幾秒,就可以憑記憶把每個棋子的位置重新排列出來。[9]然而,如果棋子是以違反規則的方式隨機放在棋盤上,這些高手的記憶表現就掉落到生手的水準。這些結果顯示,西洋棋特級大師並不是擁有超凡的記憶力,而是仰賴過去在棋賽裡對各種情況的經歷累積,進一步獲得對可預測模式和棋步順序的知識。就像記憶運動員一樣,西洋棋特級大師揉合技術、訓練和經驗,也就是專家知識,以驚人的速度進行意元集組。[10]

　　2004 年時,隨著我的研究跨足多個領域,我開始想知道專家知識如何改變我們的學習方式和記憶方式。很多人都擁有某類型的專家知識,例如賞鳥愛好者或許能夠快速鑑定許多不同鳥種,愛車人可以立即辨認一部經典老車的車廠、年份與型號。當時大部分神經科學家認為專家知識來自腦中的感覺區。[11]這種觀點認為,熱情的賞鳥人之所以能夠辨別數十種不同的美洲鵐,是因為能夠察覺出鳥類身體圖案的細微差異,而未經訓練的一般人根本難以區分。

　　身為研究記憶的人,我直覺事情並非如此。我們已經知道前額葉皮質能幫助人專注在某個事件的獨特之處,因此我懷疑專家知識改變了我們運用前額葉皮質的方式。我暫時把這個想法藏在心裡，直到我的研究生科恩（Mike Cohen）把優秀的心理系大學生摩爾（Chris Moore）介紹給我。科恩和摩爾一同挑燈夜戰，開發出一套電腦程式，可以產生一系列立體形狀。這些形狀看起來有點像外星人的太空船，但遵從基本的結構和邏輯，就像不同的鳥種或車型，有些特徵會有變化，但某些特徵則維持大致不變。

　　接下來，科恩和摩爾召集了一群自願參與研究的學生，他們要在十天的時間裡成為這些陌生形狀的「專家」，學會辨認這些形狀的共同特徵，還要能區分各個形狀之間的不同。經過訓練後，我們把他們放到磁振造影掃描儀中，看看這些訓練如何改變他們的腦。他們會在螢幕上短暫的看到其中一個形狀，要在形狀從螢幕上消失之前記住。大約十秒後，螢幕上會顯示另一個形狀，他們得回答這個新的形狀是否與之前看到的相同。過程中會記錄他們的腦部活動。對從未經過訓練的人來說，這個測驗非常困難，但我們的自願參與者則表現得近乎完美。就像司馬賀的西洋棋高手，我們的專家發展出特殊方法，從他們要記住的形狀中抽取出最有用的資訊，這讓他們可以藉由自己的專家知識來繞過記憶的局限。然而，當我們把形狀上下顛倒，這些專家的技巧就無法發揮，他們表示要區分這些奇怪形狀的異同變得困難。

　　如我所預期的，磁振造影掃描顯示出：當學生依賴專家技巧把這些特殊形狀記在腦中時，前額葉皮質的活動大幅提升。[12] 這告訴我們的是，專家知識不只在於看見模式，而在於「找到」模式的方式。例如賞鳥專家不只是單純「看見」歌帶鵐和家麻雀的差異，而是運用自己的專家知識找出這兩種鳥最顯著的特徵差異。不管是什麼主題，我們都可以利用已經學到的專家知識，專注在最需要的新資訊上。

談到專家知識，我忍不住想提一下這則故事的一段後話。摩爾在我的實驗室工作時，有許多課程的修課表現都不怎麼樣。我當時毫不知情，因為每次我們討論記憶時，他總像個經驗老道的研究者，而不是學科成績平均積點（GPA）並不出色的大學生。他畢業後幾年，到普林斯頓大學攻讀神經科學，研究神經網路模型，模擬人腦的學習過程。摩爾沒有專心做他的論文研究，大部分時間都利用他在電腦運算上的專家知識，增加自己對棒球這門複雜運動的洞察力，嘗試從棒球統計中找出模式，辨別出優秀球員和獲勝球隊。[13] 摩爾最後完成博士學位，在華爾街工作一小段時間後，把專家知識運用在芝加哥小熊隊（Chicago Cubs），現在則成為小熊隊研究與發展部門的副主任。摩爾在預測分析（predictive analytics）上的表現為他贏得「魔球之人」（Moneyball Man）的稱號，因為他為了追蹤評估球員表現而創造的複雜電腦模型，幫助小熊隊打破七十一年的「山羊魔咒」，贏得 2016 年世界大賽冠軍。[14]

記憶的藍圖

不管是一般人、西洋棋高手或記憶運動員，都可以透過意元集組把資訊壓縮為容易掌握的小片段。不過這還只是整個故事的一小部分而已，畢竟意元集組本身還不足以解釋我們如何能記住大量資訊，不因記憶間的彼此競爭造成干擾而有所損失——干擾正是我們日常生活中無法想起回憶的罪魁禍首。

　　人腦並非記憶的機器，而是思考的機器。我們以某些方式組織自己的經驗，好對自己生活的世界有所了解。要掌握這個世界的複雜性，不因干擾而誤入歧途，我們可以利用大腦最強而有力的工具來組織資訊，也就是基模（schema）。[15]

　　基模是一種心智架構，讓我們的心智只要花最小的力氣，就能處理、組織和詮釋大量的資訊。人腦使用基模來建構新記憶，這種方式與建築師透過藍圖來設計房屋的方式十分相似。建築藍圖就像是建築結構（如牆、門、樓梯、窗戶等）基本資訊的地圖，顯示這些結構如何連接在一起。藍圖的抽象性質意味著它可以一再重複使用。

　　要看到藍圖的作用，我們可以觀察 1950 年代早期的美國：當時為了因應第二次世界大戰後對便宜住宅需求的攀升，全美各地的郊區都冒出大片的住宅。開車通過任何一個當時規劃的社區，就會發現一群群的房屋是根據同一份藍圖建造出來的。即使顏色、窗框、屋頂等可能多有不同，但平面圖和基本結構一模一樣，因為這個時期的建築師發現，使用同一份藍圖來建構同一地區的所有住宅，不管在時間、勞力和材料等方面，都是既經濟又有效率。

　　就好像藍圖可以重複使用，有效率的蓋新房子，我們也一再重複使用基模，有效率的形成新記憶。雖然大部分人不需要背下整本家具目錄，不過如果你曾去過離你家最近的宜家家居幾次，確實會對店裡如迷宮般的空間配置產生一份心智地圖。[16] 如果你的腦用照相的方式儲存店內空間的記憶，則幫助有限。然而如果以藍圖的方式儲存，你就擁有一套可以一再重複使用的心智表徵。即使你拜訪一家以前從未去過的宜家家居分店，裡面的空間規劃仍足夠相似，因此你不需形成一份全新的心智地圖，便能在裡面行動自如。你可以重複使用先前的宜家家居基模，只把注意力放在認識這家分店的不同特徵，讓自己可以穿過展示間、市集區、倉儲區，抵達兒童遊戲室「斯莫蘭」（Småland）的球池，接你的小孩。

　　基模的運用不限於具體的空間。我們對於可能以類似順序發生的事情，也都擁有心智藍圖。[17] 這些「事件基模」提供一個結構，讓我們可以快速的形成複雜事件的記憶。假設你經常跟某個朋友在附近一家咖啡館喝咖啡。你的腦或許可以為每次碰面時的每一秒鐘，都記下一份照片般詳細的新記憶：在櫃檯前排隊，點一杯拿鐵，看著咖啡師把熱牛奶倒入咖啡，形成完美的裝飾圖案。然而，針對每個經驗的每個細節一一製造出的新記憶，卻有可能成為好幾百個沒用的記憶。如果把咖啡館經驗的共同特徵整合起來，變成一張由所有重複細節組成的藍圖，遠遠有效率得多。如此一來，你每次上咖啡館時可以專注在不同的地方，找出有哪些差異別具意義。

　　每個記憶運動員、西洋棋高手、賞鳥專家與愛車人都以某種方式利用基模的力量，把他們必須記得的資訊組織成一個框架，以便未來再次使用。「位置記憶法」（method of loci）就是一例，這種古老的記憶術在今天常被稱為「記憶宮殿」或「心智宮殿」，據信是由古希臘詩人西莫尼德斯（Simonides）發明，因近期英國 BBC 電視劇中的福爾摩斯採用而聲名大噪。在這種方法中，你把想要記住的資訊具象化，然後放置在一個熟悉的空間裡或路線上。這個空間可以是一座宮殿、附近的市場、小時候的臥室，重點是這個地方的基模幫助你整理原本零落的資訊，未來只要回到內心的這個地方走一遭，就能夠輕鬆找回所需的資訊。

像經典史詩一樣，音樂是另一個好例子，顯示我們如何常常利用組織好的知識，迅速學習並記下新資訊。許多藍調和搖滾歌曲都遵從一種典型、重複的十二小節規則。流行音樂和民謠音樂則遵從簡單的「主歌─副歌─主歌」結構，且主副歌之間的過渡非常容易預期，所以如果你聽到一首遵從這種結構的新歌，要記住歌詞或曲調本身就不會太難。再者，音樂對記憶很有幫助。你可以把想要記住的東西植入音樂基模中。例如我對美國立法相關程序的認識，都來自童年時每週六早上從電視卡通《搖滾學習樂》（*Schoolhouse Rock!*）重複聽到的歌曲〈我是法案〉（I'm Just a Bill）。推而廣之，不難想像的是，正因為透過音樂結構，能讓人更容易記得重要的文化訊息並加以傳承，世界各地的不同文明才都擁有傳承了幾百年的音樂和詩歌。

當我們想為新的事件建立記憶時，或許最簡單的基模就是我們的日常生活。舉例來說，如果想要記住一副牌的順序，你不會把每張牌分開來記。你可以編造一個故事，讓這些牌彼此之間產生關係，例如國王（King）用千斤頂（Jack）更換漏氣的輪胎，然後開了七公里到頂尖（Ace）加油站……。這種策略並不像機械式的照相機記憶，但是它更符合人類既聰明又有效率的記憶本質，所以特別有效。

聰明的預設模式網路

最新的神經科學研究揭露許多訊息，讓我們知道基模如何在腦中運作。科學家發現腦中有一個網路舉足輕重，矛盾的是，一般認為這個網路只在我們什麼事都不做時產生作用。

在大部分功能性磁振造影的實驗中，受試者躺在掃描儀裡，被要求執行一些尋常的任務，看著螢幕上的圖像或字詞，做出選擇，按下按鈕。比較早期的時候，我們把這些實驗結果解釋為：大腦是由各自獨立的區域組成，每個區域有特定的工作。然而，隨著我們愈來愈了解新皮質是如何組織起來，便了解到事情並非如此。

正如同人類的社會網路是以家庭、朋友、同事等相互連結的網路為中心而組織起來，新皮質的組織方式也一樣，那些功能上和解剖構造上相互聯繫的區域會形成網路，在我們對外界產生反應時，那些區域也會相互溝通交流。[18] 隨著功能性磁振造影研究的進展，愈來愈清楚的是，同一個網路裡的不同區域往往會同時活躍。舉例來說，如果我看著一個空白的畫面時，突然有一隻狗的圖像在螢幕上閃現，視覺網路便活躍起來；如果我聽見狗叫，聽覺網路便活躍起來等等。當我們執行需要較高專注力的任務時，功能性磁振造影顯示腦部許多網路都變得活躍……只有一個明顯的例外。

2001 年，華盛頓大學的腦部造影研究先鋒賴希勒（Marcus Raichle）在新皮質觀察到，有一組區域消耗掉腦中大部分的能量，然而當參與者必須專注執行指定任務時（例如看到螢幕上出現 X 就要按下按鈕），這組區域是休息的。賴希勒指出，一旦我們不與外在世界互動時，這個網路就會恢復成啟動的預設狀態，因此稱為「預設模式網路」（default mode network, DMN）。[19] 對於這一組還沒有人了解、深藏於新皮質的區域，賴希勒卻只冠以一個名字，似乎暗示著這些區域應該有某種共同的功能。

我們神經科學家往往具有 A 型人格，對自己的任務異常認真。而如果有個腦部網路會在人執行任務時停止工作，它當然沒什麼了不起的作用，是吧？「預設模式網路」的研究常被放在「做白日夢」或「停止工作」的脈絡之下，這讓人產生一種印象，以為它的主要功能是幫助我們打混或放空。[20]

當時我不太確定該怎麼看待這類研究，因為其中似乎遺漏了某些東西。要說演化過程會建造出一大塊腦部區域，只用來做白日夢，總讓我覺得不滿意。當我得知預設模式網路的活動一旦停下來，海馬迴的活動也會停止時，我覺得更加困惑，這顯示兩者有緊密的關聯。

以上這些事情看起來都毫無道理，一直到 2011 年，我參加在英國約克（York）舉辦的記憶研討會，聽了幾場演講，才發現有愈來愈多功能性磁振造影研究讓預設模式網路變得益發明亮。[21] 雖然當人進行一些簡單任務，例如讓人看「鯊魚」這個詞，並請他說出第一個想到的動詞時，預設模式網路看起來是關閉的；但當人進行較複雜的思考任務，例如回想自傳式記憶、在虛擬實境遊戲裡找尋方向，或試圖弄懂一則故事或一部電影時，預設模式網路卻是活躍的。我從約克一回到家，就立刻與利奇（Maureen Ritchey）合作，她當時在我的實驗室進行博士後研究，現在是波士頓學院（Boston College）的教授。我們梳理小山一般的文獻，研究對象包括人類、猴子甚至大鼠，很快的便浮現出一種模式。我們認為，預設模式網路裡的細胞群組存有我們用來了解世界的基模，能把我們經歷過的事件拆解成小片段，方便在未來使用，以新的方式建構新的記憶。[22] 另一方面，海馬迴則可以把這些小片段組合起來，儲存特定的事件記憶。

雖然我急於想測試我們對預設模式網路的想法，卻不知從何著手。當時神經科學對人類記憶所擁有的知識，幾乎全都來自遵從艾賓浩斯模型的研究，也就是要人記住一連串隨機的文字或臉孔，但這類測試無法更徹底的探究基模。幸運的是，改變即將到來。我開始看到研究者利用功能性磁振造影，測量正在看影片或聽故事的人，研究他們的腦部活動。這些新的研究成果顯示，我們不必把自己局限在記憶的微觀世界。[23] 我們可以放膽研究發生在真實世界裡的記憶。我大受啟發，組成一個「超級朋友」團隊，成員包括哈佛大學的葛什曼（Samuel J. Gershman）、紐約大學的梅洛尼（Lucia Melloni）、普林斯頓大學的諾曼，還有華盛頓大學的札克斯（Jeffrey M. Zacks），共同建立一個電腦模型並加以測試，一窺預設模式網路如何幫助我們記住真實世界的事件。[24] 了不起的是，我們說服美國海軍研究部（U.S. Office of Naval Research）支持這項計畫，我還改造我的實驗室，讓研究記憶機制的方法進行蛻變。

　　我們不再藉著要人記住單字或圖片來研究腦部活動，而是轉為更複雜的實驗，要參與者回想一場四十分鐘的電影或故事中描述的事件。[25] 我們的團隊花費幾個月時間製作電影、撰寫短篇小說，一名博士後研究員巴尼特（Alex Barnett）甚至製作出兩部動畫電影，一部是刑事辦案電影，一部則像是《史瑞克》和《冰與火之歌：權力遊戲》的混合體。在這麼多前置作業之後，測試假說的時刻終於來臨，我們要看基模如何幫助我們了解世界，以及形成關於世界的記憶。

　　其中最有趣的幾個研究，是由雷賀（Zachariah Reagh）執行的，他當時是我實驗室的博士後研究員，現在是聖路易華盛頓大學的教授。我們所有的實驗都包含四個基本部分：在特定的地點和情況下，有人與東西互動。我們預測，人和東西的基模會跟地點和情況的基模保持區隔，分別儲存在預設模式網路的不同部位。為了測試這個預測，雷賀開始拍電影。他用運動攝影機GoPro拍攝我實驗室的兩名博士後研究員巴尼特和金嘉珉（Kamin Kim，音譯），地點在超市或咖啡館。其中一支影片裡，巴尼特在附近的喜互惠超市（Safeway）挑選罐頭陳列架上的東西，另一支影片則是金嘉珉在戴維斯有名的美詩家（Mishka）咖啡館中一邊讀書一邊喝茶。這些短片中的事件都很容易了解，所以非常適合用來觀察參與者是否會重複使用同樣的基模來了解和記住事件。如果是的話，我們預期他們觀看巴尼特在戴維斯食品合作社買豆子罐頭，或金嘉珉在本地時髦的連鎖雜貨店納傑特（Nugget）購買有機藍莓的影片時，預設模式網路中的區域很可能會呈現同樣的活躍模式（也就是同樣的記憶密碼）。下一步，我們把參與者送進磁振造影掃描儀，讓他們觀看雷賀製作的八部影片，也要求他們根據記憶回溯影片；在這些過程中，他們的腦部活動都被記錄下來。

　　實驗結束後，我們著手測試，看看究竟能否從功能性磁振造影數據（也就是記憶密碼）中讀出任何模式，顯示基模如何在不同事件中重複使用。我們發現，預設模式網路沒有儲存具有特定情節的事件記憶，但它確實提供了必需的原始材料，幫助了解和記住電影。預設模式網路並沒有分別為每支影片儲存專有的記憶密碼，而是把每支影片拆解為許多小部分，再透過重複使用這些小部分，了解或記住跟其他影片共有的部分。在預設模式網路裡，位於某處的記憶密碼可以告訴我們參與者正在觀看或回想的是超市或咖啡館的影片；另一處的記憶密碼則告訴我們影片中的主角是巴尼特還是金嘉珉。相對於預設模式網路，海馬迴的工作是把腦中各個部位的資訊集結起來，以支持事件記憶，而它確實為每支影片採用不同的記憶密碼。另一個跟預設模式網路不同的地方則是，海馬迴似乎只儲存每支影片的開頭和結尾（也就是事件邊界）。[26]

　　預設模式網路會依據部位分配不同的工作，顯示我們對一個經驗裡的不同組成部分，會有不同類型的基模。某個類型的基模告訴我們某類事件的來龍去脈，而不管事件裡牽涉到的人是誰。就好像你在某間超市裡購物，你知道接下來需要為你挑的東西付帳，站在收銀臺的人是誰完全無所謂。另一類的基模可以告訴你特定的人或東西。例如我擁有誰是巴尼特、誰是金嘉珉的基模，不管在何時何地遇到他們都可以使用。感謝預設模式網路，我每次上超市購物時，都可以重複使用我的超市基模，而每次遇到巴尼特時，也都可以重複使用我的巴尼特基模。同樣感謝海馬迴，讓我在超市遇到巴尼特時，可以形成個別事件的獨特記憶。

　　由於這些發現，我開始認為事件記憶的形成有點像是用樂高積木建造東西。你可以把一座樂高積木建成的中世紀城市拆掉，把積木和塑膠小人分門別類的整理成不同堆。同樣的，預設模式網路可以把一個事件拆解，分別辨認出這個事件裡有「誰」和「什麼事物」，以及事情是在「何處」及「如何」發生。玩樂高積木時，你可以利用組裝說明書，再次把那座中世紀城市建起來，也可以利用不同的說明書，用同樣的積木組合出《星際大戰》的某個場景。記憶也一樣，預設模式網路擁有許多小片段，可以在許多不同事件裡重複使用。海馬迴則似乎擁有如何組裝片段的說明書，用來記得特定的事件，當海馬迴在事件邊界上與預設模式網路溝通時，活動便出現高峰。[27] 所以，就好像你可以先略讀說明書，初步組裝出一部分樂高結構，然後回去看說明書上的指示，再繼續組裝，海馬迴或許也在這些關鍵時刻引導預設模式網路，讓預設模式網路拿取正確的片段，重建正確的記憶。

我們對預設模式網路的研究有助於了解阿茲海默症和其他的神經退化疾病。現在我們知道，阿茲海默症的發展與澱粉樣蛋白有關，而在尚未呈現任何症狀的年長者中，大約 20% 的人已經有澱粉樣蛋白累積在預設模式網路中。[28] 要發展有效治療阿茲海默症的唯一方法，將會是對這些「症狀出現前」階段的高風險者施予藥物，因為等到較後期時，預設模式網路的細胞已經大量死亡，完全無法逆轉。我們正在探索是否能利用功能性磁振造影的記憶研究，盡早偵測出預設模式網路的異常，好讓高風險者在發生不可逆的腦損傷前就接受治療。

回到未來

如果你在一場晚餐聚會上宣布自己可以預測未來，八成會受到質疑。但這種主張其實沒那麼脫離現實。假設朋友邀請你參加他們孩子的中學畢業典禮，即使你從未參加過那所學校的典禮，仍可以合理預測典禮中將會有激勵人心的演講、學生會穿上畢業袍、戴上畢業帽，在〈威風凜凜進行曲〉（Pomp and Circumstance）的演奏聲中，接下自己的畢業證書。

讓我們再次想想西洋棋特級大師的例子。他已經花費數不清的時間，下了好幾千盤棋，研究和演練那些同樣的模式。一名特級大師擁有的西洋棋基模數量有如一整座圖書館，每一個基模都包含典型棋賽中可以看到的諸多棋步序列範本。這些基模讓西洋棋特級大師能夠記得過去棋賽中的棋步順序，即時了解現在正在進行的棋賽，並預測對手接下來可能採取的棋步。利用這樣的專家知識，乍看複雜的棋盤布局很容易可以看作一連串棋步中的一步，接下來有可能吃掉幾枚棋子，最終迎向將死而獲勝。

專業運動員運用知識的方式與西洋棋特級大師很像。在快速移動的團隊運動，例如籃球、橄欖球、足球，光有超群的體能還不夠。如果想成為真正的高手，就必須研究比賽，建立充足的基模，一旦需要時便可以立即採用。美國職業籃球聯賽歷史上的頂尖選手「詹皇」詹姆斯（LeBron James），同時也是職業生涯總得分的紀錄保持人，他有一項知名的能力，能夠清楚記得過去比賽的過程，而且驚人的詳細。詹姆斯自述擁有照片式的記憶，但他真正的實力所在是教練基德（Jason Kidd）指稱的「籃球 IQ」。就像西洋棋特級大師，詹姆斯利用他對球賽的知識，快速取得關於複雜動作序列的資訊。他在球場上能隨時把腦中豐富的事件基模資料庫與現場所見交叉比對，因此可以準確的判斷即將發生的下一步。

基德如此描述詹姆斯：「他打球時能夠預測接下來發生的事。當你擁有高超的籃球 IQ 時，能夠比其他人更早預見下一步。」[29] 詹姆斯本人對自己的籃球 IQ 也有類似的說法：「它讓我可以事先看到會發生什麼、了解球員的狀態，有點像可以讀隊友的心，知道誰的節奏在狀況外、誰的節奏在狀況內，知道分數、時間、球場上另一邊有誰在做什麼，知道他們的喜好，能夠把這一切換算成球場上的現況。」

詹姆斯在與朋友打電玩時也運用了同樣精湛的記憶術。他的老朋友維姆斯（Brandon Weems）這麼形容：「他會知道你以前跟他對打時的遊戲策略，他會在知道你打算怎麼玩的情況下做你的對手。……你最好也把自己最喜歡的賽局存起來，因為他會記得你在哪些狀況下會怎麼反應，並準備好應付方法。」[30] 詹姆斯的戰鬥力有部分來自於把記憶力發揮到極致。

　　基模讓我們能夠「看穿」一個事件，掌握事物在更深層結構中的相互連結。如此一來，我們可以把過去經驗的數百、甚至數千個記憶壓縮成另一種格式，讓我們對還沒經歷的事件進行推理與預測。基模讓我們可以利用過去事件的知識，搶先預測未來。

　　不過，我在下一章會說明，這樣的「生成式記憶系統」雖然能帶來好處，但也存在著潛在的代價。既然我們會重複使用跨越不同事件的知識，如果太過依賴基模，導致填補記憶空白處的方式跟實際經驗有所出入時，又會發生什麼事？

第二部

看不見的力量

4

只是我的想像

為什麼記憶與想像密不可分？

記憶是想像出來的，不是真的。如果你需要創造記憶，不必感到羞愧。

——尼克凱夫（*Nick Cave*），《嘔吐袋之歌》（*The Sick Bag Song*）

　　歷史上記載的最大量記憶，來自俄羅斯記者舍雷舍夫斯基（Solomon Shereshevsky）。不過他對自己非比尋常的記憶力一直毫無知覺。到了舍雷舍夫斯基將近三十歲時，莫斯科的報社編輯注意到一件事：這名年輕記者在晨間會議時從不做筆記。舍雷舍夫斯基告訴編輯這是因為沒有必要，然後便一字不差的重述那天的會議內容，還有自己被分派到的一長串工作指示。編輯對此印象深刻，但讓他更感興趣的是，舍雷舍夫斯基似乎認為這沒什麼稀奇——「大家不都是這樣的嗎？」編輯從來沒有遇過這種例子，於是把舍雷舍夫斯基送去做記憶測驗。

　　舍雷舍夫斯基在當地大學的心理學實驗室遇上了年輕的研究者盧力亞，盧力亞後來成為神經心理學的創建者之一。接下來三十年，盧力亞測驗、研究、鉅細靡遺的記錄舍雷舍夫斯基的驚人能力。他能夠快速記住杜撰的字彙、複雜的數學方程式，甚至是以陌生語言寫成的詩和文章；而且在多年後，他仍能以同樣的準確度記得大部分資訊。更令人吃驚的是，他還能夠記得盧力亞進行某個記憶測驗當天所穿的衣服。盧力亞在 1968 年的經典著作《記憶大師的心靈：一本探討浩瀚記憶的小書》（*The Mind of a Mnemonist: A Little Book About a Vast Memory*）中寫著：「我只能承認他的記憶力沒有明確的極限。」[1]

　　盧力亞認為舍雷舍夫斯基的驚人能力與「聯覺」（synesthesia）有關。擁有聯覺的人十分罕見，無論哪一種感官受到刺激，其他感官都會跟著起反應。舍雷舍夫斯基可以嚐到字、看見音樂、嗅到顏色，甚至說話的聲音也可以刺激他的知覺。他說自己詢問冰淇淋小販有什麼冰淇淋口味時，小販回答的音調裡有某種性質，導致他在小販說出「水果冰淇淋」時看見小販嘴裡流出小河般的煤渣，這立刻讓他倒盡胃口。他腦海裡創造的世界非常直接的與他身處的世界相連，甚至可以單憑想像自己正追著一列火車跑，就讓心跳加速。他可以想像一隻手放在爐子上方，另一隻手放在冰塊上，讓兩隻手的溫度分別上升和下降。

　　舍雷舍夫斯基獨特的地方不僅是他的感官世界，還延伸到想像力，讓他可以形成清晰而不會受干擾的記憶。《紐約客》（New Yorker）雜誌的作者強生（Reed Johnson）花費許多年研究舍雷舍夫斯基，描述他如何把想記得的事情與自己編造的故事相配合，所以日後想要取回這份資訊時，不管事情多麼平淡無奇，都可以像追蹤一條麵包屑的痕跡那樣回溯當初的訊息：

> 他的記憶力之所以如此強大與持久，似乎在於他能夠創造精巧複雜、涉及多種感官的心智表徵，並把這些心智表徵嵌入想像的故事場景或地點；這種心象和故事愈生動，就愈能深植於他的記憶之中。[2]

　　舍雷舍夫斯基晚年時，開始對觀眾收費，表演他那不可思議的記憶力。他跟現代記憶運動員如海格伍德和溫特索爾一樣，運用一項類似「位置記憶法」的技術，更加提升自己的記憶力；但舍雷舍夫斯基似乎是自己發現這套方法，而不是學來的。當他要記住一連串字彙或數字時，會把這些資訊具象化，變成一些角色，放置於熟悉的基模裡（例如莫斯科的某條街），然後在他廣大的內心世界中來一趟「腦內散步」。

　　雖然舍雷舍夫斯基經常做為具有超凡記憶力的例子而廣受討論，但他的記憶能力有一個關鍵，就是非常生動的想像力。盧力亞數十年的研究，揭示了記憶和想像之間具有連結的根本事實，這也正是我們之所以能夠記憶事物的核心。在本章裡，我們將會探索這種特殊的記憶形成方式，看它如何能夠引領我們偏離現實，卻也能夠讓我們想像出具有無限可能的世界。

什麼事情可能發生？

　　要看到事件記憶如何運作，最簡單的方法是在一個人描述自己經歷過的事件時，掃描他的腦。舉例來說，如果我躺在磁振造影掃描儀裡，你給我看「照片」一詞，並要我用這個詞回想生命裡經歷過的一個事件，我可能會想起第一次參加的現場搖滾演唱會。十四歲時，我深深著迷於英國重金屬樂團「威豹合唱團」（Def Leppard）的專輯《縱火狂》（*Pyromania*）。如果我回想自己目睹克拉克（Steve Clark）在他們表演〈照片〉裡那著名的即興樂段，而你同時掃描我的腦部活動，你會看到海馬迴是活躍的，因為我正回想背景脈絡，把自己帶回 1985 年；你也會看到預設模式網路是活躍的，因為我招喚出有關演唱會的知識，讓我能夠更仔細的描述當時事情如何展開。[3]

　　現在，讓我們嘗試一點不同的做法。假設你躺在磁振造影掃描儀裡，我給你看「義大利麵」或「高空跳傘」等詞彙，要你用這些詞彙想像某些未曾真正發生過的事、甚至是不大可能會發生的事。你或許會在腦中假想出一幅畫面，例如與摩城唱片（Motown）的傳奇巨星蓋伊（Marvin Gaye）一起煮義大利麵，或者和物理學先鋒居禮夫人（Marie Curie）一同從飛機裡跳出來。2007 年時，有三個實驗室發表這類實驗的結果，有趣的地方在於：無論是想像這類情節，或回想實際經歷過的事件，腦活動都有著極為相似的改變。[4]

　　想像與記憶之間有著奇特的相似性質，讓許多科學家感到意外，同時也受到媒體的注意，《科學》（Science）期刊宣稱這是該年度的十大突破之一，然而這個性質並非完全出乎預料。[5] 大約一百年前，英國心理學家巴特利爵士就已經預料到想像與記憶之間有這樣的性質。由於他的研究奠下基礎，後來才有學者主張：人類使用心智架構（也就是基模）來掌握並了解世界。

　　在巴特利 1913 年劍橋大學的論文中，有一部分透露出他開始研究人類的記憶。[6] 在取得博士學位後，他主要關心的不是記憶，而是文化人類學，然後是心理學在軍事上的應用。[7] 幸運的是，巴特利最終回到記憶這個主題，在 1932 年發表他最重要的著作：《記憶：一個關於實驗與社會心理學的研究》（Remembering:

A Study in Experimental and Social Psychology）。[8]

　　巴特利的書迥異於艾賓浩斯在 1885 年建立起來的記憶研究傳統。艾賓浩斯在嚴格控制的條件下，對陌生且無意義資訊的記憶進行量化。相對的，巴特利汲取他在應用心理學和人類學方面的經驗，觀察及描述我們在日常生活中怎麼使用記憶。簡單來說，巴特利想了解我們「如何」記憶，而不是量化我們能「記住多少」。

　　在巴特利最著名的實驗裡，他向一群劍橋大學的自願參與者講述美洲原住民的傳說故事「鬼魂之戰」（War of the Ghosts）；之所以選擇這個故事，是因為英國學生對故事的文化脈絡完全陌生。巴特利的研究對象可以想起故事的要點，但會犯下一些特定的錯誤。參與者不是單純的記不住某些細節，而是會把某些細節加以改編，好配合自己的文化期待和常規，例如把「獨木舟」和「短槳」等字眼替換成「船」和「船槳」，將「獵海豹」變成「捕魚」。

　　巴特利梳理這些結果，觀察到一件事：雖然人們確實能夠想起過去的某些細節，但頂多只能回憶出大概的內容。他的結論是：「回想過去並不是重新激起無數固定、毫無生氣且碎片般的痕跡，而是依靠想像力加以重建。」我們並不是單純的重新播放過去的事件，而是運用少量的脈絡與取回的資訊做為起點，來想像過去是什麼樣子。我們根據個人和文化經驗，快速形成一個故事，並增添取回的細節，使得故事更加豐富。巴特利的洞見成為一種關鍵，讓我們了解為什麼想像和記憶在腦中的運作方式並非完全不相干，因為兩者汲取的知識，都是根據什麼事「有可能」發生，而不見得是什麼事「曾經」發生。

記憶重建的警世寓言

既然記憶具有重建的本質，意味著我們的回憶有時候可能會產生自己的生命，而跟真實的經歷毫不相干。讓我們來看看前美國國家廣播公司（NBC）新聞主播威廉斯（Brian Williams）的案例。在 2015 年紐約遊騎兵（New York Rangers）的一場曲棍球賽，威廉斯在談話間回想起，他於 2003 年時與攝影團隊在伊拉克一同搭乘一架直升機，因遭到一枚火箭彈擊中而迫降。[9] 然而很快就有幾位當時也在場的退伍軍人指責他說謊，威廉斯在伊拉克期間從未遭遇敵軍的攻擊──但在這起乍看像是公然說謊的事件之中，威廉斯倒是變成眾矢之的，遭到輿論的火力圍攻。

實際上發生的情況是，有三架軍用直升機在前方護衛，而威廉斯和他的團隊則在後方約一小時飛行時間的位置。護衛直升機中有一架遭火箭彈擊中，接著三架直升機都在沙漠中緊急迫降。威廉斯搭乘的直升機後來追上他們，然後所有人都被沙塵暴困在沙漠裡數天。雖然在威廉斯 2015 年的敘述中，有些元素與實際發生的情況重疊，但他在事隔十二年所描述的故事並不屬於他自己，而屬於那架迫降直升機上的士兵。威廉斯向大眾道歉，並說明這是由於「記憶模糊不清」，只是傷害已經造成。很多人懷疑威廉斯是為了提高自己的聲譽而說謊，他身為記者的誠信也因此染上汙點。他遭到停職停薪六個月，最終不得不辭去《NBC晚間新聞》的工作。

　　我無法判斷威廉斯是否故意美化他的故事，但我們姑且先相信他。他的回憶看起來有許多正確的片段，只是重建出來的敘事根本不對。他的驚險敘述是「想像之下的重建再現」偏離正軌的例子。

　　大多數時候，我們的記憶並不會像威廉斯的伊拉克故事那樣，偏離正軌那麼多；不過有許多科學證據顯示，我們可以很有自信的記得從未發生的事情。1995年時，聖路易華盛頓大學的羅迪格（Henry L. "Roddy" Roediger III）和麥德莫特（Kathleen McDermott）透過一個實驗展示這個現象，現在幾乎所有心理學導論的課程裡都會提到。[10] 他們讓自願參與者研讀一份如下的字彙清單：

恐懼

脾氣

仇恨

暴怒

快樂

激怒

情緒

狂怒

憎恨

刻薄

怒火

惱怒

憤慨

冷靜

戰鬥

　　現在，請容許我問你幾個問題。如果不看這份清單，你記得看過哪些字彙嗎？你記得曾讀到「恐懼」和「憤慨」嗎？看到過「憤怒」嗎？如果你記得看過「憤怒」，那就錯了，但你不會是唯一一個。事實上，在羅迪格和麥德莫特研究的參與者中，記得看過「憤怒」的人數，與記得其他實際看過的字彙如「恐懼」和「憤慨」的人數差不多。

　　這項發現常被科學家拿來描述人們有多麼容易發生「假記憶」（false memory），而且它所隱含的意義令人吃驚。讀到這類研究，很容易讓人落入自我懷疑，想著自己最珍貴的記憶是否根本是假的。但這並不是正確的思考方式。

　　正如性手槍（Sex Pistols）和公共形象（Public Image Ltd）樂團的主唱里頓（John Lydon）所說：「我不相信有假記憶，就好像我不相信有假的歌。」在真實世界裡，記憶無法輕易的化約成簡單、黑白分明的二分法，像是強或弱、真或假。當一個腦子健康的人覺得自己做了心智時間旅行並說：「我絕對沒記錯」時，確實很可能從自己的過去抓取「某樣東西」出來。然而，即使我們記得的元素真實不假，整個故事卻有可能錯誤連篇。仔細分析羅迪格和麥德莫特的實驗設計，很明顯是故意鼓勵人去想「憤怒」，甚至想起自己曾感到憤怒的時刻。所以，當他們的實驗參與者（或你）記得在字彙清單中曾看過「憤怒」時，在某種意義上，這是真實的記憶，只是以錯誤的方式重建。或許這就是發生在威廉斯身上的事情。

　　不是每個人都同樣容易產生假記憶。有失憶症的人通常不會落入陷阱，誤以為自己看過「憤怒」，因為他們想不起足夠的訊息，也就無法產生這個重建時的錯誤。[11] 有些研究者認為，有自閉症或其他神經發展障礙的人，對假記憶也比較有抵抗力，因為他們記憶事件的方式有時候缺乏彈性，專注於細節而忽略意義。[12] 這些研究指出，如果要完全避免假記憶，或許得付出代價，也就是無法有意義的重建過去。

　　這些研究讓我們對記憶有更深刻的認識：當我們說記憶是「真的」或「假的」時，其實對於記憶的運作有著根本上的誤解。我比較喜歡把記憶比喻成一幅畫，而不是一張照片。繪畫通常都會包含一些忠於主題的細節，同時也混合著經過修飾或美化的細節，還會有一些詮釋與暗示，不能說是絕對的真實或絕對的虛假，而更偏向反映出繪畫者的觀點。記憶也是如此。

　　我們會看到，記憶既不真也不假，記憶是即時的重建，同時反映著過去真正發生的事，以及現在存在於我們周遭的偏誤、動機和暗示。

用想像填補空缺

　　我們喜歡把記憶想成有形的物質。[13] 彷彿我們的大腦某處有個庫房，裡面完整收藏著我們經歷過的每一項事件紀錄。正如我在第 2 章提到的，海馬迴確實像是記載了某種形式的索引，讓我們可以搜尋分布在大腦各處的不同細胞群組，並找出過去經歷某個事件時活躍的細胞群組，使大腦恢復當時的活躍狀態。神經科學家看待記憶時，經常把回憶視為事發當時活躍的神經元再次活躍起來。至於巴特利，他認為記憶是「想像之下的重建再現」，因此採取截然不同的看法；他明確排拒「記憶痕跡」的想法，主張記憶誕生自重建的當下。換句話說，談論某個事件的單一記憶沒有意義，因為要描述同一個經驗時，建造出來的記憶會有無數個可能。

　　我絕對相信海馬迴讓我們得以接近某個過去的腦部狀態，汲取過去事件的某些細節。但我也同意巴特利的論點，我們一接觸到過去，就不再是把過去的事件原樣重播。畢竟我們如果是這樣記憶的話，在回想一通十分鐘的電話對談時，就得花十分鐘重新經歷那段對話裡發生的所有事情，而情況並非如此。我們通常會把那段經驗壓縮，讓敘事變得比較短、只包含重點。所以，海馬迴或許讓我們回到那段對話中的某些時刻，重訪某些在當下活躍的細胞群組，但我們仍需要使用預設模式網路中的基模，來了解取出的記憶究竟意味著什麼。然而重建過程容易發生錯誤，因為基模捕捉的是「通常會發生」的事，而不是「實際發生」的事。

　　進行回想時，我們就像警探，透過有限的線索拼湊出一段敘事，嘗試解開謎團。警探可以透過了解兇嫌的動機來推導案情，這可能會有幫助，但也可能導致偏誤。類似的道理，當我們回憶事件時，動機可以發揮強而有力的解釋作用，幫助我們了解發生的事情。這可以把意義注入行動，讓我們把好幾條訊息蒐集到一起，編織成印象較為深刻的敘事。但推斷人們的動機同時也會激發我們的想像力，導致我們一遇到事件的空缺，就用扭曲的敘事加以填補。[14]

　　其他因素也可能造成記憶發生偏誤，例如我們本身帶有的目標和動機，會影響自己如何重建一個事件。常有人問我：「為什麼兩個人明明一起經歷同一個事件，在回想時卻有那麼大的不同？」借用《星際大戰》裡肯諾比（Ben Kenobi）的話來說：「許多我們堅信不疑的真相，都強烈的視我們的立場而定。」由於我們有不同的目標、情感和信念，會導致我們從特定的角度去詮釋一個事件，而這些角度也會影響我們日後如何重建這個事件。[15]例如，兩個一起觀看同一場世界盃足球賽的人，對這場球賽的記憶有可能非常不同。在一項 2017 年的研究中，研究人員比較觀看同一場歐洲冠軍聯賽冠亞軍戰的球迷，雙方都是德國球隊，然而兩方球迷記憶偏誤的程度實在太大，以致他們在回想時，都認為己方球隊的控球時間比對手長。[16] 幸好，儘管足球迷活在自己的現實泡泡裡，但我們倒不一定要這樣。如果我們在重建事件時能夠接受他人的觀點，並找到彼此的共同之處，就可以打破自身認知的泡泡。觀點的移轉也可以幫助你記起之前想不起來的一些資訊。[17]

　　外在因素同樣能促成記憶的扭曲，只要施加少許力道，就可以影響我們的記憶重建。1970 年代早期，當時還在華盛頓大學擔任助理教授的羅芙托斯（Elizabeth Loftus）開始對目擊證人如何在法庭上回憶事件感到興趣，也想知道他們的證詞是否可能因律師或檢察官的引導性問話而產生偏誤。為了解答這個問題，她召集一群自願參與者，給他們看七段交通事故的短片，然後要他們估計車速。[18]在無法得知實際車速的情況下，他們只能根據記憶來猜測。

　　羅芙托斯發現，要讓這些猜測產生偏誤，實在是簡單得驚人。有一組參與者需要估計車輛「接觸」時的速度，這組人估計的平均值約為每小時 50 公里。另一組人需要估計車輛「撞上」時的速度，他們的平均值約為每小時 65 公里。羅芙托斯只更改問題裡的一個動詞，就讓速度的估計值提高 33%。

　　羅芙托斯的研究顯示法庭上的目擊者證詞會以哪些方式受到影響，不過從這裡衍生的意義還更大得多。如果單是微妙的暗示和線索就可以影響過去經驗的重建，那麼我們的記憶便同時反映了過去和現在。我們進行回憶時的想法和動機，足以影響過去的記憶。

　　既然我們對過去的再次經歷是透過想像，而且想像過程很容易受影響，這就會面臨一個難題：如何區分事實和幻想？大腦在無限寬廣的想像世界裡四處漫遊的同時，又如何讓我們不至於脫離現實？

這是真實，還是幻想而已？

任何人只要試過靜坐冥想幾分鐘，都會同意我們的大腦總是不斷盤繞著各種「如果當初⋯⋯又會如何」的想像。我們編造未來可能發生的情節，想著過去如果事情不是那樣，現在又會是怎樣。[19] 我的指導教授兼合作者強生（Marcia Johnson）是耶魯大學記憶與認知實驗室的主持人，也是心理學領域中最早了解到大腦的想像會帶來某個重大問題的人之一。我們想像出來卻從未親身體驗過的所有情節，都會變成記憶而留下，而且不會自帶識別標籤，注明這是想像還是真實。所以，問題不在於我們是否會把記憶和想像混淆，反而在於我們為什麼不會老是犯這種錯誤？

強生的職業生涯都在研究我們如何區分內在生成的訊息（思考、感覺、想像）與來自外界的訊息，並深入探討區分訊息的過程。她的研究顯示，對於那些因想像而重建的記憶，我們可以進行一些批判性思考，把記憶裡不精確的地方維持在控制之下，這個過程稱為「現實監測」（reality monitoring）。[20]

有兩個因素可以幫助我們進行現實監測。其中一個因素衍生自現實事件和想像事件所產生的不同特徵。平均而言，想像的事件比較集中在想法和感覺，比起實際經歷的事件，較缺乏細節與鮮明度。[21] 因此當我們回想時，沒那麼容易相信想像的元素，而更傾向相信真實的事件。

下面的例子可以顯示現實監測在真實狀況中的運作方式。如果我要你回憶最近一次去看醫生的事，你可能會想起自己必須先填一大堆相關表格，然後才能進入檢驗室，因此覺得不耐煩，還有在等待醫生拿到檢驗結果前感到焦慮，又或者你心不甘情不願的承認自己沒有按醫囑服藥。現在，即使只是在想像中去看醫生，你可能也已經產生這些想法和感覺。另一方面，隨著記憶展開，或許你會聽到候診室裡輕快到惱人的背景音樂，或者是你在檢驗室裡換上粗糙紙袍時嗅到的消毒水氣味，又或是按在胸膛上冰冷的聽診器。你在回想某個事件時，腦中浮現愈多感覺細節，愈有可能真實發生過，因為平均而言，想像的事件不會像實際的經驗那樣，有那麼多細節。

　　另一個因素則與我們評估自己心智經驗的方法有關。如果我們以想像中的元素（尤其是符合基模或動機的元素）建構一個十分鮮明的記憶，確實有可能讓我們迷失，但只要願意花功夫判斷自己記憶的精確度，便不至迷途。請停下來問自己：「我想起來的，是過去實際的情景和聲音，或只是我在期待那件事時、或事後回想時所經歷的想法和情緒？」如果想避免記憶的錯誤，可以考量那些帶我們回到特定時空的細節有多麼詳盡，也可以考量那些細節有多大程度是用來創造另一種現實。與所有的批判性思考一樣，這麼做可以幫助我們不妄下定論，直到更多證據出現。

　　我們使用動機進行回憶的能力與前額葉皮質有關，當前額葉皮質被影響，這項能力也會受到影響，連帶波及現實監測能力。[22] 強生的想法啟發了我在研究所時的論文：確認前額葉皮質是使用動機去監測記憶精確程度的關鍵區域。[23] 幾年後，我們合作進行一項功能性磁振造影的研究，顯示人類監測記憶的細節時，會用上前額葉皮質中演化程度最高的區域。我們的發現與其他幾個實驗室的結果相似。[24] 後來，我的朋友兼合作者，也就是劍橋大學的西蒙斯（Jon Simons）教授發現：這個區域的灰質愈多，現實監測的表現愈好。[25]

另一方面，有些人的前額葉皮質受到很大的損傷，有可能自信十足的暢談根本沒發生過的事，這種現象稱為「虛談症」（confabulation）。[26] 神經學家暨作家蒙泰格（Jules Montague）描述一名來自愛爾蘭都柏林的年輕裁縫師瑪姬，瑪姬相信自己在前一週去過瑪丹娜家，還建議瑪丹娜該穿什麼服裝巡迴演唱。[27] 實際上瑪姬從未與瑪丹娜碰過面，但她並不是說謊，也沒有精神病。她患有腦炎，腦部腫大，因此干擾了她的現實監測能力，難以區別腦中浮現的資訊來自何方。

我們多少都曾犯過輕微的虛談症。在疲勞、壓力過大、或一心多用導致注意力分散時，現實監測就不翼而飛。當年齡增長，前額葉功能逐漸變差，分辨想像與實際經驗的能力就跟著變弱，即使是記憶研究者也無法倖免。[28] 每天早上，電子郵件信箱的收件夾裡都有許多新郵件等著我。常常有某個郵件需要我回應，我會在心裡告訴自己：等一下有時間再回信。然而，看完收件夾裡的所有訊息之後，我經常以為自己已經回覆了那則郵件，直到一週後詫異的收到同一名寄件人氣急敗壞的再次發信，標題還加上「急」字。

現實監測對於擁有生動想像力的人也是一項挑戰。如果我們非常逼真的具象化某樣東西，就有可能驅動腦的感覺區域，到達類似於真的看見那樣東西的程度。[29] 如此一來，要區分體驗過的事件和逼真想像的事件就會變得十分困難。

　　舍雷舍夫斯基驚人的記憶力與他生動的想像力脫不了關係，而他的確不太能區分想像和現實。他表示：「我想像的東西和現實中存在的東西並沒有太大的不同。」研究舍雷舍夫斯基數十年下來，盧力亞做出結論：「對他而言，我們很難斷定『他所生活的想像世界』比較真實，或者『他所棲居、卻只是過客的現實世界』比較真實。」最終，讓舍雷舍夫斯基能夠控制自己的心律或體溫，甚至可以驅散疼痛或疾病的神奇想法，同時也讓他與周遭世界隔絕開來。雖然他的超強記憶力巡迴表演確實帶來某種程度的成功，但這種心智能力卻從未帶領他抵達想像中的巔峰。後來他結婚並育有一子，人生後期在莫斯科開計程車維生，然而他的現實從未能與他在腦海裡創造的廣大世界相媲美。據說他在 1958 年死於酗酒引發的病症。

從創造力誕生的火花

　　閉上你的眼睛，想像自己正身處於某個熱帶海灣的漂亮白色沙灘。或許你想像自己躺在一張吊床上，享受著椰影婆娑覆蓋，一邊啜飲邁泰酒，一邊欣賞藍綠色海水的浪頭輕輕拍岸。如果你像我一樣，可能會十分陶醉在這個熱帶幻境之中，然後會有那麼一小段時間，失去對外在世界的感覺。如果請一個有失憶症的人想像同樣的情景，他可能會說：「說真的，我只能看到天空的藍色和沙子的白色。」[30] 即使一再給予鼓舞與提示，這項研究裡的病患仍然難以想出完整而含有細節的畫面。

巴特利不僅相信記憶是想像之下的重建再現，還主張想像是記憶的產物。他在 1928 年發表一篇超越時代的論文，推測創作基本上是現實監測的反向操作──取出記憶的碎片，然後把這些小碎片組合起來，成為一份有頭有尾的想像產物，過程類似瑪姬對於瑪丹娜的虛談、或舍雷舍夫斯基的心智散步。[31] 雖然巴特利這篇論文大部分是描述性的觀察加上他的猜測，但還有更具說服力的資料表明，記憶可以做為創作靈感的原始材料。

根據功能性磁振造影的研究結果，以及對失憶症患者的研究，顯示我們無論是回想過去，或是生動的想像自己處於某個情境（例如躺在熱帶海灘的吊床上啜飲雞尾酒），所使用的心智過程都很相似。我們藉由海馬迴從過去幾個不同的事件汲取一些細節，然後透過預設模式網路，使用來自基模的資訊並匯編出一個故事，進一步合理的把各個細節組裝在一起。

這項研究讓我們了解，並不是因為我們的腦袋瓜靠不住，才導致扭曲、錯誤的記憶。神經科學家沙克特（Daniel Schacter）和艾迪斯（Donna Addis）的研究顯示，海馬迴和預設模式網路之所以會在記憶與想像的十字路口發揮作用，很可能因為我們是從過去的經驗取出材料，再重組成新的創作。[32] 例如，研究者在實驗室裡設計的任務是要激發創意想法，而透過功能性磁振造影，已經發現海馬迴和預設模式網路的活動與實驗室任務的執行有關；[33] 相對的，當這些區域的機能不全時，實驗室任務的表現也顯得不良。[34] 還有，參與者在創意想法測驗的表現愈好，愈容易發生所謂的錯誤記憶；[35] 這也與巴特利對想像和記憶重建的想法相符。重建與創造之間似乎有著分不開的關係。

對於身為作曲者和音樂家的我來說，這些發現讓我用全新的視角去看待創造力。我有時會在寫曲時覺得靈感枯竭，只能空等腦中冒出什麼新想法。但凡新的創作，無論繪畫、音樂或文學，都不是憑空出現，而是匯集過去的經驗，從各種元素相互整合的過程中浮現出來。正如《點子都是偷來的》（*Steal Like an Artist*）的作者克隆（Austin Kleon）所說：「認為藝術家應該坐下來創造『新』東西的想法，是讓人一事無成的幻象。我們只能用想像力過濾我們受到的影響和記憶，創造出一幅拼貼畫。」[36]

基模既是事件記憶的骨幹，也是說故事時的原始材料。文學教授坎伯（Joseph Campbell）在《千面英雄》（*The Hero with a Thousand Faces*）一書中提出，每個文化都有一個遵循「共通敘事曲線」的故事，總會有一個普通人（幾乎都是孤兒或遭到排擠的邊緣人）受到招喚而離開熟悉的環境，步入陌生的世界，做了非比尋常的事，最終挽救整個局勢。二十世紀後期幾乎所有耗費巨資拍攝的電影，從《星際大戰》、《蜘蛛人》、《獅子王》到《魔戒》，都遵從這個敘事藍圖。這些電影在熟悉的結構上疊加足夠多的變化，讓觀眾在舒適而可預期的故事曲線裡，感受到經歷嶄新事物的興奮。

想像和記憶之間的連結，也在生成式人工智慧（generative artificial intelligence）領域裡出現。這類公司製作愈來愈精細複雜的程式，大量使用特定類型的範例加以訓練，而產生出來的新成果，看似真的能夠捕捉訓練材料的精髓。我最喜歡的例子是名叫「冷酷分身」（Relentless Doppelganger）的計畫，這是一個人工智慧生成死亡重金屬搖滾的連續直播，產生的曲子就如同斯堪地那維亞半島某個黑色重金屬（black metal）樂團錄製的成品。我喜歡的另一個例子是名叫「穩定擴散」（Stable Diffusion）的程式，它能透過人工智慧使用者的提示來產生新的視覺藝術作品，例如「猴子在吃香蕉船」。其他以人工智慧為基礎的產品則能夠根據使用者輸入的簡單提示，生成一首完整的詩或一個故事，例如頗具爭議的聊天機器人 ChatGPT。生成的結果有可能好得驚人，但我們也不必太過訝異。人工智慧藝術並不在於產生新的作品，而是從已經存在的人類藝術作品中取出元素，再根據人類指示的方向加以重新組合。

　　藝術家、作家和音樂家需要擔心機器的崛起嗎？不。人工智慧藝術頂多反映出孕育人類藝術作品的文化環境。正如我在第 2 章談到的，新皮質網路最擅長學習我們各種經驗中的一般結構，而在背後推動現代生成式人工智慧的神經網路，正是從人腦的新皮質網路得到啟發。所以，儘管電腦程式對藝術創作過程一無所知，卻還是能從人類某個已經成熟的創作類型中捕捉到精髓。

　　電腦程式會從特定藝術類型的範例裡找出共同元素，創新能力較高的藝術家則不同，他們汲取的養分來自四面八方，時常接觸不同背景的人，也會欣賞大量不同類型、時代和文化的作品。[37] 有些潮流和概念在傳統上被視為截然不同（較保守的人和

生成式人工智慧也會如此判定），但創新型的藝術家能從中找到
連結。我們可以在任何的藝術表達形式裡，看到這種多方影響力
的交織。畢卡索創作立體派畫作之前，有段時間深受傳統非洲雕
刻和面具的影響。[38] 日本電影導演黑澤明早期花費多年研究西方
繪畫和電影，他在電影裡使用光影來構圖的方式，與印象派畫作
的筆觸不無相似。[39] 饒舌樂團「武當幫」（Wu-Tang Clan）的成員在
紐約市的史泰登島（Staten Island）長大，然而他們前所未有的音
樂和歌詞揉合了各種不同的文化影響，包括漫畫、科幻小說、中
國功夫電影，甚至是美國黑人穆斯林（Nation of Islam）的哲學。[40]
一旦接觸各種不同的人物和想法，我們就可以發現新的連結，把
我們的經驗重組為新的藝術架構，發揮一加一大於二的效果。

　　偉大的藝術並不只是一項完美的紀錄，正因為它提供某個版
本的真實，標誌出創作者的獨特風格，所以既有獨特性又有普遍
性。基於同樣的原因，記憶也是如此：我們的記憶既包含我們體
驗過的事物，也反映我們對事情的詮釋。

　　記憶的科學疆界仍在不斷向外開展。在過去一個世紀裡，我
們對於回憶過去的神經網路，是如何與想像未來的神經網路彼此
交會，已經有了更深刻的認識。如今我們知道，在記憶與想像的
交會之地，我們不只詮釋著現實，也創造出人類最重要的珍寶。

5

不只是一種感覺

為什麼我們對記憶的感覺
有別於記憶本身？

我認為重要的是最高點和最低點。

其他的都只是……不高不低的點。

──莫里森（Jim Morrison），創作歌手

　　我們特別容易記得情緒極度高昂和極度低落的往事。而且我們不只是記得發生什麼事，畢竟極端經驗的記憶往往伴隨著強烈而深刻的感覺，那些感覺有時還可能過於強烈，讓人無法招架。當我們想起那些具有強大情緒的事件時，生理上的感覺和情緒不斷湧出，讓那些記憶充滿直接又迫切的感覺，於是我們會覺得這份記憶的內容與伴隨記憶的感覺密不可分。我也一直以為事情就是如此，直到開始一份臨床工作，接觸到那些為了過去的情緒而痛苦掙扎的人。

　　1998 年時，做為臨床心理學博士訓練的一部分，我在芝加哥西區榮民醫院（Westside Veterans Administration hospital）擔任一年的心理學實習醫生。本來我的時間大多花在研究和課堂上，但為了臨床心理學的實習，此時我變成在真正的臨床環境中擔任全職工作，就像醫學訓練過程第一年的住院醫生一樣。我先在伊利諾州埃文斯頓（Evanston）的富裕郊區接受臨床訓練，接下來到榮民醫院工作，那裡簡直是完全不同的世界，讓我大開眼界，察覺情緒對記憶的強大影響力。

　　我的病患大部分是五十幾歲的男性退伍軍人，他們經歷過越戰的恐怖情景，此時住在芝加哥充滿幫派和警察衝突的區域，雖然臉上刻畫著傷痛與失去，卻不見得都能詳述本身創傷的緣

由。L.C. 尤其如此，她的年齡相對較輕，是經歷過第一次波灣戰爭（Gulf War）的女性退伍軍人。

　　榮民日間醫院（Day Hospital）當時有個密集門診計畫，專為有急難的退伍軍人設立，我在接受新病人時第一次見到 L.C.，她有著金屬色澤的藍眼珠、飽受風霜的臉、方正的下顎，表情裡顯示著不想依賴他人的頑強。我問她一些問題，以便了解她的情緒狀態，而她的回答方式簡單扼要，給我的印象是承認脆弱讓她感到不舒服，更別說向外求援。如今她居然在醫院與我對話，顯示她已經別無選擇。她說自己總覺得十分不安、難以成眠，即使真的睡著，也會因恐怖的噩夢而驚醒。她宛如一直生活在刀口上，現在又開始被自殺念頭糾纏。我只知道她沒有親眼見到戰鬥場面，而且不願多說自己的戰時生活，所以我的挑戰在於如何贏得她的信任，讓她願意向我吐露經歷。

　　投入時間與耐心之後，我終於贏得L.C.的信任。她告訴我，她在伊拉克服役時曾待過太平間，負責安置陣亡士兵的屍體，好送回美國的家屬身邊。在我們的諮商期間，L.C. 清晰的描述空氣裡飄散的屍體氣味，還有處理被土製炸彈炸得四分五裂的恐怖屍體。她從伊拉克服役結束回到家後，一直感到焦慮，陣亡士兵屍體的記憶不斷浮現。由於 L.C. 從未親身經歷戰鬥，因此無論是她本人或榮民服務單位都沒想到：她可能罹患創傷後壓力症候群（post-traumatic stress disorder, PTSD）。但很顯然，她已經因戰時的經驗而承受著嚴重的創傷。在當時的任務中，L.C. 每天對抗極其駭人的情緒，製造出不斷糾纏她的鮮明記憶。

　　我很希望自己能說 L.C. 的經驗是少數特例，然而我在榮民醫院的大多數病患都有某種形式的創傷後壓力症候群。雖然我們很多人都為了記不清過去的事情而覺得挫折，但遭受創傷後壓力症候群的人則是因記得太清楚而受到折磨。除了戰場上的倖存者，創傷後壓力症候群也常發生在童年遭到虐待、性侵、車禍和天災的倖存者身上。九一一恐怖攻擊事件中，許多在世貿大樓現場的紐約市消防員，還有新冠疫情期間世界各地急診室的第一線護理人員，都經歷過創傷後壓力症候群。

　　創傷後壓力症候群除了對個人造成影響，也對社會層面造成衝擊，因為罹患這種創傷的人往往在工作與生活上產生困難，導致患者有很高比例會酗酒和濫用藥物、失業及流落街頭。L.C. 的遭遇或許較為極端，但大眾之中也有很多人受到過去痛苦記憶的影響，而這又可能影響我們現在如何去感覺、思考和行動。

　　情緒對記憶的作用並不全是負面的。喚醒情緒也能帶來正面作用。回想一下你遇上一生摯愛，或是自己孩子誕生的時刻，便能夠感覺到那深刻經驗裡飽含的情緒張力。然而，情緒為何會改變我們怎麼回憶過去，它又如何辦到？更重要的是，我們過去充滿情緒的經驗，如何影響此時此刻的自己？接下來我們會看到，腦中記住發生什麼事件的機制，與我們回想時負責浮現感覺的機制並不相同，而這其中的差異，深深影響著我們如何看待過去，以及如何為未來做決定。

記住激烈的此時此刻

　　我們似乎總記得自己為某事而盛怒、因害怕而呆掉，或目擊可怕事件時驚嚇不已等時刻。為什麼情緒最為激烈的經驗會存在於記憶裡，難以磨滅呢？這個問題的答案，正是我們之所以演化出回憶能力的根本原因：記憶是我們生存的關鍵。

　　前面曾提過，大腦會不斷優先保存它認為重要的事情，並忘掉它認為不重要的事情。所以，我們傾向記住帶有強烈情緒的事件，就顯得很有道理了，不過這還不是事情的全貌。情緒是一種我們有所覺察的感覺，由內在因素和環境情況因素之間無數的組合交織而成，在人類經驗裡占有核心地位，但僅僅是情緒本身，未必對我們的生存有多重要，畢竟輕微的罪惡感或羞愧感並不會讓我們有食物吃，或有個遮風避雨的棲身之處。帶有情緒的經驗對記憶最重要的影響，在於神經科學家勒杜克斯（Joseph LeDoux）所說的「生存回路」（survival circuit）。[1]

　　腦中的基本生存回路會促使我們找尋食物、躲避威脅及繁衍後代，也塑造著我們的情緒，以及情緒影響下的行動和選擇。[2]當這些回路工作過度時，我們更容易體驗到強烈的情緒，例如歡欣、情慾、恐慌、焦慮或憎惡。我們對這些經驗會有最清楚的記憶，完全合情合理。那些促使生存回路高度運作的事件十分值得記憶，因為那些事件通常能夠提供重要訊息，在未來可用於保障安全、發展和繁衍。如果我們穴居的老祖先不覺得遇到劍齒虎讓人記憶特別深刻，整個人類可能早就消失了。

當你正面遇上捕食者而產生恐懼，或是第一次把自己的孩子抱在臂彎裡而感到喜悅，你腦中的某個生存回路就會發動起來，讓腦中充滿「神經調節物質」（neuromodulator）。[3] 神經調節物質是影響神經元運作的化學物質，但並不只是單純提高或降低神經活動。神經調節物質有更複雜的效果，從根本處改變神經元處理訊息的方式。有些神經調節物質就像墨西哥玉米捲餅中的熱醬汁，可以改變風味、提高溫度，吸引我們的注意而更加用心品嘗。[4] 神經調節物質同時能促進「可塑性」，也就是說，對於我們學到新事物時啟動的細胞群組，神經調節物質可以使神經元之間的連結產生明顯又持久的改變。[5]

其中一種神經調節物質廣獲學者研究，它就是正腎上腺素（noradrenaline，又稱為 norepinephrine），會影響我們如何學習和記憶。你或許聽說過「戰鬥或逃跑」反應。當我們面臨威脅時，腎上腺會釋出腎上腺素（adrenaline），藉此提升心律、血壓和呼吸速度，促使我們採取行動；而正腎上腺素則在腦中各處釋放。腎上腺素和正腎上腺素是戰鬥或逃跑反應的化學雙主角，帶來振奮和急迫的感覺，當你玩高空彈跳、或在路上與忽然切入前方的駕駛互相咆哮時，都可能經歷過這種感覺。

心理學家馬瑟爾（Mara Mather）已經告訴我們，喚醒情緒會提升注意力，讓我們更容易感覺到那些重要、突出的事物。[6] 所以喚醒情緒會影響「神經元選舉」的結果，決定我們將感覺到什麼，把資源匯集到最強大的候選人身上。

由於喚醒情緒會限制我們接下來投以注意力的對象，因此可以預期的是，這不只影響了我們將記得多深刻，也改變我們未來將記得什麼。[7] 例如，如果你遭到歹徒持槍搶劫，你的注意力會集中在對準自己的武器上，而不是歹徒穿什麼鞋子。就好像把一張照片的對比調高時，有些資訊變得更明顯，有些資訊則退居背景，正腎上腺素會提高我們記憶的對比，把重要的細節凸顯出來。

　　帶來強烈情緒的事件過去之後，正腎上腺素仍繼續發揮效果。[8] 在接下來幾個小時內，正腎上腺素會激發一連串後續事件，使得事件中活躍起來的細胞群組啟動基因，製造蛋白質，把這些神經元之間的連結變得更為緊密，因此這份記憶在時間過去後能依然保持強韌。如果你在附近的雜貨店目睹一場恐怖車禍，正腎上腺素的釋放會促進你腦中細胞之間的連結，所以你那次去雜貨店的經驗，會比沒有發生事故時更容易留在腦海中。這就是為什麼尋常的經驗很容易被遺忘，而創傷記憶卻揮之不去的關鍵原因：大腦是設計用來記住令人血脈賁張的事件，因為記住這些事件具有生存上的價值。

杏仁核的恐懼與厭惡

　　喚醒情緒不單會影響我們把事情記得多麼深刻。當我們想起某個創傷經驗時，不只記得發生過哪些事情，還會既直接又鮮明的重新經歷各種生理上的感覺，彷彿記憶除了存放在腦中，也儲存在身體裡。[9] 對戰場上或性侵的倖存者來說，在生理上重新經歷那些創傷事件帶來的感覺，有可能是種折磨，因為每一次想起都會再度造成創傷。

　　這種伴隨著情緒記憶浮現的生理感受，取決於腦中的杏仁核（amygdala），這個關鍵區域因為形似杏仁而得名，它坐落在顳葉的內側，就在海馬迴前方，是大腦回路應對威脅時很重要的部位。杏仁核不僅與腦中不同神經調節物質有密切的溝通，也與引發戰鬥或逃跑反應的相關腺體有充分的聯繫。無論是恐怖的車禍或是在森林裡興奮的玩空中吊索，只要我們回想的某個事件在當下引起生存回路的反應，杏仁核和海馬迴都會一起工作。這是因為事件引起生存回路的反應時，除了海馬迴會捕捉當下的情境並形成記憶，杏仁核還同時把這些記憶跟形成原始知覺的生存回路連結起來。之後當海馬迴幫助我們進行心智時間旅行、重返過往事件時，杏仁核便把我們帶回當時的激情之中，讓我們感到自己再次生動鮮明的經歷那個事件。

　　依照海馬迴和杏仁核之間的分工方式推斷，我們對記憶的感覺和記憶本身，有著重要的區分。舉例來說，有些人因為「皮膚黏膜類脂沉積症」（Urbach-Wiethe syndrome）這種罕見疾病導致杏仁核受損，他們雖然能夠記得過去發生的事，但與杏仁核功能正常的人不同，在看到車禍傷患進行手術的可怕照片時，反應與看到一對母子坐在車裡的普通照片沒什麼差別。[10] 相對的，海馬迴受損的人可能不記得自己曾遭到電擊，但有人提起電擊事件時，仍會無意識的產生受到威脅的反應。[11] 在健康的腦中，海馬迴和杏仁核共同合作，所以我們可以回想發生了什麼事，並重新經歷事件發生時的感覺。

　　知道杏仁核和海馬迴的分工方式，有助於我們了解傷痛事件的記憶該如何處理。我們回憶某個情緒經驗時，可能會出現鮮明的震撼感，導致我們以為它是那份記憶不可分割的一部分，但事實並非如此。像 L.C. 這樣的例子，如果想要痊癒，重點並不在於忘掉過去，而是管理過去帶來的強烈情緒。

　　榮民日間醫院的團隊花費幾週時間，進一步了解 L.C. 的過去，釐清過去的創傷如何影響她的現在。像 L.C. 這樣曾經承受極端創傷的人，傾向於切割自己現在的想法和感覺，這是創傷後壓力症候群的一個註冊商標，稱為「解離」（dissociation）。[12] 在治療 L.C. 的方式裡，有一部分是要讓她自己專注於當下，如此一來當她被拉扯回戰爭的記憶時，可以把自己重新導回安全的現在。最後 L.C. 回到榮民醫院參加團體治療，不用再來日間醫院。她的噩夢漸漸變少，而且她發現即使創傷記憶被激起，自己不見得會回到當時的恐怖之中，也因此開始覺得比較能掌控自己的生活。到我在榮民醫院的實習結束時，L.C. 雖然還不能稱為「完全治癒」，但已經能夠偶爾感到安適，重拾她在經歷戰爭創傷之前所知的幸福感。

壓力對記憶的影響

　　隨著情緒發揮作用的神經調節物質，不只有正腎上腺素。神經調節物質受到腦的中央和邊緣神經系統調控，而這兩個系統之間有密切的互動，所以腦中並沒有哪一個化學物質對應到某種特定的情緒或經驗。大腦對壓力的反應尤其複雜，會牽動一系列化學物質，而壓力在現代生活裡正變得愈來愈普遍。[13]

　　在日常生活中，驅動我們產生壓力反應的主要力量是焦慮。我們想著有可能發生不好的事情，但無法預測或加以控制時，就會感覺焦慮。[14] 當我們處於壓力下（例如自己任職的公司正在裁員、照顧病情可能惡化的親人等），會釋放幾種激素，影響的層面十分廣泛，包括免疫反應、葡萄糖代謝、神經可塑性等。海馬迴、前額葉和杏仁核都有壓力激素的受體，既然這些區域在我們喚回資訊和經驗上扮演重要角色，壓力會影響記憶也就不足為奇了。[15] 話雖如此，壓力對記憶的影響很複雜，有時會加強，有時會破壞，要視許多複雜因素的互動而定。[16]

　　為了研究壓力影響記憶的方式，[17] 科學家做過一些古怪的實驗，包括請人把手浸在一壺冰水中，或是告訴他們即將上臺進行一場即興演說，又或是在高空跳傘者從飛機上跳出去前，請他們先仔細觀看一組血肉模糊的恐怖照片（這是我個人的最愛）。這些操作都會使得壓力激素大為提升。在這些研究中，皮質醇（cortisol）是科學家研究得最多的激素。當我們壓力大增時，皮質醇濃度陡升，可以加強記憶力，讓你記得緊接著壓力事件之前或之後發生的事情。就像正腎上腺素，壓力激素似乎可以促進神經可塑性，開啟一連串改變，強化細胞群組內代表壓力事件記憶的連結。[18]

　　人腦可以強化壓力事件發生「之前」的記憶，乍看可能顯得奇怪，但如果從演化的角度考慮，就變得相當有道理。[19] 假如你驚險逃過野生動物的襲擊，那麼你確實需要記住這段經驗，畢竟這段經驗很重要，但是記住這段經驗的肇因也一樣重要，如此才能確保自己未來不會犯下同樣的錯誤。

許多神經科學研究把焦點放在大鼠和小鼠處於劇烈壓力下的記憶加強效應，不過壓力會對真實世界中的人類產生更複雜的影響。[20] 每個人對壓力的反應有很大的不同，原因很多，例如曾因創傷而導致焦慮或憂鬱症病史，或使用荷爾蒙避孕藥，甚至失眠問題。就跟腦部所有化學物質的情況一樣，多不見得好，理想是在特定情況下有最佳的濃度。[21] 再者，雖然神經調節物質可以強化壓力事件的記憶保存，但這不表示我們會記得比較精確。壓力會改變腦中的化學平衡，例如調降前額葉皮質的執行功能、加強杏仁核的敏感程度。[22]

以上這些都表示，當你處於壓力下時，一旦遇到需要動用執行功能的任務，你的表現不會有多好，由於容易受到突出事物的吸引，難以透過動機來學習，也就連帶影響你的記憶。所以，當你回想一個充滿壓力的事件時，這份記憶比較可能強調你的感覺以及讓你感到壓力的因素，至於事件的其他面向則可能比較模糊。還有，如果你處於壓力下，會比較難想起自己所需的資訊。因此，無論你試圖回想網路銀行的密碼，或是找手機，請先深吸一口氣，做點能夠讓自己冷靜下來的事，絕對能幫上忙。

上過戰場的士兵、受虐兒，或是長時間處於威脅之中、環境裡充滿不確定因素而無法控制情況的人，特別容易受到壓力的神經毒素影響，我們往往也可觀察到，他們的海馬迴體積有所縮減。遭受創傷後壓力症候群和憂鬱症的人尤其如此。隨著時間過去，壓力造成的影響不斷累積，可能造成記憶的改變，甚至加劇創傷後壓力症候群的症狀。[23] 在健康的腦中，如果海馬迴能好好運作，創傷事件的記憶應該只對應到特定的情境。在實驗室裡遭受壓力的動物，以及患有創傷後壓力症候群的人，由於他們的海馬迴功能異常，可能使得創傷記憶超過原先的情境，導致連那些原本沒有直接關係的情況或感覺，都能讓創傷記憶湧上心頭。我在榮民醫院時曾接觸過那些在越南親身參與戰鬥的退伍軍人，他們談到一些本應無害的聲音，像是汽車回火或施放煙火的爆炸聲，如何在一瞬間讓他們十分逼真的重歷其境，哪怕當事人經歷的戰場與此時此刻相隔了幾十年、幾千公里。

　　除了創傷後壓力症候群，極端的壓力還可能引發一種少見的疾病，稱為「解離型漫遊症」（dissociative fugue）。[24] 好萊塢電影常把這種疾病描繪為「失憶症」，但實際上解離型漫遊症極端罕見，症狀與我們在 H.M. 等病患身上看到的失憶相當不同。患有失憶症或是初期失智症的人會變得健忘，但通常仍知道自己的名字與過往的人生，也認得朋友和親人。相對的，解離型漫遊症的人則會有發現自己正處於不熟悉的環境、不知道自己是誰的混淆經驗，例如《神鬼認證》（*Bourne Identity*）系列小說與電影裡的傑森包恩（Jason Bourne）。不過，與你在電影裡看到的不同，解離型漫遊症的人有時永遠無法完全恢復記憶。

　　著名推理小說家克莉絲蒂（Agatha Christie）曾消失十一天，

有人認為原因就是解離型漫遊症發作。[25] 事情發生在 1926 年，據說克莉絲蒂親吻上床睡覺的女兒後，便驅車往夜路駛去。後來她的車被人發現遭到棄置，並顯示可能曾發生車禍，同時她本人失蹤；媒體猜測她的失蹤是不是為了推銷最新小說而製造的噱頭，又或者她丈夫是否會變成謀殺案的主嫌。然後事情的轉折簡直可以媲美她的小說：克莉絲蒂在北方三百多公里外約克郡的一間旅館裡被人發現，她用了丈夫情婦的姓氏，換了一個身分，完全忘記自己是誰。

解離型漫遊症經常被形容為「心因性失憶症」（psychogenic amnesia），彷彿暗指這種病症跟大腦功能無關，然而壓力其實會對大腦產生顯著的影響。在針對此病症的少數科學研究中，大部分病患在發病之前似乎都經歷過巨大的生命壓力、健康問題，或神經學上的問題。[26] 在克莉絲蒂的奇妙失蹤案例中，幾個月前她剛經歷母親去世的重大影響，接著丈夫又表示要離開她，跟情婦在一起，再加上她在棄車前可能經歷過車禍碰撞，以上種種都是有力的線索，顯示解離型漫遊症是可能的肇因。

幸好，這種可能導致創傷後壓力症候群或解離型漫遊症的極端經驗，我們大部分人並不常遇到。不過我們在日常生活中還是可以看到壓力帶來的後果，例如在家裡與親人發生爭執後，上班時變得難以專心。也因此，我們的確應該管理壓力，避免長期的壓力造成影響。

人類身為一種社會性動物，與他人的互動很有可能促發身體的壓力反應。如果想給人製造壓力而不違反道德，最有效的方法是告訴對方，他將受到別人的評斷。[27] 還有，如果一個人處於不穩定的社會階層，由於環境難以預測和難以控制，壓力反應會大幅提升。[28] 一旦長時間處於這樣的環境，因為心血管和代謝功能的間接影響，以及長時間暴露於壓力激素中的直接影響，可能會重創大腦的健康。[29] 這些都意味著，無論是人際關係發生情緒虐待的狀況，或是工作環境對心理產生負面影響，只要持續被困在難以預測、社會壓力大的情況中，都有可能危害你的健康，還可能損害你的記憶力。

活力泉源多巴胺

　　神經調節物質幫助我們記得人生的潮起潮落。我在加州大學柏克萊分校的第二年，有個朋友邀請我到宿舍慶生。我坐在他寢室的床上時，一位藍色眼珠、目光銳利的漂亮女性走進來坐在我旁邊；沒多久我們就聊得起勁。她的名字是妮可。在超過四分之一個世紀之後，我仍清楚記得當初與未來妻子第一次見面時的情緒反應。

　　那天晚上，我腦中的神經調節物質多巴胺（dopamine）很可能處於釋放高峰。多巴胺很重要，它能協助我們把有益的經驗鞏固成持久的記憶。無論何時，只要我們體驗到某種非常令人滿足的事物，尤其是第一次時，例如品嘗剛出爐的巧克力豆餅乾、啜飲堂哥婚禮上的啤酒、在大學宿舍親吻漂亮的女孩，多巴胺神經元便會突然活躍起來。因此科學界多年來普遍認為多巴胺負責令人享受酬賞的經驗，媒體也經常把多巴胺形容為「愉悅物質」，但科學資料卻顯示不一樣的故事。

　　多巴胺其實與我們尋求酬賞的「動機」有關。[30] 多年來，密西根大學的心理學和神經科學教授貝里奇（Kent Berridge）進行數不清的實驗，顯示多巴胺一旦受到干擾而降低，動物會變得沒那麼積極去獲得報償，但仍能正常享受報償。不過，貝里奇在一項研究中改變做法，他把一隻大鼠和一根金屬棒放進籠子裡，如果大鼠接觸到金屬棒，就會觸電，儘管電流強度不至於傷害動物，但已足夠引發戰鬥或逃跑反應。然後他用雷射刺激杏仁核一個會啟動腦中多巴胺回路的地方。在普通情況下，大鼠在碰觸金屬棒一兩次後，便學會避開這支讓自己觸電的棒子，但多巴胺回路被啟動的大鼠卻會反覆的碰觸金屬棒，哪怕因此一直遭到電擊。貝里奇的研究顯示了對腦而言，「想要」和「喜歡」是兩碼事。[31]

　　多巴胺跟其他神經調節物質一樣，會促進神經可塑性，而它較為集中的幾個腦區，都是幫助我們學習如何得到回饋的重要角色。在杏仁核這個關於從恐懼中學習的腦結構，多巴胺幫助我們記住可以提示酬賞的線索；在海馬迴，多巴胺則幫助我們學習可能會獲得酬賞的情境。[32] 最後，在腦中一個叫做「依核」（nucleus accumbens）的區域（曾一度被認為是腦的「愉悅中心」），多巴胺幫助我們學會該做什麼才能得到酬賞。[33] 由於多巴胺幫助我們形成的記憶，跟酬賞的提示線索、獲得情境和實際行動有關，也就會為我們設下期待，進而影響我們得到酬賞時的體驗。[34]

　　你可能會認為，我們的腦每次得到一個大獎賞時，應該會學到很多東西，但實際上我們的腦回路只有在結果不符合預期時才會學習。[35] 我們預期會得到酬賞時，多巴胺的活動會提升，而這份期待將決定大腦對酬賞有何反應。如果我們得到的酬賞與預期一模一樣，例如薪資照舊，那麼多巴胺的濃度可能不會改變。如果我們得到的酬賞少於預期，例如薪資被扣，那麼我們有可能看到多巴胺的濃度下降；而如果我們得到的酬賞比預期更多，例如發放特別津貼，便有可能看到多巴胺的濃度上升。

從動物實驗（如貝里奇的大鼠研究）看來，多巴胺的活動突然下降似乎會使動機低落，而多巴胺的活動增加則有提升活力的效果——雖然不見得愉快。這表示一杯咖啡或烤箱烤出來的餅乾有可能讓人興奮、沒有感覺、或大為失望，會有什麼反應大部分要視過去經驗所帶來的期待而定。多巴胺的濃度變化可以讓我們為了保持享樂而持續奔忙，有時甚至一個勁兒的努力工作，只為了避免產生喪失獎賞的感覺，心理學家把這個現象稱為「享樂跑步機」（hedonic treadmill）。

多巴胺讓我們衝動行事

從生存回路如何影響記憶的研究中，我們學到重要的一課，就是這些回路不僅能解釋我們如何看待過去，還會在無意間影響我們的決定。我們很容易以為自己做選擇的當下，是根據自己對某件事情的知識，以自己的意志做出決定，但實際上，我們的選擇至少有一部分受到生存回路影響，而生存回路之所以要我們這麼做，是根據我們過去的經驗。至於多巴胺和酬賞學習的研究，則幫助解釋我們為什麼經常不顧後果好壞，也要尋求酬賞。例如明明訂下新年新希望，卻發現自己偷吃規定外的飲食或偷抽菸，此時在背後操盤的就是多巴胺。我們都有過一時衝動的經驗，有時甚至會做出危險的選擇，但有些人更容易衝動行事。我在不尋常的情況下，研究了人在做出高風險決定時到底發生什麼事，還有為什麼有些人偏好高風險。

　　當我在 2000 年秋天取得加州大學戴維斯分校的教職時，必須盡快想辦法取得研究經費，以支持實驗室的運作。在美國，生物醫學方面的研究經費幾乎都來自國家衛生研究院（National Institutes of Health），但競爭十分激烈，每個年度或許只有十分之一的提案能通過申請。所以毫無意外的，我的第一次申請案以失敗告終。無計可施之下，我拚命在網路上尋找其他經費來源，結果找到一個沒什麼人聽過但經費充裕的機會，提供經費支援的單位是一個非營利組織，名叫「病態性賭博及相關疾患研究所」（Institute for Research on Pathological Gambling and Related Disorders）。

　　這個時機真是十分湊巧。我的第一個研究生科恩恰好想研究人類如何透過酬賞機制而學習。我們想到賭博正適合拿來研究這個過程，因為即使在幾乎沒有勝算時，許多人仍會為了賭博的快感而孤注一擲。在贏下幾回以後，有些人會無法停手，結果輸掉很多錢。我們察覺，可以研究人類進行簡單賭博任務時的腦部活動，更加了解大腦的酬賞學習回路如何影響一個人未來的決定。我們提出計畫申請書，代號「賭徒」，第一次申請便成功。接下來兩年，「賭徒」計畫支持我整個實驗室的運作，除了完成最初提出的賭博研究計畫，還進行一些關於事件記憶的研究。

實驗室裡，大鼠獲得的酬賞多為食物或水，但人類不同，即使是沒什麼生存價值的抽象事件，也可以從中得到獲得酬賞的感覺。如果參與者做出最簡單的決定（「按下左鍵或右鍵」），然後得到最簡單的正向回饋（「答對，你贏了！」），我們可以從腦部活動的紀錄中看到依核、杏仁核和其他多巴胺釋放區域的活動提升。在我們的賭博研究裡，我們發現這些神經反應所針對的並不在於酬賞本身，而在於以酬賞指引未來決策的「學習記號」。[36]

我們從過去對小鼠和猴子的研究已經知道，酬賞學習回路的反應不一定會隨著酬賞回饋而往上升，反倒要視酬賞有多麼偏離我們的期待而定。當人意外贏下賭局時，我們會看見大量的神經反應，但當人預期會贏、也確實贏了時，就只看見少量的神經反應。如果一個人在看到賭局結果時發生大量的神經反應，之後就更有可能下同樣的賭注。[37]

在我們的研究有一個預期之外的發現，也就是不同的人對酬賞的反應有極大的不同，而且我們和其他研究者已經一再看到這種情形。[38]例如，有一項研究把參與者放在磁振造影掃描機裡長達一小時，在這段時間中，參與者必須不斷的在高風險賭注和安全的賭注之間做選擇。打安全牌的人有可能贏一小筆錢（百分之八十的機會贏得 1.25 美元），而選擇高風險賭注的人，可能以比較低的機率贏得較高額的獎金（百分之四十的機率贏得 2.50 美元）。有些人較可能持續選擇高風險賭注，有些人則傾向選擇低風險賭注。跟傾向選擇低風險賭注的人相比，偏好高風險賭注的人在贏得獎金時，酬賞學習回路呈現出更多的活動。喜好冒險的人還有一個地方跟避免風險的參與者不同，他們即使輸掉高風險的賭局，酬賞回路仍然會有一波高度活動，而他們也更有可能下一局仍然選擇高風險賭注。科恩的發現顯示，至少某一些人的酬賞學習回路會讓他們即使獲得不好的結果，卻仍持續做出高風險的決定。

最後，我們花光賭博資金，科恩畢業，我也從國家衛生研究院申請到研究事件記憶的計畫經費。還要過好幾年，我才會再次回來研究酬賞和學習，但當時的研究改變了我對於人在日常生活中做決定的看法。多巴胺促使我們尋求酬賞，卻也可能導致我們做出匆促的決定。即使只是處於追求酬賞的刺激情境中，便足以讓我們衝動行事，不管是節食時偷吃、與大學老友重聚後喝得酩酊大醉、一時的意亂情迷中沒做任何保護措施便與人上床，或在開車時因暴怒而危險衝撞。一旦生存回路掌握了主導權，事後冷靜下來時，我們可能很難想起那時的情境。我們想不起自己被強烈的欲望、恐懼或憤怒給淹沒的當下到底是什麼感覺，而這可能導致我們一直重複相同的錯誤。但如果我們能夠有意識的記住那些迫使我們做出不良抉擇的感覺，未來就可以避開引發那些感覺的情況，免得自己再次犯錯。[39]

對於有上癮行為傾向的人，這份忠告格外重要。正如前面談過的，有些人比較容易從這類酬賞中「學習」，即使發生不良後果，也仍持續追求那些酬賞。例如創傷後壓力症候群等焦慮症的高風險族群，他們的腦部存活回路為了應付威脅，比較容易被焦慮掌控。此外，有些藥物會綁架我們酬賞學習的相關生存回路，而有些人似乎比較容易受到某些藥物影響。[40] 古柯鹼、甲基安非他命、海洛因、類鴉片止痛藥以及酒精，全都會活化多巴胺系統，驅策大腦的酬賞學習回路，效果有時比任何自然經驗更為強烈。對某些人來說，這些效果很短暫，但對另外某些人來說，用藥時發生的酬賞學習，可能導致強烈上癮。[41]

　　當一個人無法克制自己，持續使用藥物、酒精等物質時，有可能是罹患物質使用障礙（substance use disorder）。在我的臨床工作中，我發現罹患物質使用障礙的人有可能完全不碰觸藥物一段時間，然後往往因為環境中的因素干擾了他們的復原，迫使他們不得不再次回來治療。我有一個苦於酒精和快克古柯鹼成癮的病患叫做李奇，他擅長說故事，相當討人喜愛，服役時曾到過越南兩次。雖然我們的背景完全不同，年齡又相差二十歲，但很快就因為同樣喜歡 1960 和 1970 年代的靈魂樂和放克音樂（Funk）而建立情誼。李奇和 L.C. 一樣受到戰爭記憶的糾纏，但我們談得愈多，事情就愈發明朗：過去的記憶並不是真正的威脅，真正的威脅是他腦中的酬賞系統。

　　李奇的康復之所以受到影響，是因為腦中的酬賞系統被現存的因素激發起來，例如他的朋友都還在用藥，而且當時他住在從小長大的家裡，同住的弟弟就是毒販。李奇雖然已經努力不碰毒品長達九個月，卻無法改變他的環境——只要與同樣那些人相處、住在與吸毒關聯甚深的同一個地方，對他而言就會促發強烈的渴求，最終前功盡棄。雖然在療程結束後，有很多擺脫毒癮的人確實可以維持很長一段時間不碰毒品，但像李奇這樣的例子則很難真正打破上癮的循環。這不只是意志力的問題，而是記憶受到情境刺激的問題，處於錯誤的情境很容易讓他們掉回吸毒的循環中。[42]

掌控記憶帶來的衝擊

地球上幾乎所有的生物都能學會避開威脅並獲得酬賞，甚至連單細胞生物也是如此，[43] 但並不是所有的動物都有事件記憶。人類兩者都有，而兩者的結合幫助我們在複雜的世界裡尋找方向並生存下去。重訪過去的能力，加上習得酬賞與威脅的腦部機制，幫助我們確保對生存而言最為重要的資訊。

我們的事件記憶和生存回路各自獨立，且彼此間有交互作用——這項發現可以告訴我們很多事情，包括人如何記得過去，以及現在如何利用過去來做決定。身為具有記憶的動物，過去的高潮與低潮占有更重的份量。既然想起過去的創傷可以產生身體上的衝擊，那就會對現在造成深遠的影響，一旦我們被恐懼、羞恥或憤怒等情緒淹沒，可能導致我們倉促做出後悔莫及的決定。當我們被生存系統掌握控制權時，那種迫切的感覺會讓記憶的情緒衝擊超越理性與邏輯。幸運的是，我們可以學會掌控這些系統帶來的反應。

在面對 L.C. 這類患者時，我的臨床工作遵從認知行為治療

（cognitive behavioral therapy, CBT）的指導原則。認知行為治療的第一個部分是，當我們想起充滿情緒的經驗時，去挑戰導致負面想法的思考模式，重新加以詮釋。我稍後將會描述，記憶的本質具有適應力，可以幫助我們重新架構過去，所以我們有能力在保有曾經發生過什麼事的記憶之餘，逐漸改變自己對情緒記憶的反應。認知行為治療的第二個部分也同樣重要，會刻意讓病患暴露於受到生存回路驅策的生理反應，隨著經驗讓那些反應逐漸消退。認知行為治療之所以有效，是因為它的基本原則受到記憶科學的支持。

　　任何人都可以透過這些原則來掌控記憶帶來的衝擊。我們不必成為過去的俘虜。覺察到記憶的衝擊是第一步。一旦我們有所覺察，就可以著手處理，重新詮釋那些隨著最強烈記憶而來的情緒，不再讓過去的創傷決定我們的現在。

6

我身邊都是熟悉的面孔

我們如何學習──即使不記得自己學過?

就是現在，我同時感到失去記憶又感到似曾相識。

我想我以前也忘記過。

—— 史蒂芬萊特（Steven Wright），單口喜劇演員

　　圖威認為，回想過去就是一趟心智時間旅行。這個觀點是人類記憶科學裡既重大又充滿爭議的想法，儘管至今仍然沒有定論，但現在已經獲得很多研究結果支持，事件記憶能讓我們重訪過去的意識經驗。然而，過去還會以別種方式影響我們，在我們進行日常的生活與工作時，都有某種力量在幕後運作。有時候，這個力量可能以「熟悉感」的形式現身，哪怕實際上找不到具體的記憶，仍讓我們覺得似乎有某個記憶存在。別的時候，這種力量可能在我們意識的表層之下徘徊，默默的影響著我們現在的行為，並形塑我們未來可能的行為。我們將會看到，這個力量使我們不得不面對更為深刻的哲學問題：人類意識和自由意志。

　　早在串流平臺還沒出現、週六下午逛 DVD 出租店一事還未走入歷史之前，有次我在住處附近出租店的喜劇區瀏覽。我注意到站在櫃檯後的年輕人看起來有點眼熟。加州戴維斯是一個小小的大學城，既然我住在這裡，又在這裡工作，所以看過這個人很合理，但我卻想不起來是在何時何地。他顯然也有同樣的感覺，因為在我用手指掠過架上的 DVD 時，我倆多次交換尷尬的眼神。忽然間他的表情一變，就像腦中發出「啊哈」一聲，然後說：「嘿，你是人類記憶課的教授！」然後我也有了自己的「啊哈」，明白我在課堂上看過他許多次，但僅止於此，我並沒有想

起更多有關他的事情。

　　我們大部分人都有過類似的經驗，覺得某個人看起來很眼熟，因而拚命搜尋帶來這種熟悉感的記憶。但為什麼會發生這種事？為什麼我們明明不記得有關這個人的事情，卻又有強烈的感覺曾經見過他？能激起這種經驗的景象不只是臉孔而已，很多人儘管知道自己實際上是第一次到某個地方，卻還是有曾經來過的感覺。有時候，我們甚至會在事情發生的當下，產生以前曾經歷過這件事的感覺。

　　這些幽靈般的記憶誕生自新皮質的神經可塑性（神經可塑性是神經元面對新事物做出反應時，自我重新接線的能力），在熟悉感的情況中，是因為有個過程讓我們更省時省力的看見東西和採取行動，才自然的產生這類記憶。無論效果是好是壞，這個強大的力量會形塑我們的行為，而那種熟悉感只不過是力量的表層罷了。

似曾相識的情境再度重演

　　法國哲學家波拉克（Émile Boirac）在十九世紀晚期創造「似曾相識」（déjà vu）一詞，又稱為「既視感」，雖然原本的意思是「已經看過」，卻常被拿來描述那種即使體驗的是新事物，卻仍會突然冒出的特殊熟悉感。[1] 例如你到一個從未造訪過的地方，卻有種揮之不去的感覺，彷彿經歷過那個瞬間，你當時的感覺和想法在以前都曾經發生過。既視感往往以這種「感覺曾經過發生」的方式呈現，但偶爾也會被視為是一種預感，就好像第六感在警告接下來要發生什麼事。

既視感幾乎是一種大家都遇過的人類經驗，長久以來，哲學家、科學家、知識份子和藝術家都努力想要了解和解釋。[2] 柏拉圖和畢達哥拉斯相信既視感是來自前世的殘存記憶。精神分析的創立者佛洛伊德（Sigmund Freud）主張這種感覺是我們潛意識欲望的表現。而他的門生榮格（Carl Jung）則認為這是集體潛意識的產物。在眾多經典科幻小說中，既視感跟各種超自然現象扯上關係，包括時間旅行、多重維度，甚至另一個時間軸。在 1999 年的科幻電影《駭客任務》（The Matrix）中，既視感被認為是母體發生的錯誤，因為模擬現實的代碼遭到變更。儘管這些說法都很吸引人，科學卻是另外一回事。

1950 年代，米爾納在麥吉爾大學進行博士研究，發現似曾相識的感覺可以透過人為刺激發生。米爾納的指導教授之一是神經外科先鋒潘菲爾德（Wilder Penfield），潘菲爾德當時正想解決腦部癲癇手術的一個基本挑戰：如何切除不好的腦組織，卻不傷害任何好的組織。因為切除得太少，手術無法緩和癲癇，病患必須再回來動一次手術；切除得太多，則有可能導致病患在語言、運動、視覺或記憶等方面發生重大缺陷，例如 H.M. 的案例就是記憶發生缺陷。

為了克服這個問題，潘菲爾德使用一種腦部電擊刺激法——腦部電擊刺激法在他赴德國受訓的那段時期就已發展出來，至今仍在使用。[3] 外科醫生會給病患局部麻醉，進行開顱手術，然後用一個小型電極刺激大腦的不同部位，小心觀察病患的行為，並要求病患說出自己的經驗。如果刺激造成癲癇，潘菲爾德就知道這是該切除的部位。但有時候刺激到不同的區域，病患會說產生了奇妙的感覺，如手指發麻、眼前出現閃光，或嗅到強烈氣味。當潘菲爾德刺激顳葉的一些地方時，有些病患說出現似曾相識的感覺。[4] 有一個病患說自己「好像經歷過和現在同樣的事」；另一個病患說有一種「很熟悉的感覺，非常強烈」；還有一個人很簡單的陳述「事情感覺很熟悉」。潘菲爾德的發現顯示，即使心中並沒有浮現特定的記憶，大腦依然可以產生強烈的熟悉感。

　　在潘菲爾德提出刺激顳葉可以在癲癇病人身上引起既視感後大約五十年，美國布朗大學的神經科學家柏威爾（Rebecca Burwell）發現，在嚙齒類動物身上，她可以藉由刺激顳葉一個叫做「鼻周皮質」（perirhinal cortex）的地方，模仿同樣的效應。[5] 大鼠就像人類的嬰兒，比起已經看過的東西，更喜歡探索新事物。她運用一種令人驚奇的「光遺傳學」（optogenetics）技術，以細小的光纖雷射來活化腦部特定區域的神經元，發現可以讓大鼠覺得某張影像看起來是否熟悉。當她用高頻率刺激鼻周皮質時，發現大鼠看到的雖然是舊圖片，卻表現得像是看到有趣的新圖片；如果用低頻率刺激，則大鼠看到一張從未見過的圖片時，會表現得像是看到無聊的舊圖片。

　　既然操控鼻周皮質的電訊號，可以人工產生強烈的熟悉感或新鮮感，那麼我們拜訪某處或遇到見過的人而自然產生的熟悉感，或許跟這個腦區有關。

熟悉感是另一種記憶

電影裡的科學突破，往往著重在某個聰明科學家喊出「我知道了！」（Eureka!）的那一刻。我們很容易神化「燈泡突然亮起」的新發現——例如阿基米德進入浴池後發現測量體積的方法，或牛頓爵士看到母親庭院裡的蘋果從樹上掉下來後想出重力定律。然而這並不是科學運作的真實方式。

科學進展更常來自許多不同群體的共同運作。研究者甲聽到乙在研討會上的演講，演講內容是受到丙所寫的某篇文獻影響，而丙是某次搭計程車去機場時，跟同事丁聊天得到靈感。記憶科學裡的熟悉感研究也遵從這種軌跡，進展並非來自某個人的大發現，而是許多人用完全不同的研究方法、針對不同物種，將各種發現匯聚起來的結果。

多年來，主流觀點認為記憶是落在從「強」到「弱」的連續光譜上。支持者會說，我們的熟悉感反映了來自海馬迴的稀釋版記憶，如果是強烈版記憶，就會帶給我們心智時間旅行的感覺。[6] 對於我在 DVD 出租店的經驗，這個陣營的人的解釋會是：我對那個學生有「微弱」的意識記憶。然而這種解釋並沒有真正掌握到我的經驗。當時我確定這個人看起來很眼熟，卻無法想起任何關於他的事情，而即使我無法找出記憶本身，還是覺得自己擁有「強烈」的記憶，這就像潘菲爾德的病患一樣。

到了 1990 年代晚期，諸如已故的密許金（Mort Mishkin）、艾格頓（John Aggleton）和布朗（Malcolm Brown）等神經科學家提出：

記憶可以區分為不同的子成分，每個子成分都可能有各自的強弱程度。[7] 這個主張是根據海馬迴受損的動物，以及瓦爾加卡德研究的失憶症患者等，他們在「辨認記憶」測試中被要求區分以前看過和沒看過的物體，結果取得不錯的表現。這項研究吸引了約尼林納斯（Andy Yonelinas）的注意，他是我的朋友，也是在加州大學戴維斯分校長久以來的同事。

約尼林納斯來自加拿大，有一頭長長的金髮，舉止十分溫和，總是穿著褪色的 T 恤、短褲和涼鞋，不禁讓人以為他從小在加州馬里布（Malibu）的海邊衝浪長大。他大學時跟著圖威做研究，認為事件記憶讓我們能夠取得特定時間和地點的清楚記憶，而且在重返過去時，有信心自己體會到的那一刻真實不假。相對的，熟悉感可以很強烈，就像是你對於曾經見過某事或某人的那種確定感，也可能很弱，例如一種直覺或有根據的猜測；但不管如何，熟悉感都不會讓我們得到任何記憶。[8]

1999 年，大概是約尼林納斯正提出他覺得事件記憶和熟悉感應該脫鉤的想法時，加州大學柏克萊分校聘請我的博士後導師德斯波西多成立一個腦成像中心。當時我在賓州大學的神經科學系待了九個月，也跟著實驗室一起搬到西岸的柏克萊，而我在安頓下來之前，先去舊金山參加一場神經科學的研討會。就是在這場研討會的「海報環節」上，我第一次遇到約尼林納斯。請想像在一個會議中心的巨大空間裡，塞滿了貼著海報的可移動式板子，跟高中科展不無相似，每塊板子前都有一個科學家興奮的說明自己的最新發現，並防守同行心存懷疑而丟出的一個個問題。

當下約尼林納斯正在說明他的研究，我或許有點冒犯，直接出聲質疑熟悉感怎麼可能不只是微弱事件記憶。

　　我預期會有一些反擊，但約尼林納斯沒有採取防禦姿態，而是用這樣的回應完全瓦解攻勢：「你是應該覺得懷疑！」經過一下午的熱烈討論，我們決定合作進行一項實驗，測試是否能夠找到負責熟悉感的腦區。[9] 為了讓整件事更吸引人，我們決定要來賭啤酒——如果他的預測是對的，我就得請他一杯啤酒，反之亦然。（到寫作的此時為止，我已經輸給約尼林納斯太多次了，恐怕要花好幾年才能償清我的啤酒債。）

　　那時我們在柏克萊的實驗室裡還沒有任何磁振造影掃描儀可以運作，但德斯波西多手段高超，找到柏克萊和戴維斯半路上的馬丁尼茲榮民醫學中心（Martinez VA Medical Center），那裡有一個診療用的磁振造影設施。馬丁尼茲榮民醫學中心的掃描儀是做為例行診療掃描之用，表現不如最先進的儀器規格，所以我必須學習馬蓋先（MacGyver），想盡辦法修改調整我們的工作步驟，把這部福特平托（Pinto）變成法拉利跑車。

　　等馬丁尼茲榮民醫學中心打烊之後，我們可以在晚上免費使用掃描儀。連續幾個夜裡，約尼林納斯和我把朋友、學生和同事載來馬丁尼茲榮民醫學中心，一邊掃描他們的腦，一邊問他們許多跟詞彙有關的問題，例如檸檬、扳手、犰狳「是不是生物？」「可以放入鞋盒裡嗎？」，我們用這種方式，讓他們以一種明確的情境來判斷這些詞彙。例如，當參與者想像把犰狳放入鞋盒裡是怎麼回事，就會創造出獨特的事件記憶。

　　我們把參與者從掃描儀裡拉出來後，讓他們休息一下，上個廁所，然後出其不意的給他們一場記憶測驗，這個測驗與之前看過的詞彙和情境相關，詢問他們在研判每個詞彙時到底在想些什麼。可以確定的是，當他們看到一個詞彙，並形成之後可以幫助自己回想相關情境的記憶時，海馬迴的活動會產生一個高峰。但如果參與者無法想起情境訊息，就看不到這個活動高峰，即使他們很確定自己曾經研判過這些詞彙。不管那種熟悉感只是一種模糊直覺，或是確定自己曾經看過的感覺，我們都沒有找到任何證據說明海馬迴的活動足以給人熟悉感。反而鼻周皮質的活動能對應到帶給人熟悉感的記憶；潘菲爾德的病患和柏威爾的大鼠，都表示既視感的體驗跟顳葉區域的鼻周皮質有關。我們發現，參與者在磁振造影掃描儀裡研判一個詞彙時，如果鼻周皮質的活動愈多，一旦他們在出其不意的測驗中再度看到這個詞彙，熟悉感就愈高。而且，鼻周皮質的活動與海馬迴的活動不同，跟一個人回想研判過的字彙有哪些相關情境的能力無關。我們找到證據，說明記憶不只是強或弱，而是人腦裡有兩種不同的記憶：由海馬迴所支持的事件記憶，以及由鼻周皮質支持的熟悉感。

　　我從未輸掉啤酒還這麼高興。

　　我們的賭啤酒研究在 2003 年年底被期刊接受並發表，研究結果受到注意，只是許多科學家仍未信服，我也懷疑我們或許忽略掉其他實驗室發現的一些東西。為了說服我們自己以及科學社群，我們不能只看自己實驗室的結果，必須找到更多證據。

　　就是在此時，波士頓大學記憶與腦中心（Center for Memory

and Brain）的主任艾欽保（Howard Eichenbaum）進入我們的視野之中。艾欽保一直在研究大鼠的學習與記憶，他相信研究大鼠的海馬迴功能可以得到一些線索，從中進一步了解人類記憶的神經生物學。艾欽保跟大多數神經科學家不同，他把大鼠視為有感情的生物，具有幾乎像人類一樣的意識思考能力。圖威曾說事件記憶是人類獨有的能力，所以喜歡挑戰現況的艾欽保在自己的職業生涯裡花費很多精神，試圖證明大鼠的記憶與人類有許多相同之處。他的論文甚至有一個著名的特色，會用戲謔的手繪漫畫描繪沉思中的大鼠，並附上思考對話框，呈現大鼠正在想些什麼。

　　我們的 2003 年賭啤酒研究發表後又過了幾年，艾欽保聯繫約尼林納斯，提議合作評估全世界其他實驗室的研究，彙整人類、猴子和大鼠的記憶研究，看看熟悉感是否真的與事件記憶不同。幾個月後，艾欽保去洛杉磯參加一場研討會，我們計畫碰頭，開始進行研究。約尼林納斯和我搭乘短程飛機從沙加緬度（Sacramento）飛到洛杉磯，然後跳上計程車前往艾欽保的旅館。艾欽保有點遲到，所以我們在一間會議室裡打發時間，一邊聊天，一邊喝著旅館的淡無味咖啡、吃著艾欽保幫我們點的嚼不爛三明治。當他一抵達，我們立刻拋下三明治開始工作。我們很快就進入情況，三個人彼此拋出想法，互相接應。

　　幾個小時後，我們為研究計畫擬出一份扎實的規劃，然後回家挖掘山一般的科學文獻，包括大鼠、猴子、人類的腦傷對記憶影響的研究，以及大約與我們的賭啤酒研究同時發表的一大堆人類功能性磁振造影研究。這些研究分開來看，沒有一篇能成為決定性證據，但當我們把所有研究放在一起，幾乎全都指向同一個結論：熟悉感並不是微弱版的事件記憶，而是完全不同的東西，它是記憶的一種形式，需要仰賴鼻周皮質的完整性。[10]

　　米爾納的第一篇文獻發表後五十年，我們終於能夠把整個神經科學領域的研究集結起來，回答 H.M. 為何有那麼嚴重的記憶障礙。H.M. 進行癲癇手術後，同時失去了海馬迴和鼻周皮質，因此在搜尋線索通往過去經驗時，既無法依賴事件記憶、也無法依賴熟悉感。

無意識的剽竊

　　儘管我們並不完全知道鼻周皮質如何促成我們的熟悉感，但關於其中牽涉到的學習機制，倒是已有挺完整的資訊。大腦各處的細胞群組持續在改變，它們總是不停的重組、不斷的最佳化，所以決定我們感覺、想法和行動的神經元選舉可以快速得到明確的結論。當那些調整發生在感覺區域時，會幫助我們更有效率的閱讀、觀看，以及體驗世界。這些小小的調整也發生在大腦的較高階區域，例如鼻周皮質會整合來自不同感覺的資訊，幫助建立語意記憶。[11]

　　以上所有的神經可塑性似乎在我們的覺察之外發生，但成果是可以感覺到的。我們對某個事物變得愈熟悉，細胞群組就變得能夠在日後愈加精準的辨認那個事物。所以，當我們留意自己在閱讀一個詞彙或辨認一張臉時到底花多少心力，就可以得知我們對此有多少經驗。

　　舉例來說，如果我問你有沒有吃過紅毛丹，除非你在東南亞長大，否則根本不用檢視自己一生的事件記憶來回答這個問題。很有可能只需要確認大腦花了一點功夫讀取「紅毛丹」這個詞彙，便足以知道它是個不熟悉的東西。由此，你可以推論自己對這種毛毛的紅色水果應該幾乎沒有經驗，就算曾經聽過這個名稱，也不是常常聽到。有人可能注意到，處理「柿子」一詞的意義可能比處理「蘋果」要多花一點點時間，從這裡他便可以推論，比起柿子，他較常看到或吃到蘋果。我們從功能性磁振造影研究中發現，當一個人剛開始想一個像是紅毛丹的概念時，鼻周皮質的活動會產生高峰，彷彿大腦的這個區域正嘗試把這個詞彙和一個尚未建立的模板對應起來。[12] 在這次聽過紅毛丹之後，這個區域的神經元聯盟便經過重新組織。下一次你再想著紅毛丹時，因為神經元選舉過程已經可以用比較快的速度完成，所以活動會變得比較少。反覆看到這個詞彙之後，大腦發生的調整會提升效率，一方面減少鼻周皮質的活動，另一方面更容易取得紅毛丹的概念。

　　有些時候，熟悉感會給人一種奇怪的感覺，覺得自己在某處應該有個記憶，儘管沒有直接的證據說明這個記憶存在——好比你看到影集裡的某個演員，總覺得他的名字呼之欲出，但就是叫不出來。[13] 當你想著這個演員時，新皮質裡發生的活動足以給你某種熟悉的感覺，但還不足以讓神經元選舉達成結論，就會造成這種「舌尖現象」（tip of the tongue）。如果我們一開始想錯名字，特別容易出現舌尖現象，因為這就像是支持錯誤演員名字的細胞群組在投票時，壓制了支持真正演員名字的細胞群組。

　　熟悉感浮現的方式，有可能是給我們一種「知道」的感覺，但是熟悉感也有比較不為人知的一面，它可能在我們沒有覺察的情況下間接影響我們的感覺和行為。[14]你或許聽過「親暱生侮慢」這句話，意思是人會對過於熟悉的事物產生輕蔑之心。然而事實上，大多數成年人往往會受到熟悉感的吸引，科學家把這個現象稱之為「單純曝光效應」（mere exposure effect）。[15]如果你不久前看過或聽過某樣事物，來自先前經驗的流暢感可以讓你在下次遇到時更喜歡那樣事物一點。有時候，喜歡的程度可能高到讓人以為那是自己本來就擁有的事物。

　　「潛隱記憶」（cryptomnesia）有時候又稱為「無意識的剽竊」，在這種例子中，大腦誤把「忘掉的記憶」當成是自己原創的想法或點子。[16]前披頭四樂團成員哈里森（George Harrison）在 1970 年無意間體驗到潛隱記憶，當時他正以獨立創作者的身分寫出〈我親愛的上帝〉（My Sweet Lord），這支曲子後來成為他最受歡迎的單曲。不幸的是，〈我親愛的上帝〉卻導致哈里森面臨法律訴訟，因為這支曲子很顯然和「雪紡合唱團」（The Chiffons）將近十年前發表的〈他魅力四射〉（He's So Fine）十分相似，因而後者的版權所有者控告哈里森抄襲，在 1976 年上了法庭。[17]哈里森在證詞中說他知道雪紡合唱團的歌曲，但堅持自己並非有意使用。在對兩支曲子做了漫長的分析後，法庭最終判定哈里森剽竊。

　　法官歐文（Richard Owen）本身是一名古典音樂家和作曲家，

他總結自己的看法：「哈里森是否故意使用〈他魅力四射〉的音樂？我不認為他故意為之。然而，〈我親愛的上帝〉與〈他魅力四射〉很明顯是不同歌詞的同一支曲子。」[18]歐文後來又表示，哈里森一定知道這些旋律能形成曲子，「因為這些旋律已經在他的意識裡完成一支他不記得的曲子」。[19]哈里森被艱辛的訴訟過程煩透了，也對判決表達出不悅，他在回憶錄中自述：「不懂為什麼法庭上沒有一大堆類似的案件——明明市面上聽到的流行音樂有 99% 都多多少少和其他的曲子很像。」[20]

　　除了潛隱記憶之外，我們大腦的神經可塑性還會帶來許多效果。在日常生活中，我們不時需要振作腦袋處理困難的疑難雜症，諸如答案難度高的問題、不容易做出的決定，以及曖昧不明的狀況。我們可能覺得自己在處理這些問題時，能理性的分析可得訊息，但過去的經驗卻能微妙影響現在的選擇。我們往往誤把熟悉感當作一種啟發，或心靈的捷徑，用來引導自己的決定。再者，我們也可能對這些影響毫無知覺，反而編造故事、為我們的選擇與行動尋找意義，加強擁有自由意志的感覺。

　　心理學家尼斯貝特（Richard Nisbett）和威爾森（Timothy Wilson）曾探索我們編造故事將無意識選擇合理化的程度，後來在 1970 年代末發表一篇文章，如今已成為經典，題目是〈透露得比我們所知更多〉（Telling More Than We Can Know）。[21]他們在一個實驗中，讓學生先記住一系列的詞彙組合，再請學生回答第一個想到的衣物清潔劑品牌。結果，比起沒有看過「海洋—月亮」詞組的學生，記住這對詞組的學生更容易回答「汰漬」（Tide，海潮之意），人數足足有兩倍。更有趣的是，詢問這些曾記住「海洋—月亮」詞組的學生為何會想到「汰漬」時，沒有一個人說「啊！我剛剛才看過『海洋』這個字」，反而會解釋「『汰漬』是最有名的清潔劑」、「我媽都用『汰漬』」，或「我喜歡『汰漬』的盒子」。

　　如果連知道自己正在參與實驗的聰明學生，都會在沒有自覺的情況下輕易受到影響，那請想想我們受到的廣告轟炸，不管是觀賞運動賽事、看電視、瀏覽網路，甚至在路上開車，都避不開廣告。諸如百威啤酒（Budweiser）和通用汽車（General Motors）等知名品牌總會耗資百萬製作廣告，目的並不是要讓你察覺到他們的存在，或強調他們的產品比競爭者的產品更好，打算以理性來說服你。他們指望的是，讓你接觸到他們的品牌名字，能夠對你造成微小的影響，進而影響你的選擇。

　　假設你在看超級盃（Super Bowl）時看到一個可口可樂的廣告。這個公司可能砸下六百萬美元，只花費三十秒的時間讓你看到他們的品牌。然而在這三十秒的廣告中，你腦中極微小的調整卻有可能以不到百分之一的比例，提高你買可口可樂的可能性。把這個可能性乘以全世界觀看超級盃的一億名觀眾，就變成巨大的潛在銷售量。現在請想想整個網際網路，從免費的影音串流平臺、社群平臺，到免費的電子郵件服務，可說是完全依靠廣告才得以運作。

　　當我們因為影視明星的背書或代言而受到觸動，把票投給某個政治候選人、或把錢捐給某個慈善機構時，也有類似的力量在作用著。由於我們在最喜歡的影集或電影中看過那些明星，這樣的熟悉感為他們帶來一種有如權威或專家的形象，讓我們相信那些明星值得信任——但其實除了因為有名而讓人覺得熟悉以外，我們並沒有其他的憑據。

不準確的人臉辨識

　　我們到目前為止已經看到，熟悉感算是個還不錯的記憶指標，可以暗示我們以前曾見過某樣事物。可惜事情並不總是如此運作。正如我們在上一章已經看到的，新皮質就像神經網路，喜歡找出世界裡的通用模式，例如鳥類的特徵。但是當我們對某個類別沒什麼經驗的時候呢？例如，我對花卉沒什麼經驗，很難區分康乃馨和玫瑰的不同。我們可以在神經網路中模擬同樣的情況。如果一個神經網路曾接受過的訓練只能辨認少數幾種花，它有可能會把所有的花都判斷為一樣的品種。把花的品種搞混或許還好，但如果是人臉的話，影響就大了。

　　讓我們來看看威廉斯（Robert Julian-Borchak Williams）的例子。[22] 威廉斯先生住在密西根州的法明頓山（Farmington Hills），2020 年 1 月 9 日，他下班開車回家，正要轉進自家門前的車道時，一輛警車忽然從後面追上來，擋住他的車。他在太太和兩個年幼女兒面前被銬上手銬，然後被帶到底特律拘留所，詢問 2019 年 10 月發生的一件強盜案。

　　事實上威廉斯有個難以打破的不在場證明——在強盜案發生

時，他正從自己的車上發布影片到 Instagram。但即使如此，底特律警方在派出巡邏車逮捕他前，卻沒有考慮這個不在場證明的可能性。為什麼？因為有個應該不會出錯的系統指認威廉斯。底特律警方從監視錄影裡得到搶劫犯的靜態影像，送入一個人臉自動辨識系統中，這個系統利用人工智慧，找出與資料庫裡（例如駕照上的照片）相吻合的人臉，結果系統認為威廉斯是犯人。

在詢問中，一名警探把那張用來鑑別的模糊圖像拿給威廉斯看，問他是不是圖像中的人。「不，這不是我。」他把圖像拿到自己的臉旁邊，說：「我希望你們不會覺得所有的黑人看起來都很像，會嗎？」

的確，這張圖像（已經公開）看得出有一名黑人男性，體格高大，但是可用來辨識臉孔的細節很少。然而，即使圖像的品質極為粗劣，威廉斯也明顯不是圖像中的人。根據威廉斯所說，進行調查的警官同意他的看法，不再堅持：「我猜電腦弄錯了。」儘管錯誤如此明顯，警方仍在逮捕後把威廉斯拘留了三十小時，還需要保釋金一千美元。雖然對威廉斯的指控最終撤銷，但要一直到《紐約時報》記者希爾（Kashmir Hill）報導這件事之後，威廉斯的案子才真正駁回。

這是美國第一宗因人臉辨識錯誤而錯誤拘捕的案例紀錄。威廉斯的經驗一方面成為有力的反面論證，說明人工智慧人臉辨識系統不足以做為警方偵查的證據，一方面也凸顯出我們的大腦和我們生活的社會裡存有偏見。如果要自動化系統學習辨認人臉，必須讓它大量接觸臉部照片的巨大資料集，而這些資料集裡的臉孔以白人占多數。我懷疑這些演算法的設計者或許沒有意識到，他們無意間把偏誤植入自己的系統，但眾所皆知，目前的人臉辨識技術在鑑定亞洲人和黑人臉孔時，比較容易出現錯誤或鑑定失敗。

　　然而，比起人腦偏誤導致的問題，執法人工智慧的偏誤還顯得遜色許多。大多數警察單位並未把人臉自動辨識系統的結果當成鐵證，但如果找來人類目擊者，請他們從警局裡排成一列的嫌疑人之中指認誰是犯人，這份證據受到的重視則高出許多。不幸的是，人類的人臉辨識是出了名的容易發生偏誤。有一份評論回顧三十九項實驗的結果（資料共包含近五千名參與者），顯示人類比較善於辨認與自己同種族的人臉，平均而言比辨認其他種族好 1.4 倍，而白人觀察者一般而言比非白人觀察者更容易發生這個偏誤。[23]

　　不難想像，這種人臉辨識偏誤的成因跟電腦程式相同。如果你已經大量接觸自己種族的成員，當你遇到自己種族的另外一個人時，大腦可以仰賴過去累積的能力，快速召集正確的神經元聯盟來辨認這個人。如同語言辨識有黃金時期，我們辨認不同種族人臉的能力可能也有黃金時期，或許取決於十二歲之前看過多少不同種族背景的人臉。[24]

　　正如我們在西洋棋專家的研究中看到的，經驗不只改變你看見什麼，還會改變你「尋找」的東西。人類傾向留意那些最能有效區分自己種族人臉的不同特徵，忽視那些幫助我們辨認其他種族臉部的特徵。心理學家李文（Daniel Levin）在對視覺的研究中發現，相對於白人臉孔，白人觀察者在觀察黑人臉孔時，比較不擅長辨認個體的特徵，但他們挺善於辨認哪個人是黑人。[25] 統合所有的證據後，似乎我們對其他種族的人較容易形成模糊的記憶，部分原因在於缺乏練習，還有因為我們常常更注意種族特徵，而忽略個人特徵。這表示即使我們從未見過其他種族的人，卻可能對他們的臉都有似曾相識的感覺，因為我們的腦並不擅長捕捉每張臉的獨特之處。

　　這些偏誤在社會層面的意義，遠超過覺得其他種族的人「看起來都一樣」的問題。「平冤計畫」（Innocence Project）是一個平反錯誤定罪的非營利組織，已經使用 DNA 證據平反數百宗案件。根據他們的資料，有很大部分的定罪是根據不同種族目擊者的證詞。幸好，目前刑事司法系統正逐漸重視這類偏誤。2017年，紐約州上訴法院（New York State Court of Appeals）發布一個決定，要求法官必須明確告知陪審團，當目擊者和被告屬於不同種族時，目擊指認有不可信賴之處。

　　上述種種都意味著，熟悉感就像記憶的其他面向，有好的一面，也有不好的一面。在大腦的感知不斷變得愈來愈有效率時，熟悉感可能是一個有用的副產物，但是它不穩定的本質也表示：單純因為接觸過某樣事物而得到的流暢感，可能會隱密行動，在不被覺察的情況下影響我們的選擇、判斷和行為。當我們依賴大腦的自動駕駛前進時，熟悉感有可能會限制我們的選項，讓我們滯留在一個較小的世界裡。

　　但我們倒也不是無法避開大腦的自動駕駛。正如我們學過的，藉由注意力和動機，我們可以專心記得有用的事物。再者，我們有能力透過現在的相關訊息，撕除過去經驗裡不適當的印象。當我們記得熟悉感有著影響我們行為的力量時，就能夠取回一點屬於自己的自由意志。

7

轉頭正視奇怪的事物

記憶如何引導我們
面對新鮮和預料之外的事物？

好奇是個好東西。它似乎帶來一些預料之外的紅利。
——伊吉帕普（Iggy Pop），搖滾歌手

　　我小時候最喜歡的超級英雄是蜘蛛人。我收藏蜘蛛人漫畫，放學後觀看電視上的卡通影集，但從未想過二十年之後，蜘蛛人會成為價值數十億美元的系列電影。電影把蜘蛛人擁有的諸多超能力表現得淋漓盡致，但在我眼中，他最有趣也最重要的超能力並不需要任何特效，那就是「蜘蛛感應」。每當危險發生，蜘蛛人都會在顱骨後方感到些微刺痛，警告他注意周遭環境裡的潛在威脅。這種第六感的運作就像預知能力一樣，讓他在清楚覺察到自己處於險境之前，就能展開行動。

　　雖然蜘蛛人是個虛構的角色，但要說人類擁有某種初階的蜘蛛感應，倒也非無稽之談，因為我們的腦可以在還沒有形成充分的覺察之前，迅速把注意力導向不太對勁的地方。我在加州大學柏克萊分校念大學時，就親身經歷過這樣的情況。

　　當時我住的街區位於人民公園（People's Park）東邊，人民公園在 1960 年代常有反戰示威，但後來卻變成毒品和搶劫比較出名。我住在一棟雙拼公寓的一樓，前住戶因為精神崩潰而突然搬走，我和室友很幸運的接收前住戶留下的家具。[1]

　　我某天下午回家，注意到門前車道的地面上有件夾克。我沒有想太多，畢竟在那一帶，各種東西亂丟在我們門前並不稀奇。然而當我開啟門鎖打開前門時，我的蜘蛛感應突然發生微小刺痛。事情不太對勁。我的目光轉向客廳窗戶，是開的，接著是沙

發，被移到一旁，然後是我蒐集的 CD，也不是之前的樣子。我的直覺說事情不對，但我卻給自己一個無害的解釋：一定是室友戴夫開了派對，畢竟他在學校的「民主青年俱樂部」裡很活躍。[2]我想要打電話給戴夫（那時還沒有行動電話），但電話機消失無蹤。此時我才終於想到我們遭小偷光顧。我跑到樓上，用鄰居的電話報警。幾分鐘後我回到樓下公寓，發現後門敞開，車道上的夾克已然不見，原來我剛才走進房子時，不速之客還在裡面。

　　以記憶研究者的立場回顧這次經驗，我對於自己一打開房門時的那種怪異感特別感興趣。雖然有可能永遠無法確知當年的真相，但根據我們的研究，我相信那種怪異感的起源離不開記憶最重要的特色：並不是重演過去，而是引導我們面對未來。我們對過去的「舊」記憶，讓我們能夠找到新穎、改變過的重要資源。這種能力有可能大大幫助我們的祖先在變化多端的世界裡生存。在較深的層次，這顯示記憶如何讓我們超越時間，感覺到過去、現在和未來之間的連結。

　　拿遭到入室行竊的例子來說，我回家時懷有許多期待和預測，諸如門前車道上不會有夾克、窗戶應當是關著的，沙發在我上次看到的位置、電話在桌子上——而且房子裡絕對沒有小偷。可是當我走進屋內時，這些預測都錯了，進一步啟動我腦中的回路，對這些不符預期的地方發出警示。

　　有些人更主張記憶的目的就是預測未來。不過重點不見得在於預測的準確程度。沒錯，一旦我們總是可以預先載入即將發生什麼事的準確看法，我們的大腦便會有效率的處理那項資訊。但即使搞錯，預測也一樣重要，神經科學家把這種搞錯的情形稱為「預測誤差」（prediction error）。[3] 預測誤差會啟動大腦中的循環，讓記憶（即我們已知的世界）引導我們面對不符預期的狀況、刺激好奇心、推動我們向外探索，進一步化解預測和眼前所見之間的落差。我們探索時得到的資訊，又會優先被記下來。我們將會看到，這種預測、定位、調查和編碼的循環，正是驅策人類學習與探索的重要關鍵之一。

看眼睛就知道

　　我們的眼睛每秒大約移動四次。儘管我們對這項事實多半沒有自覺，但眼睛的運動絕對不是隨機無序。我們之所以能得知眼睛的運動模式，是利用紅外線相機，追蹤人在觀看圖片時，目光會落在何處。科學家過往認為，我們的目光會「固定」在明顯的東西上，例如明亮的燈光。韓德森（John Henderson）是我在加州大學戴維斯分校的同事，一直以來都在研究哪些事物比較容易抓住我們的目光，他發現真實世界裡的各種因素其實沒那麼重要。在我們的日常生活中，會直接引導目光的反而是——你知道的記憶。[4]

　　首先，我們有一般性的知識（語意記憶），會引導我們探索視覺世界，因此能夠找到「應該」出現在特定地方的東西，然後迅速辨認出「不該」出現在那裡的東西。如果你拜訪某位朋友的新居，她邀請你參觀廚房，在你還沒走進廚房前，你的眼睛便會準備好，看向各種東西的可能位置，因為你有一些期待，也就是根據過去對於廚房經驗所建立的基模。你可能先把目光指向檯面，預期那裡會有咖啡機或微波爐。但如果某樣東西違反你的期待，例如地板上有一臺攪拌機，或通常放冰箱的地方空空如也，你的眼睛會立刻被吸引向那些地方。

　　熟悉感是另一項因素。我們通常不會花太多時間看以前見過的事物，而會花比較多時間看新的東西。無論成人和嬰兒都是如此，還有猴子、狗、貓和囓齒類也是。我們已經知道，細胞群組在處理熟悉的物品、臉孔或地方時，並不需要那麼努力，所以眼睛理所當然不會多花時間關注熟悉的東西。

　　語意記憶和熟悉感反映我們在「過去」看過的事物，但記憶不只是儲存知識或記住我們看過的事物；它也指向我們在「未來」可以做、且應該做的事情。諾貝爾生理學或醫學獎得主歐基夫（John O'Keefe）和亞利桑那大學的心理學傑出教授內達爾（Lynn Nadel）曾於 1987 年出版一本書，他們在這本非常具有遠見的書中提出：海馬迴在演化上的一個主要功能，是告訴我們哪邊陌生或哪邊不同，因此我們可以探索和認識這些地方。[5] 靈長類，尤其是人類，會利用眼睛探索世界，所以歐基夫和內達爾的理論推測，看見某樣新奇或不該出現的東西，應該會促使海馬迴發出訊號，刺激我們探索環境。後續的一些研究已經確認了這些推測，顯示人類和猴子在看到新奇的東西時，眼睛確實比看到老舊的東西時有更多探索運動，而這種傾向必須仰賴功能健全的海馬迴。[6]

　　杜哲（Emrah Düzel）是我的老朋友，在德國最大的阿茲海默症研究中心擔任主任，他發現甚至有可能利用海馬迴對新事物的反應，偵測出一個人罹患阿茲海默症的風險。[7] 在一項研究中，杜哲的團隊讓年輕成年人躺在磁振造影掃描儀內，給他們看不同地方的照片，包括新的地方和十分熟悉的地方。一如預期，參與者看著新地方的照片時，海馬迴的活動提升了──就算只是「期待」看到新地方的照片，海馬迴的活動也會提升。這個發現促使杜哲展開另一項研究，調查兩百多名較年長成人的海馬迴對於新事物的反應。結果發現，較年長且腦中有較多濤蛋白（tau）和 β 澱粉樣蛋白（beta-amyloid）的成人（在阿茲海默症患者的腦中，這些蛋白質的累積造成了危害），他們的海馬迴對新圖片的反應沒那麼高，而由此又可以預期他們的記憶力較差。杜哲的研究顯示，大腦對新事物的反應，與我們記得過往遭遇的能力密不可分，所以有可能做為評估阿茲海默症風險的早期指標，一旦對新事物的反應下降，就要及早診斷。

　　最後，在海馬迴形成的記憶對於引導視覺探索而言十分重要。舉例來說，你第一次看到朋友的廚房時，眼睛或許受到語意記憶的引導，讓你期待在廚房的某些位置看到通常可以看到的東西。但在第一次參觀後，海馬迴會幫助大腦的其他部分形成較精準的預測，告訴你應該看哪裡及應該會看到什麼東西。下次當你再走進朋友的廚房時，如果每樣東西都跟你上次拜訪時一樣，這種帶有目標的眼睛運動會變少，你也不會對攪拌機放在地上或沒有冰箱感到那麼奇怪。但如果有東西不在上次待的地方，在你意識到哪些東西改變了之前，你的目光會快速移動到那些不尋常的地方。[8]

　　伊利諾大學的萊恩（Jennifer Ryan）和柯恩（Neal Cohen）在2000 年發表一項很聰明的研究，顯示海馬迴的重要性：原來海馬迴能讓我們的注意力轉向環境中有所改變的地方，就像我步入柏克萊公寓門口時感覺到的蜘蛛感應，不停拉扯我的感知。[9] 萊恩和柯恩使用眼球追蹤儀，在參與者重複觀看一系列照片時研究他們的眼睛移動。當照片變得愈來愈熟悉，他們移動眼睛的程度也變得較少。可是，一旦萊恩和柯恩對圖片動了手腳（例如某張小朋友的照片重複出現，但背景裡的小貓卻被修掉），參與者的目光會逗留在照片遭到修改的地方，而且在接下來幾秒鐘內還會多次回到同樣的地方。有時候他們的目光甚至固定在空白的位置——儘管那裡沒有任何引人興趣的東西，但大腦卻捕捉到原本應該有東西在那裡。令人驚訝的是，即使參與者並未覺察到任何改變，卻仍會多花一點時間看著遭到修改的地方，彷彿他們的蜘蛛感應正在蠢動。相對的，有失憶症的人看到修改過的圖片時，目光並不會往修改的地方移動。一旦海馬迴無法正常運作，蜘蛛感應就不復存在。

　　為什麼腦部健康的人會把目光集中在空空如也的地方，又為什麼這種奇怪的行為必須仰賴海馬迴？當你到達一個新的地方，或甚至只是看著一個陌生地方的照片，新皮質都能對各個小細節形成獨立的記憶，如人臉、地點、物品。但正如我們前面已經談過的，我們需要海馬迴來把各種訊息串連在一起，包括何人、何物、何地、何時，所以你事後仍可以喚出前後連貫的記憶。萊恩和柯恩的發現顯示，我們可能仰賴海馬迴的這些記憶，引導出在此時、此地的期待。[10] 如果某個東西不在該有的位置，蜘蛛感應就會啟動，大腦便會送出訊號給眼睛，掃描那個不對勁的區域，好弄清楚發生什麼事。

我的實驗室有一個博士後研究員漢努拉（Debbie Hannula），之前曾與萊恩和柯恩一同做研究。[11] 她著手測試這個想法，設計出一個實驗，模仿人類如何記得自己在特定場所遇到哪些人。她編選一組髮型模特兒的照片，乍看之下很像洗髮精的廣告或美容院的髮型目錄。參與者會看到這些賞心悅目的人臉重疊在特定場所的圖像，例如崔佛的臉位於博物館的入口大廳，或米亞的臉在大峽谷。漢努拉和我的預測是，再次給參與者看這些熟悉場所的圖像時，會使得他們的海馬迴招喚出記憶，預測誰會在那裡出現，這會讓他們在看到擁擠的博物館入口大廳時，能很快挑出崔佛的臉。為了在磁振造影掃描儀裡模擬這種情形，我們從參與者看過的場所照片中挑出一張，用螢幕短暫顯示，十秒後再快速顯示三張他們看過的臉孔，請參與者從中挑出正確的臉。

隨著場所照片閃現在螢幕上，海馬迴的活動也出現高峰，這符合「看見一個地方便足以激發海馬迴取出記憶」的想法。海馬迴的活動增加，已經足以讓人提高注意，所以十秒後當臉孔出現時，即使是在相互競爭的許多臉孔之中，參與者的注意力仍會立即被崔佛或米亞吸引。

這個實驗有個意外的有趣發現：相較於引導注意力，海馬迴稍微更擅長取出我們有所覺察的事件記憶。在實驗裡，即使海馬迴對博物館起反應而活躍起來，而且參與者的目光也立刻落在崔佛臉上，但參與者有時候還是會選出錯誤的臉孔。要挑出正確的臉，必須仰賴海馬迴（負責做出正確的預測）和前額葉皮質之間的溝通。由於前額葉皮質的角色是幫助我們透過動機而記憶，這個發現顯得有道理。海馬迴是演化上最古老的大腦構造之一，或許正如歐基夫和內達爾的觀點，它已經足以為我們指出事情即將發生的方向；但有時候，單單從海馬迴取出一個記憶是不夠的，除非我們還能夠利用那份資訊，而這就需要前額葉皮質幫忙出力了。如果海馬迴和前額葉皮質無法溝通，人們還是能有那份蠢動的蜘蛛感應，只不過無法弄清那種不對勁的感覺打從哪裡來。

「這是什麼？」反射

我偶爾會在一個翻唱樂團裡演奏，團名叫「巴佛洛夫的狗」（Pavlov's Dogz），成員是來自世界各地的神經科學家。[12] 我們通常在神經科學研討會上碰面，花兩天時間排練 1970 和 1980 年代的曲子，包括伊吉帕普、大衛鮑伊（David Bowie）、美國搖滾樂團「金髮美女」（Blondie）、美國另類搖滾「小妖精樂團」（the Pixies）、英國後龐克搖滾「歡樂分隊」（Joy Division）、美國搖滾樂團「雷蒙斯」（the Ramones），還有英國後龐克樂團「四人幫」（Gang of Four）等等，然後在座無虛席的觀眾前表演。我們樂團的名稱來自獲得諾貝爾獎的俄國生理學家巴佛洛夫（Ivan

Pavlov），他最廣為人知的是一項奠定基礎的研究，在實驗中，他的狗接收到食物即將出現的提示時便會流口水。[13]

先不管翻唱樂團和流口水的狗，我認為巴佛洛夫對記憶科學最有意思的貢獻是，鑑別出我們對新穎和意外經驗的反應有哪些特徵。[14] 他注意到，他實驗裡的動物對於環境裡的任何改變或新鮮事物，會做出一種特定的反應，他把這種反應稱為「這是什麼？」反射。我非常喜歡這個名稱，因為它清楚描繪了我們遇見新奇或預料之外的事物時，腦中所發生的反應。可惜的是，科學家總覺得這種「已經夠好」的詞彙「還不夠好」，所以當巴佛洛夫的研究廣為人知之後，科學家就想出更艱難枯燥的詞彙來取代它。

於是「這是什麼？」反射最後變成「定向反應」（orienting response，也譯為「朝向反應」），意即大腦、全身各處面對新鮮或意料之外的事物時，所做出協調運作的一整套改變。[15] 我們的瞳孔會放大，對光線變得更敏感；血液會輸送到腦部，但在身體其他地方則受到抑制；大腦還快速得到一劑神經調節物質，如多巴胺、正腎上腺素和乙醯膽鹼；整個腦部的各個區域，包括海馬迴和前額葉的神經活動還會發生相互協調的改變。[16]

當我們遇到預期之外或讓人嚇一跳的事件時，就會激發定向反應。許多物種都擁有定向反應，顯示「辨認非預期事件並加以應對」具有演化上的價值。測量人類（或任何哺乳動物）的定向反應有個最簡單的方式，是讓人聽一連串的「嗶」聲，中間偶然穿插「啵」聲，要求他們在聽到「啵」聲時按下按鈕，並在整個過程中同時記錄腦的電活動。在進行這項任務時，大腦很快就學到，這些不怎麼有趣的嗶聲和啵聲遲早會出現，如果想啟動大腦的定向反應，神經科學家只需要插入一個不協調的聲音，如鴨子的呱聲或狗的汪聲。[17] 在實驗剛開始時，參與者一聽到這些不協調的聲音，就會產生巨大的腦波。不過實驗繼續進行大約二十分鐘後，這種詭計變得不再特別，參與者的大腦也不再產生那麼大的反應。最終我們變得對意料之外的事有所預期。

本書反覆出現的海馬迴和前額葉，是產生「這是什麼？」反射的兩個重要角色。[18] 我們讓參與者遭遇意料之外的刺激，記錄當時的海馬迴活動和前額葉活動，並找出一些研究，對照這些區域受損的患者有何表現，從而得知兩者的重要性。[19]

我當初在加州大學柏克萊分校協助設立腦部造影中心時，聽到一場即興演說，演說者是一名來自德國的訪問學者葛倫瓦德（Thomas Grunwald），他是名癲癇學家。葛倫瓦德依照潘菲爾德半個世紀前開始推廣的方法，使用電極來記錄大腦不同區域的訊息，找出癲癇發生的位置，以便移除異常的腦組織，避免傷害完好的區域。葛倫瓦德觀察到，海馬迴健康的人在聽見一系列聲音的過程中，只要對意外的聲音起了反應，海馬迴就會出現一個巨大的電位高峰。[20] 然而在海馬迴異常的病患身上則沒有這樣的反應。葛倫瓦德發現，定向反應或許是評估海馬迴功能的最佳指標，也因此成為有用的工具，可以決定何時必須移除海馬迴，好停止病患的癲癇。

我對葛倫瓦德的發現產生興趣，他的發現似乎指出某些重要線索，能解釋為什麼有些事件特別令人難以忘懷。我們已經知道，當人受到威脅或獎賞的驅策時，形成新記憶的能力會得到加強（正如科恩和我在賭博研究中所看到的），而我們也想知道，當人面對某樣不尋常的事物時，大腦中是否會發生類似的效應。所以，葛倫瓦德以及德國波昂大學前途似錦的神經科學家阿克斯馬赫（Nikolai Axmacher）和我一起設計了一個實驗，要弄清定向反應是否可能與學習有關。[21] 科恩也產生興趣而決定加入，因此獲得德國政府一份很有聲望的研究獎金，他立刻打包行李，搬到波昂，開始直接記錄人腦。

　　阿克斯馬赫的臨床工作牽涉到一些癲癇病患，為了找出癲癇來源，他們的腦中被植入電極。當醫生等著記錄他們腦中的癲癇活動時，病患有很多時間，所以願意參與我們的研究。在我們的實驗裡，參與者需要記住一組圖片，內容包含人臉和房子。在某些圖組裡，你會看到一連串的房子圖片，中間穿插一張人臉；有的圖組則是一間房子出現在一連串人臉當中。我們預期這種特例會引發某種定向反應，可以影響人記憶這些圖像的能力。為了分析這些反應是否與記憶有關，一開始我們找來的參與者是癲癇患者，他們跟潘菲爾德的病患一樣，腦中不同地方已經植入電極，好辨認他們的癲癇來自何處；後來我們則從海馬迴活動相對正常的人身上觀察定向反應。

　　在科學領域中，事情通常會在出現意料之外的關聯時變得更加有趣。科恩抵達波昂後不久，碰上一個科學家，正在使用一種非常不同的方式治療嚴重憂鬱的人。背後的理論是，這些人之所以受憂鬱之苦，是因為大腦的酬賞系統發生問題，所以那個科學家的臨床團隊想要植入電極，刺激依核（使用多巴胺來學習酬賞的腦區），來推動酬賞系統的「發動」。在植入電極之後，醫生先依據電極記錄腦部活動（以確認電極放在正確的腦區），再開啟刺激器。眼見有可能直接從大腦的酬賞學習回路記錄電信號，科恩大感興奮，他說服那個臨床團隊邀請這些病患，讓他們在醫生植入電極並記錄大腦活動的過程中，也參與我們的實驗。科恩有種直覺，認為多巴胺或許有助於我們學習出乎意料的事情，而且說不定頗為關鍵，果真如此的話，我們就應該可以在這些病患身上發現定向反應。

　　所以，感謝科恩和阿克斯馬赫，我們招募到兩組病患，一組有電極連接著海馬迴，一組則連接著依核。第一組的紀錄顯示，當螢幕上閃現意料之外的臉或房子後，在不到兩百毫秒的時間內（連眼睛動一下都有點勉強），海馬迴的活動突然出現一個陡升。這個結果吻合我們的想法：海馬迴就像「這是什麼？」的偵測器，會對大腦發出警示，有某種出乎意料的東西出現。我們也發現海馬迴還有第二個活動高峰，發生在意外圖像從螢幕上閃現後稍微超過半秒時，而第二個活動高峰可以預測參與者稍後能否記得這個意外圖像。這些結果顯示，海馬迴會優先形成意外圖像的記憶。

　　當我們研究依核連接電極的參與者呈現怎麼樣的數據時，發現科恩的直覺是對的。依核的活動大約在看到意外圖像的半秒後產生高峰。我們本來就知道依核的活動與腦中多巴胺釋放的提升有關，這會推動我們取得酬賞。但外在的酬賞並無法用來解釋我們的結果。在我們的研究中，看到和記住一連串臉孔中的意外房子，或一連串房子中的意外臉孔，並不會帶來任何獎賞，況且意料之外的圖片和預期之中的圖片沒有價值上的差別。我們的發現顯示，即使沒有外在的酬賞，令人驚訝的事物或非預期事件都足以激發這個系統的活動。

　　觀察海馬迴植入電極的癲癇病患數據，再跟依核植入電極的憂鬱症病患數據互相比對，我們的結果支持美國布倫戴斯大學已故神經科學家利斯曼（John Lisman）提出的理論，他的理論說明了令人吃驚的事件如何啟動一連串神經反應並增進學習。根據他的理論，首先是海馬迴針對出乎意料的事件做出反應，然後促使依核開始活躍，告訴大腦深處的區域釋放多巴胺，多巴胺再打開閘門，讓海馬迴針對出乎意料的資訊形成新的記憶。

　　我們在前面已經看到，不是每個記憶都一樣重要。正如大腦會優先形成高潮和低潮時刻的記憶，大腦也會優先學習出乎意料或新鮮的事物。這相當合理，因為當我們遇到某個完全符合預期的事物時，沒有什麼值得記住的理由，例如廚房檯面上放著攪拌機。但如果你在朋友家的廚房檯面上看到鏈鋸，就很有可能是值得記住的事情了（同時有可能值得擔心）。

　　我們的研究結果也為我的實驗室指出接下來幾年的全新方向。正如我們已經觀察到的，多巴胺促使我們採取行動追求酬賞，以滿足那份驅動力。我開始猜想，如果我們發生預測失誤的狀況（例如碰到預料之外的事件）時，大腦會啟用多巴胺回路，那麼預測失誤是否也可以促使我們採取行動，搜尋資訊？我們很快就會發現，我們正在研究的神經回路基本上跟學習的驅動力有關。

好奇的生物

巴佛洛夫把定向反應描述為一種「反射」，表示這是一種先天的生物反應。[22] 他在 1927 年的演講中如此雄辯：

> 這種反射在生物上的重要性顯而易見。如果動物並未擁有此類反射，牠將時時刻刻遭受生命威脅。在人類身上，這種反射已經大為發展，擁有長足的結果，並以最高的形式呈現，也就是探究之心。探究之心乃科學方法之母，我們希冀有朝一日能藉此真正了解周遭世界。

巴佛洛夫相信，在各種動物身上都可看到的定向反應，是某種更高階功能的根本要素，甚至可能推動了人類最崇高的成就。我們最偉大的藝術、文學和哲學，以及我們持續在尖端科學和已知宇宙邊陲的探索，或許都可以歸結到我們會對意外事物刨根究底的那種內在驅力。巴佛洛夫稱之為探究之心，多數人則直接稱為好奇心。

但好奇心到底是什麼？是什麼讓我們尋找未知事物的解答，擁有一顆受到好奇心驅使的大腦又有什麼意義？心理學家魯文斯坦（George Loewenstein）是行為經濟學領域的先驅，他主張當我們發現自己所知與想要知道的事物有差異時，就會激發好奇心；他把這種不清晰的差異稱為「資訊差距」（information gap）。[23] 魯文斯坦提出，好奇的感覺其實並不好，那是一種不愉快的狀態，猶如飢餓或口渴，會迫使我們採取行動以獲得紓解，感覺就像身上發癢不得不抓。正如貝里奇發現獲得酬賞的動機並不等同我們從酬賞得到的愉悅感（想要和喜歡是兩碼子事），魯文斯坦認為好奇心的動機是對於資訊的尋求，而非問題得到解答的滿足感。

　　我們大腦回路的設計是用來確保能夠獲取維持生存的基本酬賞（如食物、飲水、舒適），這點很容易了解，但為什麼對於尋求資訊也有類似的驅力？神經科學家主張這種驅力能在演化中提供適應能力，因為它幫助我們維持「探索」和「利用」之間的平衡。[24] 試想我們的穴居祖先如果一點兒都沒有打算向遠方探索，會發生什麼事。他們飢餓或口渴時，可能會漫無目標的在所處環境裡四處亂逛，直到尋獲有水和食物的地方。然後他們可能便直接使用這個已知的地點，持續造訪，但等到此處的資源同樣變得不足時，就可能得開始競爭，甚至爭奪此處的所有權。事態的發展有可能愈來愈糟。

　　現在，請想像一群擁有好奇心的穴居人，他們受到探索驅力的推動，從已知的領域往外冒險，搜索森林線以上有些什麼事物，或前去山的另一邊一探究竟。他們或許能找到更棒的覓食新地點，又或許碰上一條毒蛇。但無論發生什麼事，他們都會獲得資訊。那份資訊是有價值的，因為資訊擴充了他們對於周遭世界的認識。

在認知神經科學裡，好奇心的本質曾經是次要題目，但後來卻發展成一個完整的研究領域，集結各種不同的科學家，這些科學家感興趣的研究主題包含人類與非人靈長類的動機、決策，以及記憶。其中最引人入勝的發現之一是，好奇心與外在酬賞之間可能有一種權衡機制。酬賞有時候可能會降低我們的內在動機，讓我們變得沒那麼積極去從事一件任務或追求有趣事物。[25] 另一方面，猴子和人類都願意放棄外在的報酬，以交換能滿足自己好奇心的資訊。舉例來說，神經科學家海登（Ben Hyden）進行過一項實驗，是讓恆河猴透過影片來賭博。[26] 他發現，實驗裡的猴子並不喜歡懸而未決的狀態，牠們為了得知自己是否贏得賭局，寧願拿取較低的獎賞（較少的果汁或水）來交換資訊。

這種在追求實質酬賞和追求知識之間做出權衡的現象，不僅實驗中會出現，真實世界裡也是一樣。我自己就有過這樣的經驗：為了攻讀博士學位而付出情緒、智力與金錢，可說是放棄酬賞來滿足好奇心的終極例子。

雖然好奇心與學習的動機有關，但直到不久前，我們才開始研究好奇心實際上是否能提升學習的成效。我之所以對好奇心和記憶之間的可能關聯有所了解，是因為英國倫敦大學學院的新科博士葛魯伯（Matthias Gruber），他在 2007 年到我的實驗室從事博士後研究。葛魯伯的研究生生活是在英格蘭度過，熟知英國酒吧的益智問答競賽並且相當熱中。酒吧的客人會組成團隊，現場參與猜謎競賽，這種遊戲始於 1980 年代，用來吸引晚上不必上班的顧客光顧。至今，酒吧益智問答已經成為英國文化的一部分，就像炸魚薯條和週日烤牛肉一樣；根據某些估計，全英國約六萬間酒吧中，約有三分之一每週至少會舉行一次益智問答競賽。

　　參與酒吧益智問答的目標是擊敗對手，炫耀你的知識有多麼豐富，但其中很大一部分的樂趣，是益智問答本身具有的誘惑力。有時你聽到一個問題「世界上最大的陸生哺乳類動物是什麼？」馬上知道答案是非洲象，所以志得意滿。有時突然來一個問題「馬麥醬（Marmite，一種以酵母萃取物製作的抹醬）在哪一年發明？」結果你毫無頭緒（答案是 1902 年），也沒有興趣知道，只好不耐煩的等待下一題。但總有的時候，你認為自己應該知道某個問題的答案，實際上卻不知道，例如「第一個衝上美國《告示牌》（Billboard）百大單曲榜榜首的搖滾單曲是哪一支？」這類問題就會讓你覺得好奇。如果你很好奇，這一題的答案是比爾哈利與彗星樂團（Bill Haley & His Comets）的〈圍著時鐘搖吧〉（Rock Around the Clock）。

　　葛魯伯來到我的實驗室的同時，正好有一篇創新的功能性磁振造影研究論文發表，作者是我在加州理工大學的同事，姜敏正（Min Jeong Kang，音譯）。[27] 姜敏正提出，當你被自認為應該知道答案的瑣碎問題給難住時，會經歷一種資訊差距，也就是某種預測錯誤，這將促使大腦的動機回路推動你去尋找答案。她的研究發現，實驗參與者對瑣碎問題產生反應時，腦中有一個接受多巴胺的區域會提高活動，進而引發參與者對這些主題的好奇心。更進一步，對於這些引起好奇心的問題，參與者會把答案記得更牢。姜敏正等人認為，藉由激發大腦的酬賞回路，好奇心可以強化記憶。

葛魯伯對這個想法很感興趣，找我討論實驗要如何設計，才能找出好奇心和記憶之間的連結。一開始我覺得這個主題有點瑣碎，但是葛魯伯很堅持，最終我放下懷疑，鼓勵他順從自己的好奇心。

我們想知道的是，如果多巴胺促進我們尋找酬賞，那麼它是否也會促使我們尋找資訊？而如果多巴胺推動我們學習，那麼或許我們從好奇心得到的推動力，並非來自取得「答案」，倒不如說是來自「問題」本身。為了測試這個想法，葛魯伯設計出一個巧妙的實驗。[28] 葛魯伯蒐集一大堆瑣碎小知識的題目，先給參與者看，並問他們是否知道答案。對於不知道答案的問題，葛魯伯請他們評估自己對答案有多好奇。接下來，請參與者進入磁振造影掃描儀內，給他們看那些回答不出來的問題，延遲十秒鐘後才顯示答案。他們躺在那裡等待答案時，螢幕上會顯示一張臉的圖像。從掃描儀出來後，再拿這些小問題測試他們，記錄他們答錯或不知道的答案。

不出所料，參與者對於自己好奇的問題，記得的答案比較多，而對於沒興趣的問題，記得的答案比較少。但比較令人意外的是，對於他們處在懸而未決狀態時看到的人臉，也是等待好奇問題的答案時記得比較好。哪怕這些臉一來與問題毫無關係，二來一點都不有趣，只要參與者的好奇心被問題激發起來，處於好奇的狀態之中，就能幫助他們記住那些自己並不好奇的人臉。

　　功能性磁振造影的結果有助於解釋當中到底發生什麼事。當我們看到令自己好奇的小知識問題時，腦中多巴胺回路（包括依核）的活動會提升。這些多巴胺回路對問題的反應愈高、活動愈高，可以推測參與者想要找到答案的好奇程度也愈高。正如魯文斯坦的主張，好奇心的重點在於「想要」資訊，而啟動多巴胺回路的似乎是引發參與者好奇的「問題」，反倒在獲得答案時不會啟動多巴胺回路。

　　第二個關鍵結果是，雖然多數人在好奇時顯然學得較好，但有些人並非如此。那些確實從好奇心得到學習效益的人，海馬迴和多巴胺回路之間的溝通也有所增加。我們的發現顯示，只要問題激發好奇心的程度足以給予海馬迴一劑多巴胺，人也能吸收本身並沒有特別動機去學習的資訊。

　　與其為了得到外在酬賞而學習，不如為了滿足好奇心而追求資訊，畢竟用好奇心驅動有時能得到更多記憶上的效益。從我們發表自己第一項好奇心研究的那些年以來，已經有幾個實驗室進行過類似的實驗，顯示好奇心有助於記憶事物，不論無趣或有趣，而且從八歲到八十八歲都是如此。至於外在酬賞，似乎只能協助記憶我們並不好奇的資訊。

　　新鮮事物、意料之外的事物和好奇心對記憶都有效應，把這些研究結果集結起來，我們得到一個重要的啟示：大腦的酬賞回路並不是針對酬賞本身，而是鼓動我們去學習和追求我們認為具有價值的事物。那可能是食物或飲水，但是當基本需求得到滿足後，我們最明顯需要追求的東西是什麼？是資訊。

讓好奇心大於焦慮

　　到目前為止，我們已經探討了記憶和探索間的循環關係。我們用記憶來做出預測；預測錯誤促使我們尋求新資訊，而記憶會優先處理新資訊。但這裡有個問題：事情不見得都如此運作。在葛魯伯的小知識問題研究中，我們看到好奇心加強學習的效果在程度上有很大的變異範圍。現在我們正嘗試弄清楚，為什麼好奇心對學習和記憶的影響在不同人之間會有差異，而這些差異又是怎麼發生。有些差異或許是基於人格特質。

　　我們的發現顯示，從好奇心得到較大學習效益的人，在「經驗開放性」（openness to experience）這種人格特質的評分也較高。[29]這符合其他研究的結果，比起單純喜愛追求學問的程度多寡，經驗開放性的評分高低更能預測學習成效。而經驗開放性評分高的人，通常更容易接受慣例之外的想法，能夠認可信念和文化習俗的多樣性，願意探索新的地方和議題，並享受沒有特定目標或成果的學習。儘管人格特質對好奇心的貢獻還需要更多研究，但要說上述所有表現都反映著人類尋求資訊的基本驅力，並不為過。

　　話雖如此，我並不相信單憑人格特質本身便可以決定好奇心。當某樣事物超乎預期時，的確有可能促使我們去探索，但如果那份不確定性讓人對世界產生不舒服的感覺時，那種陌生感也可能令人害怕。我小時候對旅行感到焦慮，無論是待在旅館、親戚家，甚至在朋友家過夜，都會讓我覺得有壓力。我並不是害怕某種特定的事物，我的恐懼來自「未知」──在不熟悉的床上睡著，在陌生的房子裡醒來。

　　長大後，我已經學會享受旅行帶來的振奮能量。儘管我還是無法在橫越大西洋的飛機上睡覺，況且時差導致的頭腦不清，也讓我在與卓越的同行討論科學時感到力不從心，但是身處新的地方、看到新的事物、遇見新的人所帶來的刺激，卻是我的渴望。我的瞳孔擴張、心率提升、目光在陌生景物間四處掃動，感覺就像是定向反應的升級版。但只要我遇到錯誤的情境，興奮仍容易轉變為焦慮。我在旅館的床上仍難以入眠，有部分原因在於置身新地點所帶來的緊張能量。

　　我懷疑某種程度上，我們對於不知道或不了解的事物都有著一言難盡的感受。根據一項調查，每六個美國人就有一人從未離開過自己生長的州。[30] 一旦涉足不熟悉的領域，我們便離開了舒適圈。有些人只要稍微偏離日常規律就覺得難以應付，只要有外人出現就感到不安。不管有意識或無意識，不論面對未知時產生的反應是好奇或焦慮，在本質上都影響著我們所做的決定。

　　焦慮與好奇看似對立，但是海馬迴似乎在兩種反應中都扮演了某種角色。[31] 海馬迴與焦慮有關的證據大多來自海馬迴前部受損的大鼠，受損位置就位在杏仁核的後方。奇怪的是，這些大鼠表現得比健康大鼠更無所畏懼，牠們更勇於嘗試新的食物、跟陌生的大鼠相處，或是探索新的地方。海馬迴的功能不完整似乎讓動物更可能朝未知冒險。

　　海馬迴似乎是產生定向反應的重要腦區，能夠促使我們探索和學習，但為什麼它的損傷也能讓動物更願意探索和學習？解決這個謎團的線索，在於海馬迴讓我們可以基於過去的經驗來預期未來的結果。當我們處於新的地方、遇到新的人，或碰上出乎意料的事情時，也意味著「我們認為會發生的事情」和「實際上面對的事情」之間有所衝突。就像蜘蛛人彼得帕克的蜘蛛感應，光是察覺到預測錯誤，已經足以警示我們事情不大對勁，但還不足以告訴我們發生了什麼事，或者應該採取什麼行動。也許這份資訊差距啟動了前額葉的回路，讓我們能夠運用知識和目標來決定下一步。根據北卡羅來納大學格林斯伯勒分校心理學家西維亞（Paul Silvia）的研究，如果當事人覺得自己有能力把這個差距填補起來，那麼資訊差距可以激發好奇心、鼓勵我們向外探索。[32]如果不行的話，這份資訊差距可能顯得更像是個深淵，因為我們就是不知道如何把差距填補起來。事情也可能顯得很可怕，指出目前的情況不明且具有潛在威脅性。

　　這把我們帶回一個反覆出現的記憶相關話題：人腦在漫長演化中形成的複雜機制可能有好處也有壞處，端看我們如何使用。記憶幫助我們從熟悉的模式中注意到干擾，有可能是當你走過一個不熟悉的街區時聽到一聲巨響而嚇了一跳，或是學童嘗試解答困難的數學習題時體驗到的感覺，或是你的伴侶行為詭異、可能在隱瞞什麼時那種令人不舒服又揮之不去的感覺。在這些時候，我們都可以有所選擇。我們可以為了自我保護而變得退縮，可以告訴自己事情一切正常而逃避面對，或者也可以動員我們的動力回路，促使自己向外探索、抱持好奇心勇往向前，正面迎向奇異的新事物。

第三部

記憶的運用

8

按下播放與錄影鍵

回想如何改變我們的記憶？

那不是你的記憶。那是別人的記憶。

——《銀翼殺手》

　　科幻小說有一個常見的設定，就是讓主角進行時間旅行回到過去，不小心或故意改變了過去，接著通常會帶來災難性的後果。這種物理上的時間旅行有可能導致迴圈，不停的改變現在和未來，而當我們回想過去的事件、進行心智上的時間旅行時，類似的原則其實也會發生。如果你回想過去，並引入一點新事物到記憶裡，就有可能使過去發生改變——至少有可能改變你關於過去的記憶，而這對你的腦來說，多少等同於你進行一趟時間旅行並改變了過去。

　　慕斯特伯格（Hugo Münsterberg）是哈佛大學心理學實驗室的主持人，言行坦率，主要研究刑事訴訟之中有關記憶的證詞有多麼不可靠。他在 1906 年收到一封由克里斯蒂森醫生（Dr. J. Sanderson Christison）寫的信，內容提到一位叫做伊文斯（Richard Ivens）的年輕人，親口承認犯下一件殘忍的謀殺案。[1] 受害者霍利斯特（Elizabeth Hollister）被人以銅線絞殺，幾個小時後遺體被棄置在芝加哥近郊距住處四個街區的垃圾堆裡，隨身的珠寶和錢包不翼而飛，顯示犯案動機有可能是搶劫。

　　伊文斯是霍利斯特屍體的發現者，他當時正在不遠處的農舍照顧父親的馬匹。雖然他並無前科，也沒有暴力行為的紀錄，更沒有證據顯示他與這起謀殺案有關，但他在警方調查時卻成為頭號嫌犯。伊文斯一開始完全否認涉案，可是在無情的詢問中，警察強迫他回想自己犯下的罪行，而且過程中至少有一名警察曾亮出槍來，如此經過好幾個小時後，他終於崩潰供認罪行。他供認了兩次。第一次的內容很短，有許多空缺之處。第二次供認緊接在第一次之後，是用書面陳述犯罪過程，儘管他的回想仍有些許前後不一之處，但內容詳盡許多。然後伊文斯接受州助理檢察官訊問，他的回答大致上確認了書面供詞的內容。

全國各地的報紙紛紛報導這個事件，在頭版宣告伊文斯有罪，然而這個案件卻有許多漏洞。例如案件審理過程中，有一些目擊者，包括伊文斯的雙親、朋友和其他家人都提出可靠的不在場證明，顯示伊文斯不可能是兇手。甚至州檢察官也寫到，根據伊文斯自己提供的事情發生時序，他根本不可能犯下罪行。尤有甚者，在遭到訊問時，伊文斯最早對犯案當時自己行動的說法，不符合案件本身的幾個重要細節（後來才根據訊問者告訴伊文斯的資訊而修改）。

在預定審判的六天前，伊文斯堅稱他是無辜的，並說自己完全不記得曾經承認犯案：

> 從我被逮捕那時起，我一點都不覺得自己還是自己……我猜既然他們說我有說過那些話，那應該是有吧。但是我完全不記得自己說過那些話，而且我是無辜的……我知道我被帶去警官面前時，他對我說的第一句話是「是你做的」。我沒有做，而且我知道我沒有做；但是我不知道自己那時在警察局裡說了或做了什麼。[2]

　　慕斯特伯格當時已經在進行人類記憶不精確程度的創新研究，他因為克里斯蒂森醫生而被捲進這個案子裡，無意間進入大眾眼簾。慕斯特伯格檢視這個案件的證據後做出結論，伊文斯確實是無辜的，他回信給克里斯蒂森醫生，表示伊文斯的供詞「完全符合被暗示後無意識編出來的敘述……這是神經質患者從心靈的廣大邊疆發展出錯覺記憶的典型案例」。慕斯特伯格的回信被洩漏給媒體，引爆聳動的新聞標題（〈哈佛對法庭的蔑視〉、〈科學的瘋狂〉），並為關於記憶可塑性的激烈爭論揭開了序幕，之後仍在二十世紀延續多年。

　　儘管伊文斯撤回供詞，加上慕斯特伯格和一些著名心理學家深入論證他是無辜，陪審團仍只花費三十分鐘就判定他犯下一級謀殺罪。一個月後伊文斯以絞刑處死，距離他發現霍利斯特的屍體還不滿五個月。

　　為什麼一個無辜的人會承認自己並沒有犯下的罪行呢？原因或許很難理解，但遺憾的是，伊文斯的情況並非特例。司法年鑑裡有許多人講出說服力十足的回憶，表示自己涉入殘忍的犯罪行為，但實際上並沒有犯下那些罪行。這讓人不得不問：一個人如果沒有犯下罪行，又如何「記得」自己做了那些事？

　　請把這想成是心智時間旅行令人不舒服的副作用。

　　我們的記憶並非刻畫在石頭上。記憶總是不斷改變，因為記憶必須一直更新，才能反映我們學習和體驗到的新事物。儘管乍聽之下違反直覺，但記憶更新的催化劑正是「回想」這個動作本身。當我們回想過去時，並不是被動的重播過去發生的事，而更像是同時按下「播放」與「錄影」兩個按鍵。[3] 每一次我們在腦海中重溫過去時，都會帶著現在的資訊一同拜訪，使得我們的記憶內容出現微妙的改變，有時甚至會被徹底改造，就像伊文斯的案例。於是每當我們回想一個經驗，我們想起來的內容都會充滿「上一次」回想時帶入的殘留物。如此不斷下去，每一步都像是鎖鏈上的一個環節，當環節一個接著一個逐漸變多，內容也持續修改和更新，所以隨著時間過去，我們的記憶便有可能偏離最初的事件，飄移得愈來愈遠。

影本的影本的影本……

　　我們在第 4 章說到，加州大學爾灣分校的心理學家羅芙托斯研究過目擊者證詞。她在十四歲時，母親溺死於游泳池中。數十年後，在舅舅九十大壽的家庭聚會上，有一個親戚提起羅芙托斯的母親之死，並堅稱自己是發現屍體的人。這讓羅芙托斯大吃一驚，因為她記得發現母親漂浮在游泳池裡的人是她的阿姨。然而這個親戚很肯定發現者是自己。接下來幾天，羅芙托斯在腦中反覆重訪事情發生的那天，而她的記憶邊緣開始有鬼魅般的模糊影像徘徊：她的母親臉朝下浮在水中……消防隊員來到現場，將氧氣罩蓋上母親的臉。與那名親戚所說的話相符的記憶開始浮現，羅芙托斯開始覺得，或許那個親戚真的是第一個發現她母親的人。[4]

　　一週後，那名親戚打電話致歉。另一名親戚確認發現屍體的人確實是羅芙托斯的阿姨。她大為震驚。並不是因為她的大腦編造出自己不曾看過的鮮明細節，而是因為在所有人之中，她應該是最清楚這類事情的人。畢竟直到此時，她都可說是記憶領域中最知名、也最具爭議性的研究者。所以，她生命中最痛苦時刻的記憶，怎麼會這麼容易就遭到更改？

羅芙托斯在自己的創新研究中發現答案，原來是因為我們在回想的當下特別容易受到錯誤資訊（misinformation）的影響。羅芙托斯在一個經典實驗中，請參與者觀看一系列圖片，顯示一輛車停在一個寫著「停」標誌的十字路口。這系列圖片展示結束後，參與者要回答一份問卷，有些人被問到「在這輛紅色達特桑（Datsun）停在『讓』標誌之前時，有沒有另一輛車子超過它？」這是個讓人容易上當的問題，因為圖片中的標誌是「停」而不是「讓」。然而這一點點的錯誤資訊就這樣進入參與者對此事件的記憶中。一週後，那些參與者大部分都記得曾經看過「讓」的標誌。

羅芙托斯關於自己母親亡故情況的記憶之所以遭到破壞，這種類型的記憶扭曲（memory distortion）扮演了重要的角色。羅芙托斯從那名親戚接收到錯誤資訊，導致她反覆回憶那次的創傷情景。在想像到底可能發生什麼事時，記憶變得愈加偏離原本的事件，導致她差點相信想像出來的事件。

即使沒有接觸到錯誤資訊，只要反覆回想某個特定記憶，也可能導致記憶以較為不明顯的方式遭到更新。巴特利把回想形容為「想像之下的重建再現」，他做的幾個研究證實，我們的記憶會如何因回想而改變。巴特利在「回想的實驗」中，請劍橋學生研讀一系列新發明的象形符號，或閱讀一則短篇故事（正如他在「鬼魂之戰」的研究）。然後，接下來他多次要求學生複述學到的東西。巴特利發現，這些參與者一開始可以想起許多學到的東西，但隨著時間過去，重述的內容與原始材料漸行漸遠。隨著每次的回想，獨特的細節消失無蹤，敘事變得愈來愈不精確。

在我思索日常生活的記憶是如何更新時，腦中浮現自己的大學生活。我加入一個龐克搖滾樂團，到柏克萊各處的酒吧演出，為了宣傳，我們會製作傳單，在柏克萊四處張貼。我們希望傳單引人注意，所以會用一臺老打字機打出演出資訊，然後用影印機的放大功能把那些字放到最大，然後再把影印結果放大影印，再拿放大後的結果繼續放大，如此持續下去，直到原先打出來的字變得非常巨大。每一回的影印都讓文字變大，但同時也愈來愈失真——字體上的些許缺陷、影印機玻璃板上的細小塵埃、機器印出來的墨痕，都變得更大、更明顯。成果看起來很酷，簡直像是從古董印刷機印出來的文物。我們打出來的字句基本資訊維持不變，但是看起來和感覺起來都變了樣。

當我們一次次重訪同一個記憶時，隨著每次重複，都可能帶入微小的改變。保存記憶的神經連結受到改變，這些改變可以放大經驗中的某些面向，同時也會失去某些細節，導致記憶無法保持清晰，有點像是影印一份影本的影本。就像我大學樂團傳單的模糊字母，遙遠過去的事件在每次我們回想時都可能看似更加遙遠而模糊，有著更為明顯的雜訊，使得記憶遭受到的破壞又增加一點。

　　為什麼回想會導致記憶扭曲，或使得記憶的細節變少呢？為了搞懂這道問題，我實驗室中的幾個科學家運用一套海馬迴電腦模型進行研究。發展這套模型的人是世界上最知名的計算神經科學家歐萊利（Randy O'Reilly），他是我的老朋友。我們在 2019 年邀請歐萊利加入加州大學戴維斯分校神經科學中心，長久下來，他已經變成我去玩立式划槳、快艇衝浪、偶爾加上滑板時必找的夥伴（雖然他曾在玩單輪電動滑板時發生意外導致手腕骨折，所以動作比較謹慎）。歐萊利閱讀一篇又一篇文獻，了解海馬迴中有哪些特定類型的神經元、這些神經元如何連結，以及這些連結如何隨著學習而改變的生理學之後，打造出一個具有精密細節的海馬迴電腦模型，於是我們可以模擬人類學習新訊息，以及後來回想那份訊息時發生的事情。我們用歐萊利的模型做為沙盤，嘗試探索記憶如何形成、重新取回及更新，並加以了解。這套模型成為非常有用的資源，我們因此得到有關人類記憶本質的全新洞見，其中有些洞見甚至違反直覺。

　　我們的模擬顯示，當人一次又一次重訪記憶時，這些記憶有多麼容易改變。正如人在努力學習新東西時，腦中的細胞群組總是不斷重組，我們的模型顯示，人在回想過去的某件事時，海馬迴也發生重組。假設你看到某樣東西，讓你想起自己的第一次約會。你第一次想起這個記憶時，海馬迴可能會抓出相關情境的資訊，把你帶回那個夏日夜晚，重溫自己最終如何結結巴巴的與對方道再見。每次想起那件事時，你的海馬迴都得面對一個問題：

在回想的當下，你的人並不在同樣的地方，心理狀態也和第一次約會時不同。

在電腦模擬中，我們發現海馬迴會很有效率的捕捉過去與現在的差異，並據此更新記憶。每次你回想第一次約會，海馬迴中的細胞群組就會重新組織，把你回想時發生的事情也包含進來。如果在回想時，你想像自己當下並沒有那麼笨拙，那麼這份想像資訊的一小部分便有可能併入記憶之中。每次你回想那件事，記憶就再更新一點點，隨著更新的資訊累積得愈來愈多，於是你就等於回到過去，把你笨拙的青少年自我轉變成一個舌粲蓮花的萬人迷。

這個模擬提供一盞明燈，讓我們探究記憶如何逐漸隨著每次的重述而改變。但如果某個記憶完全是虛假的呢？當一個人擁有經歷某件事的記憶，然而那記憶卻與真實經驗毫無關聯時，又是怎麼回事？

三個實話，一個謊言

1980 年時，米歇爾（Michelle Smith）和她的治療師（後來成為她丈夫）普茲德（Lawrence Pazder）醫生出版一本書《米歇爾的記憶》（*Michelle Remembers*），引起後來十年間被人稱為「撒旦恐慌」（satanic panic）的現象。米歇爾自述，在普茲德數百小時的催眠治療之下，她如何找回幾十年前被壓抑的童年記憶：她遭到撒旦邪教的俘虜，承受了恐怖創傷。儘管米歇爾「找回」幾件血腥兇殺和活人獻祭的記憶，包括親眼目睹死產嬰兒遭到肢解、被餵食受害者的骨灰，然而這些事情沒有一件得到她姊妹的證實，而警方深入調查後，也找不到證據支持她在書中描述的任何犯罪。

雖然如此，《米歇爾的記憶》仍激發了一整個世代的治療師，他們採用普茲德的方法，使得至少好幾百人因此被引導出極端殘酷「撒旦儀式虐待」的鮮活記憶，但在治療開始之前他們是沒有這些記憶的。接下來十年，全美各地的執法機關針對受到懷疑的撒旦邪教展開刑事偵查，由普茲德擔任檢方顧問。[5]

這些案件在 1980 年代受到媒體注意。到了 1990 年代，聚光燈開始落到羅芙托斯等記憶研究者身上，他們的研究被拿出來做為科學論證，反駁普茲德等人推廣的「記憶恢復療法」（recovered memory therapy）。在那之前，大眾對於錯誤資訊和記憶更新的研究大多一無所知。但這個基於「恢復的記憶」導致的大舉刑事偵查引燃了公開辯論，辯論雙方是研究記憶不可靠程度的實驗心理學家，以及專門治療創傷倖存者的心理健康治療師。這些爭辯被作家兼文學評論家克魯斯（Frederick Crews）稱為「記憶戰爭」。[6]

羅芙托斯之前已經證實，在回憶當下植入錯誤資訊可以使記憶變質，而現在她想看看實驗可以做到什麼程度。至少以部分案例來說，或許記憶恢復療法其實能導致人們對於從未發生過的事件發展出記憶。羅芙托斯想知道，這個現象是否可以在實驗室裡製造出來。有沒有可能植入「新的」記憶，讓一個人從無到有產生錯誤記憶？

在一次聚會中，她把自己關於記憶移植的想法告訴一個朋友，腦裡忽然浮現靈感。她請朋友配合演出，問自己的女兒珍妮說：「還記得那次你走丟的事情嗎？」羅芙托斯詢問珍妮，進一步探問她當時有沒有感到害怕。在她們的對話中，隨著年輕的珍妮開始回想她從未經歷過的事件片段，羅芙托斯親眼看見植入記憶是有可能辦到的，於是開始計畫，並思考如何調製出巧妙的配方，實現她的點子。

　　羅芙托斯根據先前的研究挑出相關因素，包括反覆嘗試回想過去事件、想像，以及時間。但是她對珍妮做的實驗給了她最後一個也可能是最關鍵的變因：信任對象給予的錯誤資訊。[7]

　　羅芙托斯和研究助理皮克雷爾（Jacqueline Pickrell）一起設計出一個實驗，[8]參與者要閱讀關於自己童年一些事件的敘述，這些敘述由他們信任的親人如兄弟姊妹或父母編纂，其中三個事件確實發生過，但有一個在購物中心走失的事件則是編造的。對參與者來說，這些故事來自他們信任的親人，沒有理由懷疑其中一個事件是假的。接下來有兩次面談，中間相隔一至兩週，參與者需要寫下關於這四個事件他們能想得起來的任何事物。起初，他們幾乎想不起任何在購物中心走失的事，但到了第一次面談時，「記憶」開始浮現，到了第二次時甚至添加上更多細節。實驗結束時，羅芙托斯和皮克雷爾告訴參與者，其中一個事件是捏造的，接著問及參與者哪一件事是假的時，多數參與者都指出是購物中心走失。但仍有一些不算少的少數人（二十四人中有五人）認為，那個為了實驗而編造的事件實際上曾經發生過。

　　羅芙托斯和皮克雷爾的實驗或許有些造作不自然，卻很忠實的反映真實生活中的情況，有助於解釋為何有那麼多人在撒旦恐慌的時代產生鮮明卻完全錯誤的記憶（連羅芙托斯自己也發生過關於母親遺體被發現時的錯誤記憶）。重複回想，再加上可信賴的人提供了錯誤資訊，形成強有力的組合，可使人建構出並非來自經驗、而是來自「嘗試想起」的記憶。

這個最早的「購物中心走失記」實驗由於若干理由而遭到批判，不過從那之後，已經有大量控制良好的研究，證實羅芙托斯最初的結論。有一項研究整理了好幾個採用羅芙托斯記憶植入配方的研究，分析結果後顯示，平均三人裡就有一人可能相信自己經歷過從未發生的事件，[9]包括小時候在婚禮發生意外，或被兇猛動物攻擊，或幾乎溺水而被救生員救起，甚至在兒時目睹惡靈附身。[10]

羅芙托斯自己也承認，植入的記憶（如在購物中心走失）並不完全是憑空捏造，這些記憶很有可能是想像力的產物，混合了來自基模的資訊及真實經驗的細節。在反覆試圖回想那些參與者認為應該發生過的事情後，他們開始招喚出羅芙托斯和皮克雷爾所稱的「微量經驗事件」（grains of experienced event），同時還添加適量的想像。最終，記憶從反覆回想的嘗試中更新，導致少量的事實與想像結合，成為具有說服力的記憶，進而難以和實際發生事件的記憶區分。

記憶移植並不適用每一個人，但某些要素可以讓它更容易發生。其中一個因素是年齡；平均而言，幼童和老人比較容易接受記憶移植。容易解離（也就是與外在世界分離）的人也比較能被植入記憶。透過催眠這類技巧引導心中的意象（例如鼓勵想像一個假設情境），或是飲酒與用藥，同樣能大幅增加成功植入記憶的可能性。[11]

　　諷刺的是，羅芙托斯的記憶植入配方，基本上與某些形式的記憶恢復治療法一模一樣，而那些療法的目標是幫助病患「找回」創傷事件的記憶。記憶恢復療法包含可信賴的人（也就是治療師）反覆給予暗示、具體想像創傷事件可能會如何發生，偶爾採用催眠或藥物。此外，記憶恢復療法常常施用於容易解離的人。這類療法的擁護者聲稱：首先，病患描述的那類創傷記憶跟記憶研究中植入記憶的虛構事件並不相同；其次，記憶恢復療法的治療師與病患在長時間相處中形成緊密關係，並擁有找出創傷事件記憶的共同目標，但實驗室研究不一樣，是由一個實際上等於陌生人的研究人員來主導，而且只包含少數幾次實驗。記憶恢復療法就像羅芙托斯記憶植入配方的高級強化版。

　　幸運的是，如果實驗人員告訴參與者取得的資訊有可能不正確，或鼓勵參與者評估自己產生的記憶、對記憶的精確程度抱持懷疑態度，就可以逆轉記憶植入的效果。[12]而這些實驗室研究的發現也與真實生活的案例相符合。舉例來說，有一個人在記憶恢復療法中「恢復」撒旦儀式的受害記憶，在更換新的治療師之後，相信自己無意間把過去的經驗重新包裝，將從未發生過的事情變成記憶。接下來幾個月，她從若干不同來源追溯到自己的撒旦儀式傷害記憶，包括十幾歲時看過的一部電影，自己寫過的一則短篇小說，還有 1973 年的一本暢銷書《變身女郎：西碧兒和她的十六個人格》（*Sybil*），主角是有著人格解離障礙（dissociative identity disorder）的病患。[13]

　　人可以區分真實和植入的記憶，顯示我們即使在更新記憶時，也有能力監測自己喚回的記憶，避免混淆虛構與事實。

錯誤的自白與錯認的目擊者

　　慕斯特伯格為伊文斯辯護的信雖然遭到媒體攻擊，導致大眾拒絕接受他在信中提到的記憶科學研究，然而慕斯特伯格是個熱情的倡議者，主張使用心理學研究與記憶科學來改善刑事司法系統。他的研究引出一個重要問題，那就是只依靠目擊者的記憶，以及嫌疑人在脅迫之下做出的自白來定罪，究竟是否有效。而關於錯誤資訊和記憶移植的研究不只證實了慕斯特伯格的憂慮，還有更深遠的意義。

　　例如，有一個研究調查羅芙托斯的記憶植入配方（包括反覆促使人回想一個事件、錯誤訊息，以及權威人士提出具有暗示意味的問題），探討這些配方是否真的能誘導不夠細心的參與者，發展出自己曾犯下罪行的錯誤記憶。研究人員模仿「購物中心走失記」的記憶移植研究，讓參與者的父母提供一些真實事件的資訊，然後實驗人員再添加一個虛構的事件：參與者犯下某樁案件並導致警察介入。在接下來多日之中，參與者需要反覆回憶那個事件（如果他們想不起來，也會要求他們想像那個事件可能是怎麼發生的）。在實驗結束時，超過 25% 的人對於犯罪事件產生豐富的個人記憶，另有 40% 的人相信自己曾犯下罪行。[14]

　　真實世界的詢問過程也可能引發同樣的效果。例如刑警普遍使用的訓練手冊在 2001 年收錄的「萊德偵訊技術」（Reid technique），這種審訊方法所列出的一連串策略，完全可以預期嫌疑人的記憶會被汙染。[15] 如同伊文斯的案子，嫌疑人首先被告知他犯下某樁罪行，光是這樣做就可能讓嫌疑人對自己記憶的正確性產生懷疑。然後詢問方反覆呈現多項挑選過的相關事實，並要求嫌疑人想像案件如何發生。有時候詢問方故意呈現虛假的犯罪資訊，這可能導致嫌疑人更加懷疑自己對於事件的相關記憶。手冊也指示詢問方要對嫌疑人表現同情，以獲得嫌疑人的信任。

　　連續好幾小時在極端壓力下反覆回想某個事件，加上貌似可信賴的權威人物提供的錯誤資訊、有人告知罪案的關鍵細節，以及被要求想像罪案如何進行，就可能導致伊文斯這類脆弱人士回想出一件根本未曾犯下的罪行。

　　目擊者的記憶也可能遭到執法程序的腐蝕。當目擊者試圖回想一個關鍵事件時，如果接收到引導性的資訊（有時這不是故意的），也容易受到記憶更新的影響。例如湯普森（Jennifer Thompson）在 1984 年遭到性侵的案件。[16] 湯普森跟警方一起確認犯罪者時，警方要求她幫忙繪製罪犯素描，她先看了好幾頁的臉部特徵，包括鼻子、眼睛、眉毛、嘴唇、耳朵等等。接下來是排成一列的多張照片。湯普森仔細看過照片後，儘管並不是很確定，仍指認一個名叫卡頓（Ron Cotton）的年輕黑人男性為嫌疑人。在湯普森指向卡頓後，警探告訴湯普森：「我們認為可能就是他。」

　　然後警方要求湯普森從一排站著的人之中指出嫌犯。跟疑似侵犯自己的人共處一室，讓湯普森覺得十分焦慮難耐。其中有兩人讓她難以確定哪一個才是犯人，但最終她選擇了卡頓。湯普森走出房間時，仍感到十分不安，此時一名警察告訴她：「那是同一個人……就是你從照片中選的那一個。」湯普森更有自信，覺得自己的指認沒有問題。1985 年，卡頓被宣判有罪。在監獄服刑十年後，DNA 試驗找出真正的犯人，證實卡頓無罪。至於湯普森，則是在最初經歷過一次創傷後，於指認程序再度受到創傷，而那次的指認程序則為記憶更新創造出理想的條件，造成另一場悲劇。

　　有一連串事件影響了湯普森的記憶，第一件是她試圖回想犯人臉孔之後所看到的罪犯素描成品。然後是觀看照片時，她嘗試回想侵犯者的臉，並從警察那裡接收到肯定的回饋——實際上是具有說服力的錯誤資訊。讓事情變得更加複雜的是，卡頓是唯一一個出現在照片中、也站在房間中的人，因此照片有可能將湯普森的記憶加以更新，導致她受到影響，錯誤指認了卡頓。而當湯普森表示她仍不確定時，警察踏出最後一步，提供更多的錯誤資訊，肯定她確實做出正確的選擇。

　　湯普森和卡頓的案例只是冰山一角，因為記憶失真而引發不幸後果的例子還有許多。只要對目擊者反覆提出具有引導性的問題、或在極端壓力下詢問嫌疑人或目擊者，都有可能導致記憶失真。執法機關正逐漸意識到這個問題所涉及的層面有多廣，許多機關已經基於記憶更新的科學研究進行改革，以避免發生這類不公正的事件。

記憶雖可塑，但並非一灘爛泥

　　幾年前，有一位聯邦檢察官來找我，她當時正在起訴一名房東，房東被控性侵多名女性房客。她解釋，那些受害人多年後才發現彼此的存在，現在決定一起站出來。她擔心的是被告方會利用羅芙托斯的研究，主張受害者的記憶經過這麼多年後不再足以採信。

　　實驗心理學家和心理健康治療師開啟的「記憶戰爭」，不幸的讓創傷倖存者承受了附加損害。媒體上談論記憶可塑性的文章往往從記憶更新的研究做出過度推斷，認為我們永遠不能相信任何人對陳舊事件的回憶。[17] 這種論調一直被用來攻擊那些在 #MeToo 運動中挺身而出的人。這種論斷很危險，不僅在創傷倖存者心中埋下自我懷疑與困惑的種子，實際上也不符合科學。

　　如果我們仔細查看關於錯誤資訊效應的文獻，會看到記憶雖然具有可塑性，但並非一灘爛泥。研究記憶精確度及法律上衍生後果的科學家（包括羅芙托斯）都清楚知道，實驗室裡的錯誤記憶效果有何限制。正如我在前面提過的，至少有一個關於記憶移植的實驗室研究分析顯示，多數人對於未曾發生過的事件並不會產生豐富的錯誤記憶。而即使錯誤資訊可以破壞記憶，但在某些條件下，錯誤資訊卻有助於把記憶變得更為精確。[18] 例如，只要一個人對原來的事件記得夠清楚，因此能揪出錯誤資訊，則最初的記憶可以變得更為鞏固。我們在下一章會看到，我們可以加強鞏固剛剛回想出來的記憶，而且這是人類學習的一項根本特色。

　　我們同樣需要了解的是，記憶更新實驗需要依靠特定的配方、錯誤訊息需要由可信賴的人植入，而許多創傷倖存者的經驗並不符合這些性質。大多數在童年受到性侵害的倖存者不需要「重新」想起創傷記憶，反而這些記憶對他們來說往往過於固執與糾纏。在侵犯發生後幾年甚至幾十年，倖存者可以非常精確的回想他們創傷經驗歲月的相關面向，這個現象與壓抑記憶理論的概念相反，顯示嚴重創傷有時可能跟更為精確的記憶有關。[19]就像我在榮民醫院工作時接觸過的許多退伍軍人，他們苦於創傷後壓力症候群（因為記得太清楚而受到折磨），創傷倖存者很少突然想起已經忘記的創傷，而更常深陷在夢魘裡，反覆經歷那些過去。

　　儘管科學家並未發現任何證據支持壓抑記憶理論的概念，但一個人相信自己想起某個之前完全不記得的事件，看似發生「記憶恢復」的理由有很多，可能單純是因為他原本就沒有真正忘記過那件事。在許多案例中，創傷倖存者一直到生命較後期的階段，都沒有向他人揭露過自己的創傷經驗，旁觀者便可能認為這是「記憶恢復」，並做出這類記憶不可靠的錯誤結論。事實上記憶一直在那裡，只是倖存者之前並未準備好讓他人知道那段經驗。在其他的情況中，倖存者可能很長一段時間沒有去想那個創傷事件，最後忘記自己過去曾經記得那事件；[20]一旦後來處於特殊的情境中，例如再次來到創傷發生的地點時，當事人便可能會想起原本忘記的事件。

記憶更新的最有趣面向或許在於，忘記（或說精確記憶）的程度可由我們自己控制。[21] 要說我們會自動壓抑創傷事件，並沒有科學基礎，不過有一些證據顯示我們可以壓抑記憶，方式與我們在超市排隊等待結帳時，克制自己伸手去拿架上糖果的衝動不無相似。研究者已經在實驗室中模擬這種現象，方法是讓參與者記憶字彙，然後當他們得到這個字彙的相關暗示時，告知他們要壓抑記憶，不要去想這個字彙。令人驚訝的是，這個指示雖然簡單，卻能奏效。主動不去回想某件事，可以讓那個記憶在之後較難取回——哪怕後來提供獎金給參與者，要他們想起那些被壓抑的字彙。

有些記憶研究找大學生學習字彙或影像，在這些研究中，壓抑記憶的效應並不大，但對於真實世界中的某些人，壓抑記憶的效應卻可能以更有意義的方式表現出來。回想創傷經驗是十分痛苦的過程，不難了解有許多倖存者會主動嘗試不去想起那些記憶。隨著時間經過，一次次的壓抑有可能讓這些記憶變得較為模糊且較不易想起。

種種研究都已經釐清我們在哪些情況下可以信任自己的記憶，以及在哪些情況下應該更留意記憶或許遭到更新。這些研究也已經幫助我們跨越記憶戰爭，對記憶有了更細緻的看法。大多數臨床心理學家目前接受，反覆暗示可能導致記憶更新與扭曲。反過來說，大多數實驗心理學家（包括我自己）會同意人可以精確的回想創傷事件的許多面向，而記憶更新很少使人對極端情況或創傷事件形成全新的記憶。我們全都可以利用這份新的理解，避免記憶更新的負面結果，再善用其力量來提升我們的生活。

記憶更新的正面效應

　　我們的大腦並非靠不住。大腦絕妙的適應了我們演化的世界，在這個充滿變動且難以預測的世界裡，大腦能運用過去。雖然記得從未發生的事顯然不算是一種適應，但是擁有可改變的記憶卻是相當重要的優點。我們周遭的世界總是不斷改變，為了反映這些改變，更新記憶便顯得十分重要。當你一向喜愛的餐廳更換老闆，忽然讓你食物中毒時，就需要調整你的用餐偏好。如果你發現原先以為值得信任的人說謊，下次多少都會懷疑那個人所說的事情。缺乏記憶更新，我們就少了彈性，無法根據新資訊來調整自己的行為。

　　很多神經科學家相信，記憶更新的功能是由我們的基因主導。正如我在第 5 章所說，當我們擁有一個新經驗時，神經元之間的連結受到修改，讓我們之後可以取回這個新記憶。神經調節物質透過開啟神經元裡面的基因，指示細胞製造蛋白質，幫助提升和加強在學習過程中鍛造出來的連結，以協助鞏固這些改變。過去的研究者認為，學習後經過幾小時，整個過程便大致完成，記憶得到鞏固——專業術語叫「記憶鞏固」（memory consolidation）。然而這個教條被神經科學家納德（Karim Nader）和勒杜克斯（Joseph LeDoux）給推翻。他們表示，每當我們喚回一個記憶時，記憶鞏固的步驟便再次發生。[22]

假設動物學到某個威脅，例如聽到嗶聲時便受到微量電擊，並且發生記憶鞏固，把這種連結的記憶穩定下來。接著，如果你給牠們聽到同樣的聲音但是不給予電擊，記憶會變得不穩定。一旦讓細胞停止製造那些蛋白質，就可以有效消除不好的記憶，因此後來再播放那聲音時，動物看起來完全不受困擾。從這個研究和其他研究得到的結論似乎是，當我們回想某個事件時，我們會「重新」固化記憶，而如果重新固化遭到阻礙，就可以消除那個事件的記憶。

有些干擾重新固化最可靠的方法，只能用在非人類身上。例如，你可以研究基因突變的小鼠，或使用強大（且有些毒性）的藥物，干擾取回記憶時發生的分子改變。這些方法用在人類身上顯然不符倫理，甚至辦不到。科學家已經嘗試使用其他方法展現人類身上的重新固化，包括轉移注意力，或當人被提醒某個恐怖的記憶時，以無害的藥物阻礙恐懼反應。然而，這些研究的成功程度不一，況且不同的實驗室還無法很成功的重現他人的結果。[23] 儘管面臨這些挑戰，還是有一些臨床試驗以重新固化為基礎，試圖治療創傷後壓力症候群，[24] 也有研究者正在摸索以迷幻藥協助心理治療的效果，探討是否有可能利用搖頭丸（MDMA）等藥物，使創傷記憶變得不穩定。[25]

在我心目中，重新固化是否能夠在臨床上得到可靠運用，仍是未定之數，不過這個研究帶來一個更深刻的訊息。我們已經知道，記憶可以在被喚出時得到加強，也可以弱化或修改。這種記憶更新正是心理治療的核心，從根本上來說，就是在面對新的資訊時，改變我們過去形成的連結。目標並不在於抹除一個人對於過去事件的記憶，而是能適度的更新記憶，改變一個人與過去的關係，讓他從不同的觀點看待過去。

　　這套方法不只適用於創傷記憶。我們每個人在日常生活裡多少都記得沾染著些許不愉快感覺的經驗，記得我們曾傷害某人，或某人曾傷害自己。擁有一個能夠修改這些記憶的腦，意味著我們可以藉由導入新的視角，重新架構自己對這些事情的感覺。當你回想上司對你發飆，或許可以認為他那天壓力特別大，藉此重新看待這個記憶。或者可以把某次不愉快的約會當作機會，重新審視自己想要的伴侶究竟該具備什麼樣的特質。如果我們可以利用記憶來重新塑造自己看待過去的方式，就能更新痛苦的記憶，用較為容忍的方式看待過去，我們或許也能因此成長。

9

來點痛苦，收穫更多

為什麼我們犯錯時會學到更多？

我從錯誤中學習。這個學習方式很痛苦，然而俗話說沒有付出，就沒有收穫。

——強尼凱許（Johnny Cash），鄉村音樂創作歌手

　　身兼記憶研究者和大學教授有一個獨特的好處，就是實驗室工作的進展有助於我在課堂上的教學，讓我教得更好。

　　我在 2002 年第一次開大學部的課，課程名稱是「人類學習與記憶」。那時我的女兒米拉還是嬰兒，我在加州大學戴維斯分校的助理教授工作也才剛起步。雖然我還有點嫩，不過課教得還算不錯，然後便持續十八年改進這門課。等到米拉長大，為了唸大學而搬出去時，我的教學已經有一套令人滿意的節奏。直到全球疫情開始，迫使我不得不重新設計教學的方法。

　　2020 年 3 月，由於封城與社交距離等規範，迫使執教者快速轉換為線上教學。十個月後，也就是 2021 年 1 月，我對於新學期的來臨充滿焦慮和排斥。與世界各地數百萬個老師一樣，我面對的挑戰是如何教導並啟發電腦螢幕上排列成格子狀的一張張臉。眼見女兒面對原本在線下應該會很喜歡的課程卻難以專心投入，我很難不擔心自己的學生對於線上教學的接受程度。我繼而察覺，如果要克服遠距教學的挑戰，必須完全重新思考這門課的授課方式。

　　將近二十年來，我為學生評分的方式主要是根據兩次期中考和一次期末考。人若在現場，要監考並不困難，但線上考試則幾乎不可能防止作弊，所以我不得不放棄以考試來評量學習成果的

傳統做法。當我一面對這個現實，立刻發現透過測驗可以達成完全不同的目的。與其繼續想著拿測驗來評量已經學過的內容，我決定用測驗做為「驅策學習」的工具。所以，我要看的不是別處，正是我的實驗室已經在做的研究。

當時我們正在做的實驗跟腦部造影有關，依據已有數十年歷史的研究顯示，人如果在看過資訊後不久便接受測試，可以大幅提升長時間保存那些資訊的能力。我以實驗室進行這些實驗的模型為基礎，變更形式，讓我的學生每週有三天時間可以進行線上的開書小考。完成小考送交答案後，學生便可以看到正確答案，並從自己的錯誤中學習。如果他們答對，看到正確答案可以加強學到的東西。這些每週小考的重點不是要折磨學生，而是促使他們用更具批判性的態度，思考我們在課堂中介紹的內容，必要時也讓我有機會可以提供回饋與支持。小考裡包含的主題會在期中考時再次出現，因此學生可以利用每次小考來增強自己學到的知識，藉此提高自己的期中考成績。

學期進行到一半時，我讓學生填寫一份期中課程評估，看我們轉到線上教學的成果如何，而我得到的回應遠遠超乎我的預期。最讓我驚奇的是，學生在回答「每週小考是否對你的學習有幫助？」時，答案有 85% 是「非常同意」。回答這門課程最大的優點時，甚至有個學生說：「小考，因為這幫助我準備期中考，而且剛學過就進行測驗，對記住內容很有幫助。」如果你不是老師，我向你保證，學生對任何考試幾乎都沒什麼好話可說，但是在這門課裡，他們卻說新形式的每週小考是最大的優點之一。

事後回顧，我不知道自己為什麼沒有更早開始採用這種方法，畢竟它利用的是人腦功能的簡單原則。我們天生會從錯誤和挑戰中學習——這種現象稱為「錯誤驅動型學習」（error-driven learning）。我相信這個簡單的原則可以解釋很多現象，例如我們在哪些條件下學習成效最好、在哪些條件下容易忘記，甚至是我們睡覺時發生在記憶上的改變。

人生實難

滿五十歲那年，我下了兩個決心：第一是要寫一本書（也就是你正在讀的這本），第二則是要學衝浪。跟學衝浪比起來，我攻讀博士學位時遇到的所有挑戰都相形見絀。一部分問題是因為我不再年輕，而衝浪對核心肌群的要求非常高——我甚至不知道自己有那些肌肉。再者，衝浪的學習曲線本來就陡峭，因為要學的東西非常多：划水技巧；判讀海浪以將自己調整到正確位置，並拿準開始划水的時機；弄清楚自己在何時真的追到浪；還有起身站立（如果我有幸進展到這個節骨眼），儘管隨即又會整個人掉進水裡。過程裡的任何差錯都會讓前面的努力報銷，既耗體力又打擊信心。

不管你是學習新的運動如衝浪，或學習新的語言、新的樂器，犯錯時的痛苦是學習的一大障礙，況且在學習曲線的初期特別容易令人沮喪。但即使是看似能表現自如的高手，以前也曾經是菜鳥，他們同樣得從犯錯開始。要從菜鳥進步為高手，必須先持續把自己推向能力的邊界。沒有付出，沒有收穫。但反過來說，某些痛苦的耕耘可以轉變為很大的收穫。

這裡指的不是生理上的痛苦，而是犯錯時心理上甚至情緒上的痛苦。我也不建議利用痛苦來鍛鍊性格。這裡所說的收穫是指，把犯錯當作學習的機會。

在大腦的運動系統中，「錯誤驅動型學習」是一套公認的原則。[1] 許多神經科學家相信，我們學會進行有技巧的動作，是透過觀察我們想做和實際上做到的動作，並找出兩者之間的差異。例如，當音樂家練習某支他們已經很熟悉的樂曲時，某些段落相對簡單，但另一些段落則比較難找到正確的和弦。如果每次練習時都得為這支曲子的每個部分建立一個新的記憶，未免太沒有效率。比較好的解決方式是，稍微局部修改記憶，好應付樂曲裡困難的部分。

錯誤驅動型學習也可以解釋，為什麼我們透過主動的「從做中學」，會比被動的記憶學習得到更多好處。例如在一個陌生的地區，相較於搭計程車經過，你自己開車一定會對這裡的空間動線取得更清楚的概念。在新的環境裡主動搜尋有許多好處，其中之一是讓你依據自身決定和行動而得到的結果來學習，這是看地圖得不到的好處。在其他活動中，類似的機制也發揮著作用。無論是進行彩排的演員、在分組練習比賽中的橄欖球員，或是為了在董事會面前做簡報而預先練習的企業主管，都是憑直覺就利用了錯誤驅動型學習的力量。

記憶研究者從很久以前就知道，在充滿挑戰的情況下學習有不少好處。[2] 我們談談實際一點的問題，好比學生應該如何準備隨堂測驗？最簡單的方法，也是世界各地最多學生採用的方法，就是重複閱讀教科書，試圖記住內容。認知心理學家羅迪格和卡皮克（Jeff Karpicke）則考慮另一種方式，他們想知道，如果不透過複習而用「測驗」來自我訓練，會有什麼效果？[3] 直覺上來說，一次又一次的複習或許看似比自我測驗更有用，我們可能會想：既然可以專注於記住正確的答案，為何要冒著答錯的風險？

羅迪格和卡皮克樂意違反一般見解，把賭注押在測驗那邊，因為他們已經看到一些研究，間接顯示了把測驗做為學習工具的力量。為了檢驗測驗的影響力，他們讓兩組學生記憶托福測驗參考書的節選材料。一組的做法是重複閱讀約十四次並試圖記下內容，另一組則是閱讀三到四次，接著進行三次測驗，在測驗裡必須盡可能回想剛才讀過的內容。重複閱讀的學生對於掌握教材的能力顯出很高的自信，反覆接受測驗的學生則在一開始時信心受挫。重複閱讀的人對教材的學習效果比起接受測驗的人好一點點，但是這並不令人意外，因為重複閱讀組接觸教材的機會是接受測驗組的四倍。然而羅迪格和卡皮克等待一週，看這些學生是否還記得學過的內容，結果差異十分巨大。平均而言，重複閱讀組的學生只記得原先學習內容的一半，至於接受測驗組則超過85%。所以，雖然學生以為自己透過重複閱讀教材可以學得更多，但實際上自我測驗的投資報酬率卻高上不少。

羅迪格曾寫到，記憶科學跟物理學不同，記憶科學沒有「定律」，但跟複習相對照，測驗的好處（也就是測驗效應）幾乎像重力定律一樣可靠。[4] 在各種不同條件下的大量研究中，也都呈現出測驗效應。[5] 測驗的效用一直以來沒有爭議，不過測驗究竟為什麼對記憶有如此強大的效果，科學家還未得到共識。

最簡單的一種解釋是，測驗能暴露你的弱點。一般來說，我們覺得自己能記住剛學過的東西，甚至偏向過度自信。羅格斯和卡皮克實驗裡的學生認為，自己反覆研讀那麼多次，一定可以學得更多，那是因為他們尚未受到挑戰。至於接受測驗的學生，則在回想自認為應該學得不錯的資訊時，經歷困難、甚至失敗，因而消磨傲氣。所以，測驗組的學生在明白自己學得沒有想像中徹底時，可能會更加努力。

然而測驗的作用遠不止讓人保持謙遜。假設你想學非洲的斯瓦希里語（Swahili），但在你還沒有機會學習之前，就有人提問：「usingizi 是什麼意思？」如果你的母語不是斯瓦希里語，恐怕不會知道正確答案，所以只好在得到正確答案前盡力去猜（答案是「睡覺」）。這種運用測驗的方法看起來很糟，也與一般人對教育的看法背道而馳，畢竟你根本還沒有學過你想努力回答的東西。令人驚訝的是，這種「事前測驗」居然對學習非常有效。[6] 為什麼在還沒有機會學到正確答案之前，先讓你的大腦費力製造很可能是錯誤的答案，會是件好事呢？

一般的見解會認為，產生錯誤的資訊應該沒有多少效率，甚至適得其反，因為錯誤的資訊將導致競爭與干擾，而大多數的神經科學理論會預測，先給大腦正確的資訊無論如何都比較好。然而，給大腦機會主動掙扎，似乎能幫助我們學得更多，也讓資訊保留得更久。

1992 年時，認知心理學家卡里爾（Mark Carrier）和帕什勒（Hal Pashler）提出一個吸引人的理論，解釋記憶的這類原則。[7] 在電腦科學領域裡，大家都知道機器遇到困難時能學到很多。現代人工智慧系統的骨幹是神經網路模型，這種模型透過嘗試錯誤來學習，方法是修改人工神經元之間的連結，藉此愈來愈善於得出正確答案。[8] 卡里爾和帕什勒認為，人類或許也是從這類錯誤驅動型學習中獲益。

為了探究人腦中如何發生測驗效應，我實驗室裡的科學家劉瀟楠（現為香港中文大學教授），研究生鄭奕聰、歐萊利還有我，使用我們的神經網路模型「盒子裡的海馬迴」來模擬測驗效應。[9] 當我們遵從記憶的標準理論，假定海馬迴會記錄所有進入的事情時，這個神經網路模型可以記憶新資訊，卻不善於保存已經學過的東西；模擬的結果與羅迪格和卡皮克的發現差不多（如同重複閱讀卻忘得多的學生）。當我們改變設定，納入錯誤驅動型學習時，海馬迴模型得到有效的提升。在干擾之下，它能學到更多資訊並加以保存。

當我們探究海馬迴模型的運作，可以發現測驗的好處並非來自犯錯本身，而在於強迫大腦去取出已經學過的東西。為了理解為什麼會這樣，先讓我們回到細胞群組的比喻。自我測驗時，大腦會嘗試給出正確答案，但結果不盡然完美。大腦會稍微掙扎，給出一個與學過的東西大致相符的答案。不過這個掙扎提供了很大的學習機會。對記憶進行這種類型的壓力測試，可以暴露出細胞群組中較弱的地方，所以記憶可以據此進行更新，加強有用的連結，修剪掉沒有幫助的連結。與其一次又一次重複學習同樣的東西，不如採用更有效率的方式，也就是只修改我們感到困難的部分，再稍微鞏固正確的神經連結。關鍵在於記憶更新，因為讓大腦節省空間、快速學習最有效率的方法，是專注於我們不知道的部分。

　　雖然錯誤驅動型學習通常能為我們帶來好處，但是它有一個重要的前提。如果你最後可以更接近正確答案，或至少可以排除錯誤答案，因而讓你有機會從錯誤中學習，錯誤驅動型學習才能奏效。如果你根本不知道自己哪裡弄錯，就無法從錯誤中學習。你想要的是努力挑戰，而不是漫無目標的失敗。所以學習衝浪這類複雜的技術才會如此困難，畢竟有太多事情同時進行，連在成功時知道自己哪裡做對、失敗時哪裡做錯都很困難。在這類情況中，專家的指引就非常有幫助，可以讓你知道該做什麼，也能針對你做對與做錯的地方給予回饋。

外溢效果

　　記憶並不是一些各自獨立的島嶼，而是一個生態系，裡面有許多彼此互動的細胞群組。當我們以任何方式加強一個細胞群組，例如重複取出特定記憶時，會發生漣漪效應，影響生態系中占據類似位置的其他記憶。有時候，回想某個記憶可能會使其他的相關記憶較難回想起來，這種現象稱為「回想引發的遺忘作用」（retrieval-induced forgetting）。[10] 回想引發的遺忘作用可以在實驗室中製造出來，首先讓參與者研讀許多字彙，例如不同的工具名稱，像是「鐵鎚」和「螺絲起子」。拿「鐵鎚」測驗參與者，可以強化「鐵鎚」這個字彙的記憶，但如果沒有測試「螺絲起子」的話，反而會弱化「螺絲起子」這個字彙的記憶。當一個人回想生命中的真實事件（也就是自傳式記憶），可以產生類似的效應，因為相互競爭的記憶受到抑制──這或許可以解釋為什麼父母對於孩子的童年，傾向記得幾個印象深刻的故事，至於其他的許多事件就遭到淘汰。

幸好，回想不一定會對不記得的事情帶來負面影響。在適當的情況下，回想某個訊息可以帶給其他記憶正面影響，同時強化回想的那個記憶和相關記憶。在一項研究中，參與者要閱讀幾篇文章，諸如巨嘴鳥、大霹靂，以及我最喜歡的少林功夫，從中學習一些事實。之後測驗參與者，詢問其中一篇文章的其中一個事實，而測驗提供的效益會擴散到其他相關事實，這個現象稱為「回想引發的促進作用」（retrieval-induced facilitation）。[11]

為什麼回想有時會弱化，有時卻又強化記憶呢？劉瀟楠用他的電腦模型檢驗這個問題，答案與我們早先探查的許多學習原則相符。讓我們先來看回想引發的遺忘作用。當互不相連的記憶有所重疊，例如你幾週前在最喜歡的義大利餐廳點了披薩，然後昨天又去同一家餐廳點了千層麵，這兩個記憶會發生競爭，因為支持不同記憶的細胞群組總是在有限的空間裡進行生存格鬥。所以，如果你回想起千層麵那餐，就是強化支持千層麵記憶的細胞群組，結果支持對手記憶（也就是披薩那餐）的細胞群組相對便會弱化，變得比較難以喚回。錯誤驅動型學習會強化你喚回的記憶，同時懲罰競爭對手。[12]

劉瀟楠的模擬也讓我們進一步了解回想引發的促進作用。假設你在千層麵之外，還大方加點一瓶產自義大利托斯卡尼（Tuscany）的布雷諾蒙塔奇諾紅酒（沒有人說不可以點）。因為千層麵和紅酒是同一個事件的不同部分，彼此並不互相競爭，所以當你重複回想那次的千層麵有多麼美味時，難免也會同時喚出那瓶紅酒有著厚重酒體的記憶。千層麵和紅酒共享同一個事件記憶，表示支持那頓晚餐不同部分的細胞群組產生結盟，因此當我們回想千層麵時，錯誤驅動型學習會加強同盟間的連結，喚出同一事件的其他相關部分。

當場景從實驗室轉換為教室，回想引發的遺忘作用和促進作用又有哪些實質上的意義呢？在多數時候，測驗不可能面面俱到，因為我們通常無法把教學時涵蓋的所有內容全部拿來測驗。這表示如果沒有以正確的方式進行學習與測驗，會導致回想引發的遺忘作用，產生負面效果。如果鼓勵學生記憶許多互不相連的資訊，例如歷史課裡歐洲重要戰役的年份，那麼一旦對其中某些事實進行測驗，就會加強競爭，傷害沒有測驗到的其他事實，減弱相關的記憶。然而如果鼓勵學生深入了解事件之間怎麼相互影響，例如當時的整體政治潮流用什麼方式牽動這些戰役，那麼測驗就可以有效提升記憶的留存。

為學習騰出空間

　　自我測驗並不是發揮錯誤驅動型學習最大功效的唯一方法，畢竟錯誤驅動型學習不需要真的犯錯，只要大腦努力喚出正確的記憶，就能產生效果。而如果你想對大腦裡的連結進行壓力測試，並取得最大的成效，那麼需要調整的地方除了你的學習方式，還有你的學習時間。

　　幾乎所有的學生都會為了某些考試而抱佛腳。我念大學時，常等到考前一晚才猛開夜車，一口氣讀好幾週的課程內容。這在短時間內非常有效率，不過可惜的是，學期結束後不用幾天，我就已經忘掉大部分讀過的東西了。若想保留學過的資訊，與其連續讀六個小時，不如把學習時間拆開成幾個較短的時段，並將這些時段分散開來，更能取得較好的效果。心理學上有多得像山一樣的證據告訴我們，如果花同樣的時間念書，比起一口氣完成，把時間拆成幾個相隔的段落，收穫會更多，這個現象也就是「間隔效應」（spacing effect）。[13]

　　2021 年，我實驗室的另一個科學家安東尼（James Antony，現在是加州理工州立大學的副教授）運用歐萊利的海馬迴模型來研究為什麼會有間隔效應。[14] 安東尼的模擬顯示，讀書時將時間分段而得到的好處，來自錯誤驅動型學習。[15] 現在先回想一下第 2 章（還記得我在那一章說了些什麼嗎？），當時我們拆解海馬迴，得知海馬迴會把經驗與特定的事件背景（也就是特定的地點和時間）綁在一起，進而產生事件記憶。考試前一晚抱佛腳之所以有用，是因為你的心智背景還沒有改變得太多，要回想起不久前讀過的訊息並不困難。但隨著時間過去，你腦中的狀態持續改變，於是要回憶凌晨三點在寢室裡靠著咖啡因抱佛腳時讀過的資訊，會變得愈來愈困難。

如果把學習時間打散，又會發生什麼事？假設你在客廳沙發上讀了關於情境與事件記憶的章節，第二天帶著書去海邊，在新的情境中重讀同一章。一開始，海馬迴可以抓出你上次讀這一章的記憶，但會稍微遇到困難，因為你正在看以前看過的資訊，可是身處不同的情境。因此海馬迴的細胞群組重新組織，進一步強調你讀的東西，至於這份資訊與你第一次在何時何地讀這個章節的連結則會稍微弱化一點。安東尼的模擬顯示，如果你每隔一段時間便重訪同樣的資訊，海馬迴能夠持續更新那些記憶，直到不再具有可以識別的情境，讓你不管在何時何地都能更輕易的取得這份資訊。[16]

這個性質符合「記憶更新」的原則：當我們一再重訪同樣的記憶，它們也一再更新，因此失去了把我們帶回那個特定時間的獨特片段。正因為不再與遙遠過去的某個獨特時刻相連，那些記憶便擁有愈來愈容易喚回的好處。你不必回到事情發生的同一地點或同樣的心智狀態，只需動念一想，那份記憶便會浮現。

將記憶化為智慧

錯誤驅動型學習能解釋記憶的動態本質，是學習的基本原則之一。我相信這個原則甚至超越我們的意識經驗，延伸到我們熟睡時發生在腦部的無數活動。

　　沒錯，大腦在我們睡覺時仍勤奮工作。[17]

　　其中有些工作是家務管理，好比清掃白天累積的代謝廢物，如阿茲海默症患者的腦中普遍存在的 β 澱粉樣蛋白。[18] 大腦似乎也會利用睡眠時間來整理記憶，從我們經歷過的不同事件之間找出連結，重新組織記憶。

　　在一晚的睡眠中，大腦會在至少五個不同狀態之間反覆來回。在這些睡眠狀態之間，乙醯膽鹼等神經調節物質和皮脂醇等激素的濃度會有很大幅度的改變——當我們學到新的東西時，這些化學物質能幫助大腦把神經元之間形成的連結穩定下來。如果我們在睡覺時記錄腦中進行的電活動（也就是腦電圖），可以看到每個階段的腦部活動都有獨特的模式。有很多理論都在描述睡眠中發生的這些過程如何影響我們清醒時的活動，包括學習和記憶，但是目前的資料仍相當不足，距離明確的解答還很遠。話雖如此，浮現的證據顯示慢波睡眠（slow-wave sleep）和快速動眼睡眠（rapid eye movement sleep）攜手合作，把我們最近的經驗轉化成可以使用的知識。[19]

　　慢波睡眠是最深沉的睡眠階段，這個階段也與學習和記憶有著最為可靠的連結。當你一動也不動的熟睡時，大腦正在勤奮工作。腦電圖的紀錄顯示，在慢波睡眠時，海馬迴和新皮質之間有高度協調的互動。[20] 大而慢的電波在整個新皮質循環傳播，間或有較小的波動「紡錘波」（spindle）出現在這些慢波之上。與此同時，海馬迴裡會冒出如泡泡般的小型活動，稱為「漣漪波」（ripple），在每次漣漪波期間，白天時活躍於海馬迴中的個別神經元又再次復甦，激起小規模的活動。漣漪波還會反過來促使腦中的預設模式網路變得活躍，一併激發前額葉皮質的活動（預設模式網路能幫助我們利用基模來學習新的事件；前額葉皮質能幫助我們聰明的使用基模來形成事件的記憶，留待稍後重建）。

相較於慢波睡眠時新皮質和海馬迴高度協調的律動，快速動眼睡眠時新皮質則開始演奏自由爵士。有時候研究者把快速動眼睡眠稱為「矛盾睡眠」（paradoxical sleep），因為這個階段的腦電圖跟人在清醒時快速爆發的活動很像，但情況又跟清醒時不一樣，畢竟我們大部分人不會在快速動眼睡眠時走來走去，通常也不會看到或聽見任何東西，所以新皮質在某種程度上脫離了外在的世界。夢會在快速動眼睡眠時發生，而此時的新皮質動態或許可以解釋夢境裡鮮明逼真的經驗和奇特怪異的邏輯。[21] 在快速動眼睡眠期間，大腦產生自己的感覺訊號，嘗試以夢的形式加以合理化，建構出另類的現實，而這一切全都發生在你安全的躺在自己床上休息之時。

神經科學社群裡已經有很多人提出，慢波睡眠對於鞏固日間經驗的記憶（也就是「記憶鞏固」的過程）來說十分重要。[22] 這個想法因為簡單而吸引人，但與資料不完全吻合。固化理論預期睡眠就像是自我測驗。如果我們在接受測驗時記憶會重新活躍，而且記憶在睡覺期間也會重新活躍，那麼睡眠和測驗就應該有類似的效果。劉瀟楠做過幾項研究來測試這個假說，發現睡眠不只是加強記憶，事情還有趣得多。[23]

　　劉瀟楠發現，當我們在白天喚回事件記憶（例如處於接受記憶測驗的情境），相互競爭事件的記憶會受到影響而有所損害，這一點與過去的研究相符，回想某一件事將導致其他相關訊息遭到遺忘，也就是「回想引發的遺忘作用」。劉瀟楠的研究顯示，睡眠產生的效應不同。睡眠似乎扮演特殊的角色，能把我們回想特定事件時遭到的附帶損傷給恢復過來。經過一夜睡眠之後，人對於先前測驗的相關事物會有更強的記憶，也就是「回想引發的促進作用」。

　　我們把這些結果寫成論文送交審核時，遭到砲轟，審查文章的人就是無法了解睡眠怎麼能夠把回想引發的遺忘作用轉變為回想引發的促進作用。為了徹底弄清這件事，我們使用劉瀟楠的電腦模型，以了解記憶「在清醒時的測驗中重新啟動」與「在睡眠中重新啟動」兩者之間到底有什麼不同。

　　劉瀟楠的模擬顯示，在這兩種情況下，錯誤驅動型學習都是關鍵。當我們模擬清醒時喚回記憶，帶有相關資訊事件記憶的那些細胞群組，會因錯誤驅動型學習而提升韌性。但因為記憶是個生態系，喚回一個記憶，可能會壓抑在其他情境中習得競爭記憶的細胞群組，進而導致回想引發的遺忘作用。相對的，睡眠創造出一個環境，讓不同事件裡活躍的細胞群組可以同時活動而不競爭。在模型中，當某個事件的資訊再次啟動時，新皮質會用這個資訊開啟一個自由聯想（free association）的連鎖反應。來自不同事件的資訊在錯誤驅動型學習之中不再競爭，反而凸顯出不同事件中的共同成分。這個模型顯示，當記憶在測驗中重新啟動時，錯誤驅動型學習幫助加強特定的記憶，但是當記憶在睡眠中重新啟動時，錯誤驅動型學習則協助大腦，把不同經驗的經緯編成一幅知識的織錦。[24]

我們的模擬符合其他研究的結果，這些研究認為睡眠有助於整合不久前從各種不同事件學到的東西，我們也因此可以更有效率的使用這些資訊。[25] 睡覺前學的單字，在睡醒後更容易納入我們每天使用的語言。睡過覺之後，有時事件的記憶與情境會變得比較不相干，因此即使當我們處於不同的情境中，也能更有彈性的喚回學過的資訊。睡過覺之後，有時我們比較能看清局部訊息之間的整體交互關係，也更能運用這份資訊來解決問題。借用睡眠科學家沃克（Matt Walker）的說法：「睡眠讓我們把記憶轉化為智慧。」

考量到海馬迴和新皮質儲存的是不同類型的資訊時，睡眠對記憶的效應便顯得理所當然。海馬迴引出特定的腦部活動，幫助我們回到特定的時空，而新皮質儲存語意知識，讓我們能夠了解發生什麼事、並在新的情況裡做出預測與推理。在慢波睡眠中，海馬迴可以啟動那些捕捉前一天重要經驗的細胞群組（事件記憶），而在快速動眼睡眠期間，新皮質可以審視這些資訊，進行自由聯想，找出不同事件之間的可能連結。我們在這裡學到的是，焚膏繼晷開夜車無法達成原來的目的；不只是我們會很快忘掉所學的東西，還剝奪了休息的機會，讓大腦無法把事件記憶轉化成可用的知識。

　　除了在夜晚好好睡一覺，在白天睡覺也可能有助於記憶。加州大學爾灣分校的心理學家麥尼克（Sara Mednick）做過一項極為創新的研究，顯示白天的小睡也可以得到許多相似的好處。[26] 即使當我們醒著，只要暫時從專注於目標的活動中轉移開來，稍微休息放空，便有可能獲得類似於睡過一覺的好處。舉例而言，在大鼠完成一項任務後的簡短喘息之間，科學家也能夠觀察到大鼠在睡眠時的神經活動波動。[27] 讓人在磁振造影掃描儀裡休息，可以觀察到大腦的活動模式會根據休息前從事的任務而改變，顯示執行任務時使用的各個腦部區域，在我們休息時仍會忙碌的彼此溝通，而這種溝通似乎幫助我們記住學過的東西。[28] 在我們的實驗室，我們已經發現當人休息時，海馬迴會針對格外有收穫的情境重新啟動記憶，幫助我們提高重要記憶的優先順位。[29]

　　由此推論，真實生活裡，在努力工作一段時間後，不管是晚上好好睡一覺、中午小睡片刻，或至少休息一下，都能對記憶有所幫助。在這些休息的狀態中，我們的大腦可以利用錯誤驅動型學習，把不同經驗的元素組合在一起，讓我們有機會從不同的角度看待事情，進而給我們一個著手之處，處理先前貌似難以解決的問題。[30]

駭入睡眠

　　我就讀研究所時，指導教授派勒（Ken Paller）是記憶研究領域公認的創新者，在我畢業後這些年來，他已經成為睡眠研究領域的先鋒。派勒最初對意識很感興趣，便進入神經科學領域，而研究睡眠讓他能夠把對記憶和意識的興趣結合在一起。我們睡覺時看似沒有意識，但其實大腦正在努力工作，整理我們的記憶。

　　有一段時間，派勒只是從側面研究睡眠，考慮的是人在睡覺時腦中發生什麼事。然後他冒出個異想天開的想法：有沒有可能駭入睡眠的過程，在睡覺時啟動特定的記憶？我之所以說這個想法異想天開，是因為當時的研究者普遍認為：人在睡覺時（尤其是慢波睡眠時）並沒有意識，也因此大腦與外在世界是相對隔離的，應該不可能讓睡眠中的人回想訊息。然而派勒不受一般常識所限，猜想我們或許能夠駭入睡眠，重新啟動特定事件的記憶。[31] 就像電影《全面啟動》（*Inception*）裡李奧納多狄卡皮歐（Leonardo DiCaprio）等角色入侵人們的夢中，派勒想著是否能在實驗室裡做到類似的事情——當然遠遠不會那麼無法無天與違反道德。

　　為了測試他不那麼正統的理論，派勒的團隊讓參與者學習資訊，同時在背景播放聲音，例如母牛的圖片搭配「哞」的聲音。[32] 接著，請參與者小睡一下，在他們進入深沉睡眠時再次播放這個聲音。參與者醒來後並不知道睡覺時曾播放過這個聲音。儘管如此，聲音仍影響了他們對前一天所學事物的記憶。也就是說，如果學習事件在睡覺時曾經重新啟動，參與者會有較為詳細的記憶（例如牛在電腦螢幕上的精確位置）。

　　從那以來，派勒的團隊已經開發出好幾種「目標記憶再活化」（targeted memory reactivation）的方法，只要利用這種技巧，就能用來提升記憶和認知。[33] 派勒的團隊表示，目標記憶再活化可以提升電玩或新語言的學習，也可激發創意，以新的方法解決睡前看似難以解決的問題。他們甚至表示，如果再活化的記憶跟一般大眾對於種族和性別的刻板印象互相牴觸，可以降低隱性偏見（implicit bias）。派勒目前正以此為基礎，進一步探索我們還能把睡眠的潛力發揮到何種程度。

　　我在加州大學戴維斯分校的同事蓋蒂也用過類似的技巧去探測小朋友的記憶。[34] 蓋蒂讓一群兩三歲的小朋友來訪實驗室三次，拿動物布偶給他們玩，同時播放背景音樂。最後一次來訪實驗室後的兩天內，小朋友在夜裡被帶到磁振造影掃描儀裡，讓他們一邊睡覺、一邊接受大腦掃描。儘管這些小朋友睡得很熟，只要蓋蒂的團隊播放他們聽過的音樂，海馬迴的活動仍會產生陡升。海馬迴的活動量與小孩玩布偶時得到的資訊量直接相關。蓋蒂的研究提供一個前所未有的窗口，讓我們探究幼兒記憶的神經生物學，顯示寶寶的大腦跟成人的一樣，都能在睡眠中大量接收外界的訊息。

用新的方法學習

　　我們對於錯誤驅動型學習的嶄新認識，對於教育的實踐有著重大的意義。一代代的教育者使用考試來區分良莠，而學生則透過重複閱讀教科書來準備考試，這背後的想法是，每多接觸教材一次，就可以多吸收一點資訊。但你能想像某齣舞臺劇的導演在準備首演時，只要求演員一再讀劇本，卻完全不要求演員憑記憶說出臺詞嗎？

　　錯誤驅動型學習的效果，遠不止於幫助學生更有效率的記住資訊，它凸顯出採取正確的學習文化有多麼重要。傳統的教育方法重視成果，總是問你有沒有讀書。在中國、印度和其他亞洲國家，標準化的測驗被拿來做為學習成果的指標，並嚴重影響學生的未來，例如中國以嚴酷聞名的大學入學考試「高考」。在美國，學業成績比標準化的考試更加重要，尤其是申請進入大學、醫學院和法學院的時候，但要得到最好的學業成績，就必須在眾多測驗中維持良好的表現。遺憾的是，這類型的測驗非常適合臨時抱佛腳（可以加強短期的表現，卻會犧牲長期的資訊保留）。

　　我們建立知識的方式似乎也違反大腦的自然運作。學校一大早就開始上課，讓學生很難睡飽，沒有給他們充足的時間休息和反思。不鼓勵良好的睡眠習慣，剝奪休息時間而無法從事恢復精力的活動，導致學生沒有機會利用大腦的學習機制，好好發現事物間的連結，並把學到的東西轉化為有用的知識。

　　在成長過程中，我總覺得自己在學校裡的任務就是應付所有的考試，獲得好成績。現在我看到我們還有潛能可以做得更多。錯誤驅動型學習能帶來長久的好處，而我們在這種學習過程中的表現並不會永遠完美。比起死記硬背然後按照指令吐出那些記憶，透過努力把自己推向所知的邊界，會讓我們學得更多、記得更多。與其獎賞完美的表現，也許我們應該讓錯誤與失敗變得正常，並獎勵持續的進步；與其強調熟練精通，我們更需要欣賞生疏笨拙；與其恭喜你證明自己已經學會某件事，不如表揚你為了學習而面對困難。

10

當我們一起記得

社會互動如何形塑記憶？

我們的記憶是由個人記憶和集體記憶組成的。兩者緊密相連。
——村上春樹，小說家

　　我們以為記憶只跟自己有關，但我們記得的東西，卻與社會環境千絲萬縷的交織在一起。人類是社會性動物，也因此無可否認的，我們的大腦會受到周遭的人影響，被溝通與合作的演化壓力改變。有些科學家甚至主張，我們之所以演化出語言能力，主要是為了與別人交換記憶。根據一項分析，我們對話的時間中，有 40% 花在說故事，以及創造共同記憶彼此交換。[1] 我們想要與他人分享經驗，藉此找到自己在世界上的定位，而人類之所以獨特，有一部分正是源於這種驅力。記憶在此扮演了主要角色。

　　我在芝加哥西區榮民醫院擔任實習醫生時，首次察覺到社會互動對記憶的深遠影響，當時我的工作之一是帶領榮民的團體治療。雖然我熟悉團體治療的相關科學研究，但我對於它的效能並不是很有信心。我預期這會像是一對一心理治療的稀釋版，也覺得我不會立刻跟整個團體有太多的互動。大多數的健康保險公司會限制一個人參與療程的次數，但是榮民醫院允許病患隨時參加，而這個團體在我加入前就已經存在很久。許多退伍軍人都是這裡的老朋友。多年來，他們看過許多心理學實習醫生來來去去，但是他們熟知彼此的故事。對於這些男女，榮民醫院是一個讓他們可以與彼此連結，共同處理創傷的聚集地點。相對的，我是個新人，從未從軍，更不用說看過戰場。

　　我第一次參加團體聚會時，感到戰戰兢兢。我覺得自己像是個闖入者，不屬於那個共享記憶的肅穆空間。我在眾人注視中先自我介紹。臨床訓練告訴我，讓團體的其中一個成員先開啟對話是很重要的事，但是等待某人率先發言的沉默卻教人難以忍受。我不安的坐著等待，那幾秒鐘感覺就像幾個小時。終於，團體中的另一個新人開口了。他開始訴說自己的故事，說明是什麼原因讓他尋求幫助。聽完他觸動人心的故事，以及看到其他成員提供支持和鼓勵的方式之後，我很快了解到自己對團體治療的預期完全錯誤。在團體中，每個人的治療經驗並沒有減損；團體療法對他們有絕對的重要性。對於幫助每個成員處理自己的記憶，以及和其他成員建立連結，我這個局外人的角色非常關鍵。

我的工作是引導這群人，尋找他們個別創傷和隔絕孤獨的共同脈絡，並把這些共同之處反饋給他們。我不再只是個治療者，現在我也是這個團隊的一員，與團隊合作，為他們的經驗創造更深刻的了解。我們使用團體的力量來更新個人的記憶，並一起建立共同的記憶，而這些記憶的核心是強調療癒和取回主控權的全新敘事。

我們每個人的記憶並非與世隔絕；在我們與家人、親人、朋友和廣大社群的互動之中，記憶也不斷受到影響並重新組織。法國哲學家哈布瓦赫（Maurice Halbwachs）在二十世紀中葉發展出「集體記憶」（collective memory）的概念，[2] 儘管集體記憶的科學仍然處於新生階段，不過我們已經發現，分享過去經驗的行為本身可以明顯改變我們所回想的記憶，也改變記憶所傳達的意義。透過研究社會互動和群體動態如何影響我們對自己人生的記憶，我們可以了解其中有哪些正面及負面的影響，獲得寶貴的教訓。

　　我們將會看到，每個人在群體中建構和分享的記憶，會成為自我認知的一部分。我們藉由記憶建構出自己的身分認同，其中一部分記憶是與家人和朋友共享，也有一部分記憶是與相同文化或國家的其他成員共享。隨著我們彼此合作、持續重建並更新個人記憶與集體記憶，認同的基礎也不停變動。透過這些記憶的濾鏡，我們看見自己在這個世界中的位置；我們接受了過去，才能理解現在。

你的人生故事

　　我們最親近的人會形塑我們對於經驗的記憶，還有記憶所傳達的意義。父母、同儕、伴侶都扮演著重要的角色，決定我們會記得哪些事情，以及如何理解這些事情。種種複雜的社會互動共同建構了一個「生命敘事」（life narrative），在這個生命敘事中，我們把各種故事編織在一起，從中認識自己是誰，或思考自己是誰。[3]

　　發展心理學家菲烏什（Robyn Fivush）主要研究自傳式記憶和敘事認同（narrative identity）的社會建構，她研究母親與孩子間的每日互動會影響孩子如何回想過去的經驗。[4] 假設你帶一個三歲的小孩去海邊，你們整天在海邊玩水、蓋沙堡、揀貝殼。第二天，如果你要小孩回想這次出遊，她可能會想起這次經驗的某些部分，但是你與這些記憶互動的方式，將會重新塑造她對這次出遊的記憶，還有她的自我感知。

　　菲烏什在母親與孩子的回想研究中發現，相較於要孩子回想特定資訊，如果母親詢問開放式的問題，像是「我們這次去海邊玩，你最喜歡的是什麼？」或「我們走在石頭旁邊的時候，你看到什麼？」，以及延伸孩子的回答，像是「海浪沖倒你的城堡以後，你立刻又蓋了一座，真棒。」或「你對潮池裡的螃蟹真的很好奇。」，孩子容易記得更多自己的生命經驗，並把這些經驗結合成較為連貫的敘事。這類互動對於孩子的自我概念可以產生重大影響。鼓勵孩子表達，能提升孩子對自己的主導權，讓他們發展出「我可以堅持」、「我對大自然有好奇心」等自我感知，，因為他們得到允許，可以成為個人敘事的作者。相對的，不讓孩子說某些故事，或忽視、反駁他們的視角，會破壞他們對經驗的感知，不利於自我發展。

　　當孩童能夠記得令人投入且有意義的家庭互動，對於他們之後的自我感知會有深遠的影響。菲烏什等人已經揭露，對於十到十二歲的孩子，如果家人會一同談論共享的經驗、把各自的觀點編織成共同記憶，通常也具有較高的自尊。還有，會討論經驗中的情緒面向、並能夠在有意義的敘事中架構這些記憶的家庭，家中青少年在社交上及學業上都較有自信。餐桌對話能包含很久以前共同回憶的家庭，家中青少年較不會感到焦慮或憂鬱，行為問題也較少。這些發現顯示，家人合作建造自傳式記憶，能為兒童的發展過程帶來正面的影響。

　　記憶分享與自我感知的交互影響，並不限於親子間的互動。

不管什麼年紀，與朋友和家人的互動都可以重新塑造我們的記憶，進而影響我們如何看待自己，有時甚至讓我們對自我敘事產生重大的改變。幾年前我親身經歷過這種現象，事情起源於歐萊利和我那次不幸的立式划槳活動。讀者或許記得在第 8 章中，我的老友兼加州大學戴維斯分校的合作者歐萊利設計出一個電腦模型，讓我們用來模擬海馬迴的學習過程。

　　某個週六傍晚，就在日落之前，歐萊利和我打算沿著普塔溪（Putah Creek）順流而下，預期中那應該是趟平靜的旅程。然而這條穿過戴維斯西側溫特斯市（Winters）的溪水並不如表面上看起來那麼平靜。出發後不久，我們立刻遇上強烈的水流。我的槳板撞到水下的物體而傾覆。我浮上水面，渾身濕透，眼鏡消失不見，大概沉到五、六公尺深的溪底。更糟的是，槳板底部的舵被撞斷，不再能穩定槳板讓它不要翻覆。我冷得發抖，又看不見三公尺以外的東西，但也只能開始用不穩定的槳板在快速的水流上設法找路。我們的手機沒有任何訊號，陡峭的溪岸覆滿厚厚的植物，所以要脫困的唯一方向就是繼續往前。接下來一小時，我們不斷面對重重阻礙。我必須一邊抓著槳板一邊攀過巨大的樹幹，或是伏低身子避開樹枝，有時還得平趴在槳板上，從金屬格柵湊合製作的便橋下方滑行過去，而橋底突出的生鏽螺栓距離我的頭只有幾公分。我們甚至必須想辦法繞過一臺用繩索吊在溪水上方的發電機。

　　然後我和歐萊利失散了，事情從很慘變得恐怖起來。溪流的力量把我拋出槳板，結果我卡在兩棵倒樹之間。我設法抓住槳板，但是我並不擅長游泳，一條老命全靠我的槳板支撐。我大聲呼救，雖然聽得到歐萊利隱約的回應，但他說的話被急流的轟隆聲給掩蓋。

　　嘗試幾次後，我仍無法回到槳板上，我了解到恐慌是沒用的。沒有人可以救我，而我絕對不能在此投降，所以必須先讓自己冷靜下來，好讓自己活著脫困。我深深呼吸幾口氣，設法攀在槳板上，再把自己從樹幹間拉出來，然後往下游與歐萊利會合。太陽已經下山。儘管我們又冷又濕又疲憊，仍得繼續在黑暗中划水前行，穿越急流、荊棘、大叢帶刺的植物。五個小時後，我們終於回到車上，手機訊號恢復，我們各自打電話給妻子，她們差一點就請求搜救隊出動。

　　一開始，我不想談這次的事件，但因為妻子取笑我們的重大誤判，加上女兒說我還活著真是有夠幸運，讓我對這次經驗的看法開始轉變。後來，隨著歐萊利和我多次跟朋友和同事描述這個故事，我們敘述的語氣也逐漸改變。我們會彼此述說那天的記憶，描述當天必須克服的一連串誇張障礙與挑戰，編織成足以與《奧德賽》媲美的史詩──至少在我們心中。我不再聚焦於當時的恐慌和無能，整起經歷變成一個故事及一份回憶，主旨是發掘內在深處的力量來克服巨大的困難。我學到，我對於可能發生什麼事的恐懼，其實與我處理實際事件的能力並不一致。透過朋友與親人對這個故事的支持，以及他們幽默的反應，我把危及生命的經驗轉化為生命敘事的全新篇章。

　　說故事可以改變我們對過去的看法，這個過程可以看做是個人記憶管理原則的延伸。當我們回想時，現在持有的信念與視角會主導我們對過去的重建再現；把自己的記憶告訴其他人時也是如此。我們為聽眾量身剪裁敘事內容，聽眾可以從不同的視角重新詮釋我們的記憶，並回饋給我們。[5] 當我們與聽眾互動、重建過去經驗時，記憶可以在這個過程中更新，讓我們用不同的觀點看待自己的過去。

社會互動對於生命敘事的這種轉化效果，或許正是那麼多種心理治療之所以有效的「祕方」，無論是一對一或團體治療的療效，都能用它來解釋。[6] 我們在腦部造影研究中已經發現，當人聽到故事裡的某個部分，而這個部分可以跟幾分鐘前聽過的其他元素結合成一份敘事時，海馬迴的活動會提升，且海馬迴中的「記憶密碼」會發生轉化。[7] 不難想像，與他人合作，重新架構你的經驗並重新詮釋，同樣能讓你發現過去的不同事件有哪些連結，再讓你運用這些連結，更新自己的生命敘事。

房間裡最大的聲音

你可能會以為，比起獨自記憶，跟別人合作來重建一個事件，會幫助我們記得更多內容。例如你可能會認為，比起兩個人各自單獨的記憶，共同談論他們不久前都看過的一場棒球比賽，應該可以記得更多比賽細節。然而，有兩個研究團隊在 1997 年發表文章，挑戰了這個直覺。[8] 在各種不同的實驗中，研究人員要求參與者記憶字彙清單、句子或故事，並探討在相同人數下，

「個別進行回憶」與「團體共同回憶」何者能夠回想更多訊息量。令人意外的是，團體的表現比較差，這個現象稱為「合作抑制作用」（collaborative inhibition）。[9]

合作抑制作用的成因有一部分在於，團體會放大干擾的效果。典型的情況是，當我們在團體裡重訪過去，必須先行等待，輪到自己時才能加入談話。同時，其他人回想的資訊可能對我們的回想形成競爭，導致我們忘記原本或許可以想起來的細節。如果你和一群朋友一起看某部電影，當其中一個朋友大談某個演員的表現有多麼差勁之後，可能觸發回想引發的遺忘作用，導致你難以想起其他演員的段落。

在團體中回想，也可能讓記憶變得一致，把我們每個人記事情時細節總會稍微不一樣的特質給過濾掉。[10] 我們傾向記得自己想與人分享的事情，而忘掉比較不可能與他人產生共鳴的事情，因此形塑出來的記憶會與團體中的其他人較為一致。

集體記憶具有選擇性，至於怎麼選，還是能看出端倪，畢竟我們的記憶尤其容易偏向團體中最大的聲音。在實驗室裡，團體的回想不成比例的側重在談話裡占主導地位的人，反映他們所回想的訊息。[11] 這些占優勢敘事者的影響力之所以被放大，是因為他們會強調自己回想的細節，使得較不強勢的人所回想的細節被抑制。在集體記憶裡占優勢的還包括第一個發言的人，以及對自己分享的記憶最有自信的人，這往往犧牲了較少發言、甚至沒有發言的人原本可以貢獻的細節。

拉加蘭（Suparna Rajaram）是紐約石溪大學的心理學暨認知科

學教授，曾經審慎研究社會互動如何導致集體記憶遭到修剪。[12]
她的研究顯示，當人們有重複的機會和群體成員一同回想時，會
開始匯聚到同樣的記憶上。為了研究這個現象如何在較大的團體
中展現，她使用一種名為「代理人模型」（agent-based modeling）的
技術。就像神經網路模型可以模擬神經元之間如何互動而存取記
憶，代理人模型模擬人與人之間的互動。她的結果顯示，即使團
體的人數變多，團體的集體記憶依然少於個別記憶的總和。這是
因為個體之間的互動降低了整個團體裡的記憶多樣性，導致集體
記憶隨著互動次數變多而變得愈來愈一致。在模擬中，當一個社
會網路的成員一開始就具有相似的記憶或信仰，例如家庭或社會
聯繫很強，或具有相同的國家認同、宗教認同或文化認同，這種
合作甚至能讓記憶變得更為一致。

　　幸好，合作並不會總是抑制個人記憶。我們已經知道，當我
們專注在某個經驗裡的獨特元素時，可以降低干擾（也就是記憶
之間的競爭）；同樣的原則也適用於團體。當團體裡的成員密切
合作，確保每個人的獨特貢獻都會納入考慮，那麼團體的集體記
憶通常會大於個別記憶的總和。這個現象稱為「合作促進作用」
（collaborative facilitation），比較容易在人們有共同的專長，讓他們
可以進行團隊合作時發生。[13]

　　當人與人之間有親近的關係時，也會發生合作促進作用。舉
例來說，澳洲麥考瑞大學的心理學家哈里斯（Celia Harris）發現，
伴侶之間如果一起回想資訊，他們的合作互動可以促進記憶的表
現。[14] 她在研究裡確認了一項因素：長期伴侶給的提示往往可以

幫助彼此想起更多的回憶。透過字彙清單這類簡單的刺激，這個因素已經證實無誤，而當親密伴侶一邊交流、一邊回想他們共同經歷的事件時，也會呈現類似的互動。

但合作不見得能幫助每一對伴侶想起更多記憶，畢竟有些人跟其他人一起回想時，能想起的事情較少。合作記憶的成功關鍵似乎在於彼此要有一些共識，還得認同對方的獨特貢獻。哈里斯記錄過一組這種伴侶互相交流的例子，當研究人員問他們四十年前度蜜月的細節時，他們能夠有效的給予彼此提示：

妻子：我們去看了兩場演出，你記得名字嗎？

丈夫：沒錯。其中一場是音樂劇。或許兩場都是？我不……嗯……其中一場……

妻子：約翰韓森（John Hanson）在裡面。

丈夫：《沙漠之歌》（Desert Song）。

妻子：對！就是《沙漠之歌》。我想不起來劇名，但是記得約翰韓森在裡面。

有些研究結果甚至顯示，當伴侶一同變老，在認知上也變得更為相互依賴，心智能力的軌跡也相似。[15] 老年伴侶在認知老化上的效應，是這個領域裡一個特別令人振奮的研究方向。目前已經清楚的是，雖然我們的大腦隨著年齡增長而改變，但這些改變不見得伴隨著記憶與其他認知能力的退化。與他人一起分擔記憶的負載，可以提供十分重要的協助，補償腦部損傷的影響。舉例來說，有記憶障礙的人要解決有難度的問題時，可以與配偶交流，藉由找到彼此的共識來完成。[16]雖然還需要更多研究，不過我們有理由相信，認知退化的年長者或許可以借助伴侶或配偶，而有高水準的認知表現。

　　伴侶間既不需要使用同樣的記憶策略，也不需要專注在同樣的資訊，只要他們共同合作，即使兩個人用不同的方式記憶事件，仍有可能得到更多好處。我妻子比我更可能記得晚餐上談過的話題，而我更可能記得我們吃了什麼、付了多少錢，但當我們一起回想時，我們認同彼此的獨特性，把我們各自的故事整合成一個共享的敘事。當人們彼此了解並認同各自的專長，主動把對方的觀點納入共同的敘事時，才會觸發合作促進作用。

社會性的扭曲

　　前面已經看到，當我們重複回想同一件事時，記憶變得像是一個影本的影本的影本，變得愈來愈模糊，也更容易受到扭曲。巴特利在將近一個世紀前，已經用實驗告訴我們這個現象對個人的效果。他請劍橋大學的自願參與者重複敘述一則美洲原住民的傳說故事，由於參與者說故事時會透過自己的文化期待基模和行為準則基模，所以每一次的複述都變得更為扭曲。巴特利研究文化人類學，他想知道當我們把資訊傳遞給其他人時，會如何展現這類型的扭曲。

　　為了研究這個問題，巴特利進行一個叫做「連續複製」的實驗，讓自願參與的劍橋學生看一張非洲盾牌的簡單線條畫，然後要他們根據記憶畫出盾牌。[17] 巴特利把學生畫出來的成果拿給另一群自願參與者看，再要求他們根據記憶再畫一次。這些畫再給第三組人看過並畫出，如此繼續下去。隨著圖像的記憶一再傳遞，這些圖像逐漸變得愈來愈不像非洲盾牌，而愈來愈像一張人臉。由於共同的文化知識能讓彼此更容易溝通，盾牌的共享記憶不斷變形，逐漸成為參與者較熟悉的某種形象。

　　在此之後，記憶研究者就採用巴特利的連續複製法，研究記憶在人群中傳遞時會如何扭曲變形。[18] 在一個實驗裡，參與者要記住一個故事，內容涉及性別和社會的某些常見刻板印象（例如有個足球員和好朋友一邊喝啤酒、一邊沿著海岸開車前往海灘派對），有的故事則與刻板印象不符（這個足球員把收音機轉到古典音樂電臺，還中途停車，在路邊的攤販為自己買了花）。參與者剛聽完原始版的故事時，仍記得與刻板印象相符和不符的訊息。但是當他們把故事講述給新的聽眾時，會保留符合刻板印象的資訊，捨棄不符合的資訊。在故事一次次傳遞的過程中，如果有人贊同故事裡包含的刻板印象，則訊息會失真得更嚴重。由此可以推論，當我們分享一個事件的記憶時，符合刻板印象的訊息可以傳遞給其他人，而不符合刻板印象的訊息比較可能遺失。結果是，我們的共同記憶會反映和強化先入為主的觀念與偏見。

　　其他發現則顯示，我們的記憶在社會中傳遞時，還會產生負向偏誤（negativity bias），也就是當記憶從一個人傳遞給下一個人時，負面訊息（例如政治人物的貪汙新聞）比較容易留存，正面訊息（例如政治人物提出減少貪汙的法案）比較容易遺失。[19] 即使是沒有明確正負面的訊息，也比較可能以凸顯負面訊息的方式傳遞。

　　集體記憶的扭曲不只來自既定的偏誤。由於記憶的運作方式本來就不完美，一旦訊息在團體裡流通，便會開始累積錯誤。認知心理學家羅迪格曾對個人的記憶扭曲做過深入的研究，他創造「社會傳染」（social contagion）一詞，傳神的描繪出記憶扭曲如何像病毒般在社會網路中傳播。[20] 為了理解社會傳染的運作方式，羅迪格想出一個實驗，以兩人為一組，讓他們仔細觀看許多照片，然後要他們憑記憶回想剛才在照片裡看過的物品。然而實驗有一個陷阱：兩人一組的參與者中，只有一個人是真正的實驗參與者，會真的努力回想剛才看過的照片；另一個人則是羅迪格安排的間諜，會故意說出照片裡沒有的物品。正如你所預期的，真正的參與者將被錯誤訊息「感染」，更容易想起間諜合作者說過的物品。

　　羅迪格的實驗有一個趣味十足的特徵：他對參與者「預防接種」，試圖避免社會感染，或剷除間諜合作者種下的錯誤記憶。但即使參與者受到警告，說他們的合作者有可能記錯、提到的物品根本沒出現在照片裡，參與者仍很有可能想起夥伴植入的錯誤訊息。

　　當我們在團體中分享記憶時，有些人格外容易傳播錯誤訊息。[21] 在團體對話中占主導地位的人、說話時較有自信的人，以及先開口說話的人，更有可能把錯誤記憶傳播給其他人。遺憾的是，我們全然沒有抵抗力，對於朋友和信任的人帶來的錯誤記憶往往照單全收。這些發現都指出集體記憶有一個最麻煩的潛在後果：一旦這些扭曲記憶潛入我們的共同敘事之中，要根除就變得極端困難。

有一些因素可以幫助我們避免社會感染。[22] 舉例來說，一旦資訊來源被認為是不可靠的對象（但不幸的是，這常常是指兒童、老人和非我族類），就比較能夠避免社會感染。從更為正面的角度來看，只要資訊透過互動的方式傳遞，我們也比較不會發生集體記憶的扭曲。相較於透過社群媒體被動的接收資訊，當我們實際與他人互動時，比較不會把錯誤訊息納入記憶中。

錯誤記憶會被群體放大並傳播，這種傾向很容易被用來散播錯誤訊息，如 2016 年英國脫歐公投時錯誤資訊的瘋狂擴散、2020 年美國總統大選時沒有根據的選舉舞弊主張，以及關於新冠肺炎疫苗的陰謀論等等。當社會興起了以「新聞」型態植入公眾領域的錯誤訊息，一個新的應用型研究分支也隨之崛起，主要關注於「假新聞」心理學。

早在「假新聞」成為英文字典裡的標準詞彙之前，羅芙托斯等人已進行研究，探討對個人植入假記憶的機制可能會以什麼方式化為武器，把假訊息傳播到整個族群。羅芙托斯的團隊跟專注於政治和時事的線上雜誌《石板》（Slate）合作，在 2010 年進行一個線上實驗，測試人們有多麼容易接受編造的新聞並形成記憶。[23] 這項研究得到超過五千份調查結果，羅芙托斯同樣採用她將近二十年前在實驗室發展出的記憶植入配方，只不過是稀釋版：參與者會接觸一系列附帶真實照片的正確新聞，以及一條配上修改照片的假新聞。其中一條編造的新聞如下：「歐巴馬總統在聯合國會議上向各國元首致意，與伊朗總統艾馬丹加（Mahmoud Ahmadinejad）握手。」這條新聞附有一張修改過的照片，呈現歐巴馬與艾馬丹加握手的畫面。實際上這兩人從未親身碰面。儘管如此，參與《石板》雜誌這場非正式實驗、看到這條「新聞」的人之中，仍有將近一半說自己記得在一年前看過這條新聞。其中一名讀者留言說：「對這次會晤，《芝加哥論壇報》（Chicago Tribune）還刊登過一大張照片。」另一人留言：「我印象最深的是，很多共和黨部落格格主大肆攻擊這次握手。」整體而言，高達三分之一的回應者誤以為他們之前曾看過假新聞裡報導的事件，請他們判斷新聞的真偽時，許多人無法區分真實的新聞和編造的新聞。

　　人們容易接受假新聞的原因是什麼？[24] 人腦之所以容易受到社會感染，有部分來自於我們容易相信與既有信念相符的資訊，進而容易記得這些資訊。如果一則假新聞與我們本身的偏好相符，會更容易消化吸收。羅芙托斯的實驗結果與社會感染的研究一致，一旦假新聞裡的訊息引發情緒、除了文字還伴隨照片，以及來自我們已知且信任的來源，我們對這條假新聞的相信程度也會提高。

　　在社會感染中，「熟練程度」（fluency）的角色也很重要。如果我們重複接觸某個假訊息，就有可能對它愈來愈熟悉，然後影響我們對事實的認知。[25] 正如之前介紹過的，我們可以經由一次次的接觸而逐漸得到語意知識，相似的機制也可以讓我們產生並非根據事實而來的信念。我們都聽過一些廣為大眾接受的「事實」，但其實都是錯的，例如「從太空中可以看到萬里長城」、「麻疹腮腺炎德國麻疹混合疫苗會導致自閉症」、「維京人的頭盔上有角」、「你只用了大腦的 10%」。這些迷思因為有大量的人重複傳誦，產生了自己的生命。在社群媒體網路中，我們往往只關心感興趣的話題而形成同溫層，如果一則訊息透過不同的人多次分享，就可能迅速發生社會感染。

　　公關顧問和選戰軍師善於透過社群媒體等管道來散布錯誤資訊，技術之高超，讓記憶研究者幾乎無法望其項背。最近有人特別針對「誘導式民調」（push poll）做研究，這種民調的設計不是用來蒐集意見，而是用來散播錯誤訊息。[26] 誘導式民調第一次得到大眾注意，是在 2000 年美國南卡羅來納州（South Carolina）共和黨初選的時候，角逐者有布希（George Bush）和馬侃（John McCain）。投票日將近之時，南卡羅來納州的選民接連收到布希陣營的民調，例如「如果知道馬侃有一個深色皮膚的私生子，你會更可能或更不可能投票給他？」馬侃確實從孟加拉的孤兒院收養了一個小孩，所以這個問題顯然是精心設計的錯誤資訊。其他問題則植入對馬侃的影射，像是他「提出美國史上最大幅度的增稅」，以及想要「讓工會和媒體對選舉結果有更大的影響力」。當馬侃得知這些誘導式民調時，對這種伎倆加以駁斥，但是傷害已經造成，他在初選落敗。

　　誘導式民調的運作方式似乎是讓錯誤資訊潛入記憶。愛爾蘭有一個實驗，參與者超過一千名，研究團隊令人驚訝的展示了他們能夠「汙染」一個人的記憶到什麼程度。他們虛構出一個名叫凱瑟琳的政治人物，請參與者回想凱瑟琳某個無關痛癢的故事，結果研究中有超過一半的參與者被誘導式民調裡的錯誤資訊影響。這個研究進一步顯示，誘導式民調如何強化相關假新聞的信念與記憶，讓教宗方濟各、愛爾蘭總理瓦拉德卡（Leo Varadkar）和美國前總統川普（Donald Trump）等真實的公眾人物受到影響。

在這類實驗中，參與者會接觸到一樣的錯誤資訊，但在真實世界中，不同的社會群體常常是透過不同的來源，吸收和分享訊息。隨著我們在文化、種族和政治立場上變得愈來愈分歧，社會感染可能導致我們對同樣的事件發展出完全不同的記憶，由此也對現實產生不同的觀點。這一切都可能導致兩極化和部落主義，而有關「另一邊」的負面錯誤資訊便可能得到強化，加劇有害的刻板印象。

幸好，可以透過事實查核來減輕假新聞的效應，不過相關的修正必須以正確的方式傳達。在一個研究中，有超過五千名參與者閱讀附有照片的新聞標題，其中有些是確實的事件，有些則是編造的事件。[27] 這個實驗的設計是想確認，第三方事實查核網站的資訊能否用來防止人們記住編造的事件。結果顯示：時機是關鍵。當事實查核的警告出現在閱讀前或閱讀時，對於把錯誤新聞當真只有少許影響，但是在閱讀結束後提出警告，贊同假新聞的機率降低了 25%。這些發現顯示，在閱讀假新聞後進行事實查核，可以讓我們更新記憶，降低錯誤資訊的影響。

建立更好的敘事

雖然在大多數記憶研究者關心的主題中，共同記憶目前只是雷達顯示幕上的一個小點，但在社會學家和歷史學家眼裡，共同記憶卻是頗有份量的題目。他們認為記憶是建立歷史敘事（historical narrative）的機制，而歷史敘事影響著文化認同與國家認同。

縱覽科學成果，我們看到人類記憶的奇妙特性創造出一套完美的條件，導致群體在建構過去時，形成具有選擇性、有時甚至是偏頗的視角。我們習慣在性質接近的群體中採用某種特定的視角，優先選擇能鼓動情緒、與我們過去的信念相符，以及有權者擁護的訊息。這個效應容易在社會網路中放大，於是同一個圈子的人對同一件事情也會有更為一致的記憶。再者，透過個人的記憶扭曲，以及分享外來的錯誤資訊，社會網路也會加速假訊息的傳播。

在實驗室裡，請隨機組成的陌生人群體一起記憶相當隨意的事物時，我們不難察覺集體記憶的選擇性和可塑性。但在真實世界中，當我們共同建立文化或國家的歷史敘事時，背後卻受到更深遠的影響。集體記憶的運作方式意味著，握有權力、能優先發表意見、說得最多，以及語氣最有自信的特權人士，更能塑造這份集體敘事。

我們也可以從集體記憶的研究中學到正面的一課：不同的視角能帶來好處。既然同質性對集體記憶有壞處，就代表多樣性能帶來好處。當我們察覺有不同的視角存在，或嘗試採用不同的觀點時，會變得能夠接受不符合先前信念的資訊，因而有機會更正錯誤的概念，克服偏見。

　　集體記憶的研究已經告訴我們，當群體成員願意主動納入每個人能提供的訊息時，無論這個群體是記憶實驗室裡一群不相識的人，或是親密關係中的伴侶，都可以讓彼此記得更多。做為社會的一份子，我們可以讓目光超越戰爭或總統任期、考慮一般人的經驗與視角、納入邊緣社群的立場，藉此對我們的過去獲得更好的理解。如果我們向更多與自己不同的人學習，並找到彼此的共同之處，便可以從多樣化的觀點獲益，也能讓這些觀點不至於消失在「觀念的自由競爭」中。

尾聲
動態的記憶

每個人都是自己記憶的詩人。……然而也如同作一首好詩,書寫
從未真正完成,因為時間總會帶來不同的視角,讓詩作獲得嶄新
的意義。

——理查赫爾(Richard Hell),歌手

本書始於一個問題:「我們為什麼會記得?」從我第一次用
黏糊糊的導電膠把電極貼在實驗對象的頭上以來,時間過了將近
三十年,我仍然沒有一個簡單的答案。

但是沒關係。

我在學習和記憶的世界裡進行的迂迴旅程中學到一件事:我
們為什麼會記得,並沒有單一的答案,因為要解釋我們回想過
去、受到過去改變的方式很多,並沒有單一的機制或原則。我們
的記憶是大腦的產物,而我們的大腦是好幾百萬年間一連串妥協
的產物。這些妥協是演化限制下所能做的選擇,本身同時牽涉到
成本與收益。

我們使用記憶的方法有許多種,都要透過許多因素的交互影
響才能達成,包括演化上較為久遠以前的腦部結構(如海馬迴、
杏仁體和依核)與相對較新的結構(如鼻周皮質、前額葉皮質和

預設模式網路），還有可以促進神經可塑性的神經調節物質（如多巴胺和正腎上腺素）。調整神經讓我們能夠流暢的處理熟悉的事物；記憶讓我們面對不同、新穎或非預期的事物；事件記憶可用來預測未來可能發生什麼事；我們利用新資訊來更新記憶，也從錯誤中學習；共享記憶的方式讓我們能夠不斷重塑自己生命和所屬文化的敘事——這一切過程，都反映出一個複雜交織的系統，而像我這樣的神經科學家則日夜努力，試圖詳細了解這個系統的本質和功能。

我在加州大學戴維斯分校的實驗室叫「動態記憶實驗室」（Dynamic Memory Lab），之所以取這個名稱，有部分原因在於我認為記憶是大腦隨著時間改變的過程。在我們每天的生活中，神經元之間的連結總是不停的形成與修改，因此細胞群組才能幫助我們感知周遭的世界，與之互動，並加以了解。這些神經網路以精細複雜的方式相互連結，讓我們有能力把過去的絲線編織在一起，也才讓我們有可能預見未來。

隨著我們從出生逐漸邁向老年，記憶在每個生命階段都扮演著獨特而重要的角色。[1] 多數動物在一生中，都被繁殖占據了最重要的時間。人類則不同，我們在青春期前有著長時間的腦部發展，不再能夠生殖後又有長足的壽命。演化會偏好一個很長時間無法繁殖的物種，看似有些奇怪，但很有可能，我們一生中學習能力與記憶能力的變化，或許為人類這個物種的繁盛帶來極為關鍵的好處。

發展心理學家賈布尼克（Alison Gopnik）主張，為了讓大腦的執行功能達到巔峰所需的漫長時間，或許指出我們的漫長童年正是為了不同的學習模式才存在，而這種學習模式特別適合家庭和社會。[2] 她認為兒童就像科學家，透過玩耍和探索，蒐集關於這個世界的資訊。兒童的腦最適於這種類型的學習，不會受到任何單一目標的限制；相對的，前額葉完全發育的成人則可以專注在對存活和成功而言最為重要的目標，並藉此照顧兒童所需。於是，年輕人或許較擅長發現新的事物、找到新的可能性，而每天忙於生存任務的成人則可能加以忽略。

我們也看到，事件記憶會隨著年齡增長而逐漸衰退，讓我們愈來愈常找不到鑰匙、想不起名字、忘掉剛才正在說些什麼，令人飽受挫折。但並非所有的記憶功能都會隨著年紀而改變，尤其是語意記憶，即使到老年也依然保持強韌。當事件記憶逐漸衰退，語意記憶卻依然能夠維持，這或許是老年記憶能力變化的一道線索。[3] 畢竟老年生活不再那麼以學習新事物和追逐目標為主，而是在於與周圍的人分享我們過往學到的知識。我們可以在原住民文化中看到老年生命階段的重要性：在群體中扮演要角的耆老，將關於語言、醫藥、採集和狩獵的文化知識傳承給年輕的世代。[4]

最近的研究顯示，人類可能不是獨有這類傳承角色的物種。虎鯨的壽命在繁殖期結束後也十分漫長，而更年期後的雌鯨似乎主導著文化知識和傳統的傳遞，像是狩獵的偏好、遊戲行為，甚至對同伴的偏好。如同人類的長者，虎鯨祖母一生累積的知識和經驗，對整個鯨群的存活十分關鍵。[5]

　　與其把我們的生命看作是從成熟終至老化與衰退的單一軌跡，不如把自己的生命看成是一連串的階段。在每個階段裡，記憶都透過演化擔任著應該扮演的角色，而在這個過程中，記憶將我們彼此聯繫了起來，讓我們得以立足在這個與社會群體互動的世界。

　　隨著我愈加了解記憶在我們生命中扮演的角色，我也愈來愈能夠意識到前方的困難挑戰。要完全了解我們為什麼會記得，我們科學家必須找到各種橋梁，既要連結毫秒、幾個小時到幾十年等時間尺度，還得連結從單一神經元的離子通道、由神經元所交織而成廣大神經網路，一直到由人類互動構成的社會網路等空間尺度。這是艱巨的任務，我懷疑有生之年是否可以完成。

　　幸好，我的目標不在於答案。科學不在於得到所有的答案，而在於提出更好、更能揭發事實的問題。知識拼圖裡總會有不完整的部分。但是尋找答案迫使我們以全新的方法看待世界、向深信不移的假設發起挑戰，並重新審視「我是誰」。

　　當我們認為記憶應該是過去的寫實紀錄，便會產生不切實際的期待，老是覺得沮喪。我們一直受到不完整過去的限制，總是忘記「過去」不僅塑造我們對「現在」的了解，也影響我們對「未來」的決策。只有當我們揭開神祕的面紗，開始看穿「記憶的自己」，才會了解記憶在人類經驗的每個面向都無所不在，並且意識到記憶是強大的力量，可以塑造一切，包括我們對現實的知覺、做出的選擇和計畫、與之互動的人，甚至是我們自己的身分。當我們愈認識「記憶的我」，也就愈可以把握先機，在自己的記憶中扮演主動積極的角色、從過去的鐐銬中解放，並利用過去，引導自己邁向更好的未來。

致謝

　　雖然乍聽之下可能有點奇怪，不過在學術研究的世界中，多數科學家不會因為寫書而受人尊重。要獲得學院中的教職、取得研究經費、升等、贏得同事的敬重，必須發表許多通過同儕審查的學術論文。寫書在這方面通常沒什麼影響力。也因此我寫這本書的動機比較不是基於專業因素，而是個人因素──或許算是利他主義、社會行動主義、自虐和自戀各含一些成分的集合吧。

　　這份甜蜜負荷的書寫工作都是在「閒暇」時完成，也就是在教書、與運作一間大學實驗室的經費來源和行政責任打交道、撰寫計畫的進度報告、出席系上會議、參加學生指導委員會、與大學負責人和贊助者開會、服務系上、學校和學會、履行同儕審查的義務，還有實際科學研究之外的剩餘時間。而因為全球疫情爆發，這一切又都變得更加複雜。我自己一人實在不可能克服一切困難。如果不是數不清的合作者、同事、朋友和家人，這趟旅程根本不可能完成。

　　我的經紀人紐曼（Rachel Neumann）和她在「創意構築」經紀公司（Idea Architects）的同事亞伯拉姆（Doug Abrams）與樂芙（Lara Love）看到我有潛力，能寫出一本「改變人生」的書。紐曼本身是卓然有成的作家，努力不懈的為我推銷本書計畫、與各方協商，同時對我的每份書稿提出寶貴的見解，並不斷敦促我精益求精。「創意構築」的國際經紀人夥伴史坦（Abner Stein）和瑪希經紀公司（Marsh Agency）幫助我接洽世界各地的出版公司。布赫霍茨（Jason Buchholz）對我的出版計畫書鼎力相助。還有「創意構築」的整個團隊，包括普林斯（Boo Prince）、樂夫（Ty Love）、雷農（Sarah Rainone）和尼克伯克（Alyssa Knickerbocker），都給予我信心，讓我親身了解寫作與出版過程中的種種細節。

我很幸運能與優秀的出版夥伴們合作。包括道布爾戴出版社（Doubleday）的副社長、非文學編輯部主任、同時也是三本普立茲獎書籍的編輯普波洛（Kris Puopolo），本書的英文書名也是他取的；以及助理編輯艾斯賓諾莎（Ana Espinoza）。在費伯出版社（Faber & Faber）則有編輯部主任哈桑（Laura Hassan）和出版部主任諾爾斯（Hannah Knowles）。她們完全了解我對本書的願景，也幫助我將之實現。

我尤其感謝霍伊（Wenonah Hoye）。她從一開始就驚人的了解該如何表達我想說的東西，而且對於科學論述和故事描寫之間的平衡也掌握得十分準確。她的樂觀、韌性、探究之心、耐心和智慧，使得這本書的撰寫成為令人愉快的過程。

有幾位才華洋溢的科學作家幫助這個寫作計畫的進行。美國邁阿密大學的認知神經科學家暨《巔峰心智》（*Peak Mind*）的作者阿米希查（Amishi Jha），她是推動我寫這本書的重要樞紐。密西根大學的認知神經科學家暨《強大內心的自我對話習慣》（Chatter）的作者克洛斯（Ethan Kross），他在電話上花費許多時間教導我寫作的過程。伊葛門（David Eagleman）、芬頓（Andre

Fenton）、葛詹尼加（Mike Gazzaniga）、勒杜克斯、列維廷（Dan Levitin）、米樂兒（Lisa Miller）、莫澤夫婦（Edvard and May-Britt Moser）、穆克吉（Siddhartha Mukherjee）、沙羅特（Tali Sharot）、薩波斯基（Robert Sapolsky）和沃克，花時間閱讀我的寫作計畫，並對我這個第一次寫書的新手給予推薦。

我要感謝美國國家衛生研究院、美國國防部、美國海軍研究部、麥克唐奈基金會（James S. McDonnell Foundation）、利華休姆信託（Leverhulme Trust），還有病態性賭博及相關疾患研究所，對我的研究予以支持。我很榮幸能夠得到古根漢獎（Guggenheim Fellowship），支持本書的寫作。

如果沒有能讓我請益的良師，我不可能獨自走過這些道路。埃文斯頓醫院的斯維特（Jerry Sweet）教導我臨床神經心理學的科學與精髓，他甚至到我的樂團演出看過幾次。我也要謝謝芝加哥西區榮民醫院臨床實習職員，還有那裡的榮民，謝謝你們對我的信任，讓我學到許多。我的研究生涯因為研究所指導老師派勒，以及博士後老闆德斯波西多、強生才得以前行。我從他們那裡學到的東西太多，難以言表。他們直到今天也仍給我支持，包括閱讀本書的部分篇章，並給我修改的建議。

有許多優秀同行閱讀本書的不同章節並提供回饋，我深感幸運，包括安東尼、德畢格（Felipe De Brigard）、羅芙托斯、馬瑟爾、納拉揚（Chandan Narayan；他是我表弟，我們曾同組樂團，現在是加拿大約克大學的心理語言學家）、皮德森（Nigel Pedersen）和拉加蘭。我也感謝艾欽保，在我的職業生涯初期對我多有照顧，他影響了我早期的科學發展，我永遠不會忘記他展現的創造力、仁慈，還有看到他人獨特優點的能力。

　　加州大學戴維斯分校是世界上研究學習、記憶和可塑性的頂尖環境。我要感謝伯蒂斯（Ken Burtis）和麥卡利斯特（Kim McAllister）讓我在這裡成立「記憶和可塑性計畫」（Memory and Plasticity Program），還有拉格蘭（Dan Ragland）幫忙把我的研究帶回臨床領域。二十年的好友兼我的非正式導師約尼林納斯，教導我人類的記憶有多複雜，在我們的合作中給我啟發，也幫助我在科學上精益求精。他也試著教我雪板，可惜我一直未能在試誤曲線上有所突破。在每週的記憶聚會上與約尼林納斯、威爾特根（Brian Wiltgen）和艾克卓姆（Arne Ekstrom）的討論，既拓展我的思考，也鼓勵我挑戰現況。我親愛的朋友蓋蒂是世界頂尖的人類記憶發展專家，同時也專精記憶的精確性和後設認知（metacognition）。她花費時間閱讀整本書稿並給予意見，在我們好幾次的牽狗散步途中，從個人和專業層面都提供充滿智慧的建議。歐萊利傳授神經網絡的學問給我，在過程中完全翻轉了我對於人類如何記憶、又是為何記憶的想法。在好幾次的立式划槳和無繩滑水之旅中，他和宗像裕子（Yuko Munakata；正在寫一本關於兒童發展的好書）花費許多時間與我談論和本書相關的話題。

　　這本書的基礎建立在我長年對加州大學戴維斯分校大學部學生的教學與指導。我們學生的背景極具多樣性，大約有 40% 是家族中第一個取得大學學位的人，許多學生的聰明與認真程度，只有在頂尖學府才能看到。自願參與我實驗室研究的大學生為我們發表的成果貢獻良多。如果沒有實驗室管理人員，我實在無法想像實驗室能做出任何研究。我最要感謝的是我指導或共同指導的研究生，還有博士後研究員，他們不斷開拓我的眼界，讓我看到人類記憶迷人又違反直覺的面向。他們的貢獻都藏在本書的DNA之中。

我的父母珊帕斯和阿努（Sampath and Anu Ranganath）讀了整本書的草稿，幫助我改進說故事的方式。更重要的是，從我的童年一直到現在，他們不斷給我鼓勵，相信我能夠做出某種重要貢獻，並以此信念為引導，我對他們十分感激。還有我的弟弟拉維和他一家（提夫、夏洛特和愛麗絲），我的兩位祖母莎瑪拉（Shamala Ranga）和維嘉亞（Vijaya Sampath），以及形同家人的查爾斯、勞莉和凱文（Charles, Laurie, and Kevin Ryavec），謝謝你們的支持與鼓勵。

我一直從女兒米拉身上得到啟發。我感謝她的包容，耐心聆聽我寫作時在絕望和狂喜之間無止盡的擺盪。她是個聰穎、善良又充滿創意的年輕人，目睹她在植物學上的職涯成長，是如此令人開心。

我最要感謝的人是我的妻子妮可，如果沒有她，我不會踏上成為科學家的旅程，更別說是寫出這本書。她的意志力、好奇心、聰明和智慧，多次啟發我克服自己的惰性，追隨直覺，在看似不可能的境況中創造機會。她閱讀本書的每份草稿，給我充滿洞察力的意見，她的鼓勵與愛幫助我度過許多書寫、焦躁與抱怨的時光。與此同時她還寫自己的書，她的作品將恢復被忽視者的集體記憶並予以留存。我們兩人的生命相加起來，確實令人難以忘懷。

附注

前言　認識記憶的我

1　參見 Kahneman and Riis 2005。康納曼 2011 年的巨著《快思慢想》（*Thinking, Fast and Slow*）詳細解析「記憶的我」和「經驗的我」之間的對比。本書表面上以決策為主題，但康納曼一生的工作其實大部分是關於決策如何受記憶影響。我在柏克萊的大學部時，上過他為高年級學生開設的決策相關課程，對我自己思考人類的認知有很大的影響。

2　Bartlett 1932。

3　我當時的指導教授戈特利布（Ian Gotlib）是 Gotlib, Ranganath, and Rosenfeld 1998 的第一作者。還有，萬一你對我們引發情緒的實驗過程有任何顧慮，請不用擔心，因為實驗結束時，我們會播放迪克西蘭爵士樂（Dixieland jazz），讓實驗參與者轉換心情，感覺輕快起來。我們選擇的曲子太過特殊，讓人很難不笑出來。

4　沙克特的文章（Schacter 2002）妥善說明了這一點。

第 1 章　心智在哪裡？

1　比爾頓（Nick Bilton），〈美國人的「資訊飲食」：每天 34 GB〉（The American Diet: 34 Gigabytes a Day），*New York Times*, December 9, 2009, http://archive.nytimes.com/bits.blogs.nytimes.com/2009/12/09/the-american-diet-34-gigabytes-a-day/；安德烈亞（Harris Andrea），〈人類的大腦每天裝入 34 GB 的資訊〉（The Human Brain Is Loaded Daily with 34 GB of Information），*Tech 21 Century*, December 2016, https://www.tech21century.com/the-human-brain-is-loaded-daily-with-34-gb-of-information/。

2　我的說明沒有太深入 Ebbinghaus 1885 謹慎小心且有點違反直覺的做法，這個過程稱為「省時法」（method of savings）。和多數現代記憶研究不同，艾賓浩斯沒有把他能夠回想起的三字母組數量加以量化。他的理由應該是這樣：即使無法立即想起某個背誦過的三字母組，它仍可能存在於腦袋中的某處。為了避開這個問題，艾賓浩斯會反覆背誦他的清單，直到全部記住為止。一段時間以後，他再重新背誦這份清單。艾賓浩斯假定，如果他對這些三字母組多少保有記憶，那麼第二輪時應該可以花較少時間背下整份清單。所以，艾賓浩斯追蹤遺忘速度的方式是，計算第一輪和第二輪記住整份清單所需時間的差異，他把這個測量值稱為「省時」。今天，已經很少有研究者採用艾賓浩斯的省時法，不過這並未削弱艾賓浩斯的結果，因為如果使用比較簡單的方法來測試遺忘曲線，仍然與他當時的量化成果大致相符。

　　如果你想進一步了解艾賓浩斯，但對於自我虐待沒那麼熱中，那麼羅迪格（Henry "Roddy" Roediger）在1985年為艾賓浩斯的書寫過一篇簡介。

3　艾賓浩斯，1964年，第6章，「數字重複的方程式表示記憶的留存」，第23段，「測驗和結果」。（Ebbinghaus 1964, Chap. 6, "Retention as a Function of Number Repetitions," section 23, "The Tests and Their Results."）

4　艾賓浩斯研究的大多是無意義資訊的記憶，只有一個實驗除外，他背下拜倫的《唐璜》（*Don Juan*）。如果把艾賓浩斯的遺忘曲線應用在較符合現實生活的事件，就不太清楚會發生什麼事。例如你可能會記得久遠過去的某次工作面試淒慘無比，卻忘掉談過什麼內容、或誰說過什麼話等相關細節。見 Radvansky et al. 2022。

5　Herculano-Houzel 2012。

6　伊葛門（David Eagleman）在2020年提供了一個科學上站得住腳的視角，為大眾解釋神經可塑性。

7　麥克洛德（MacLeod，準備出版中）對干擾理論提出一個絕妙看法。我在描述中刻意迴避一個爭論，即遺忘到底是因為記憶遭到消除，還是因為我們找不到它而已。這是個既重要又有趣的議題，但沒有人會去爭論不同記憶間的競爭是不是遺忘的因素之一。還有，我稍微擅作主張，把關於干擾的許多不同文獻濃縮在一起講，因為我認為重點是一樣的：記憶如同人生，競爭很可能非常激烈。

8　關於這個主題的更多討論，以及更加善用注意力的實際訣竅，參見 Gazzaley and Rosen 2016 及 Jha 2021。

9　這裡引用的是 Teuber 1964、Nauta 1971 及 Goldman-Rakic 1984。

10　在這裡我指的是 1990 年代後期至 2000 年代初期的前後十年間，在神經造影研究者之間的爭論：前額葉皮質到底是支持執行功能，還是維持工作記憶。通常認為後面這個觀點的主要提出者是賈可布森（Jacobsen 1936）及後來的郭德曼拉基奇（Goldman-Rakic 1987）。這個領域有許多人強調前額葉皮質對短期記憶或工作記憶的維護有一定的貢獻。但我不認為郭德曼拉基奇或哪位其他前額葉皮質專家會相信這是唯一的功能。郭德曼拉基奇所參考的工作記憶相關文獻來自她自己對於前額葉功能的想法，以及巴德列和希區（Baddeley and Hitch 1974）對工作記憶提出的心理學模型，她從兩者之間的相似處得到啟發。

　　關於工作記憶和長期記憶的關係，更廣泛的討論可參考 Wagner 1999、Tanganath and Blumenfeld 2005 和 Jonides et al. 2008。

11　可參見 Braver et al. 1997 和 Cohen et al. 1997。

12　在這一整段中，我指的是側額葉皮質、前額葉皮質和額葉極皮質（frontopolar）。前額葉其他區域，如額葉眼眶面皮質（orbitofrontal cortex）和內側前額葉皮質（medial prefrontal cortex）的局部損傷，造成的記憶缺損似乎也不同。我不認為這些區域在記憶上的功能已經得到適當的解答，所以我沒有討論這些區域的文獻。內側前額葉皮質和額葉眼眶面皮質的損傷之間有所關聯，通常是因為前交通動脈（anterior communicating artery）的動脈瘤破裂而引起，另外還有虛談症（confabulation），我在第 4 章會談到。

13　從發生局部額葉病變的若干病患身上得到這個結果（Gershberg and Shimamura 1995；Alexander, Stuss, and Gillingham 2009；Stuss et al. 1996；Hirst and Volpe 1988；Della Rocchetta and Milner 1993。評論請見 Blumenfeld and Ranganath 2019）。

14　在這段話中，我指的主要是背外側前額葉皮質（dorsolateral prefrontal cortex）（布洛德曼 9 區和 46 區）和額葉極皮質（布洛德曼 10 區），我相信它們是領域共通執行功能（domain general executive functions）最重要的區域（可參照 Wagner 1999；D'Esposito and Postle 2015）。我使用「明顯」，是因為研究者已經發現，在處理某些類型的材料時，該特定額葉區域表現出活動有所提升（例如 Courtney et al. 1998），但是工作記憶過程中牽涉到額葉的區域，並不像後腦皮質那樣有特定部位（Ranganath and D'Esposito 2005；D'Esposito and Postle 2015）。這裡的要點是，前額葉皮質並非「製造」工作記憶本身，而是有助於工作記憶，例如注意力、推理、計畫等等。

15　對於德斯波西多實驗室這段時期的驚人研究，本段落只點到為止。相關文獻包括 Druzgal and D'Esposito 2001, 2003；D'Esposito et al. 2006；D'Esposito, Postle, and Rypma 2000；Ranganath, Johnson, and D'Esposito 2000；Ranganath, DeGuits, and D'Esposito 2004；Ranganath et sl. 3005。這個主題的更多相關資訊，請見 Ranganath and D'Esposito 2005、D'Esposito and Postle 2015、Jonides et al. 2008，尤其是 Badre 2020。

16　關於執行的比喻，是由普利布蘭（Pribram, 1973）首先提出的，再由巴德列和威爾森（Baddeley and Wilson, 1988）、諾曼和莎萊斯（Norman and Shallice 1986）加以延伸。弗斯特（Fuster, 1980）進一步以略有不同的觀點討論前額葉皮質的角色，並與隨著時間的感覺和行動連結起來；我認為這也屬於執行理論的一種。

17　Diamond 2006、West 1996、Moscovitch and Winocur 1992、Craik 1994、Craik and Grady 2002；後者對發育和年齡相關因素如何影響額葉功能與記憶，做出優秀的評論。

18　見 Arnsten 2009a。

19　關於認知老化和相關的實用建議，更為全面的介紹可參見 Levitin 2020 和 Budson and Kensinger 2023。

20　我指的是哈什（Lynn Hasher）和坎伯（Karen Campbell）的研究，尤其是「高度連結」（hyper-binding）的研究（見 Zacks and Hasher 2006；Campbell, Hasher, and Thomas 2010；以及 Amer, Campbell, and Hasher 2016）。

21　見 Covre et al. 2019 和 Uncapher and Wagner 2018。

22　關於如何應付資訊過載，可以參考列維廷（Levitin 2014）的著作，這本書以科學為基礎，易讀又實用。

23　之所以說「很難」而不說「不可能」，是因為如果經過訓練，可以把
　　兩件任務結合成一件。關於我們如何掌握複雜的任務，我強力推薦
　　Badre 2020。

24　在前額葉皮質的研究裡有太多值得引用的人，而米勒爾（Earl Miller）
　　就是頂尖的一位。

25　這裡我描述的是我們和諾達爾（Christine Nordahl）、賈古斯特（Bill
　　Jagust）及狄卡利（Charles DeCarli）的研究（Nordahl et al. 2005, 2006；
　　Lockhart et al. 2012）。

26　見 Douaud et al. 2022 和 Becker et al. 2021。

27　見 Krause et al. 2017；Abernathy, Chandler, and Woodward 2010；以及
　　Arnsten 2009b 的評論。

28　見 Voss et al. 2013 和 Fillit et al. 2002。

29　Jia et al. 2023。

30　本段關於照相對記憶的效應，主要是基於 Henkel 2014、Barasch et al.
　　2017 和 Soares and Storm 2018 等研究。文獻顯示，拍照並不單純對記
　　憶有好或不好的效應，要視你怎麼做而定。關鍵因素包括如何引導
　　自己的注意力，以及是否以有意義的方式投入攝影主題。

第 2 章　時間和空間的旅人

1　John Waston 1913 講述了我這邊說明的情況。

2　Tulving 1972。

3　Tulving 1985。

4　神經網路的啟發有部分來自一篇 1943 年的文獻，文中神經心理學
　　家麥克古洛區和數學家畢茨（McCulloch and Pitts 1943）利用電路來
　　模擬簡單的神經元網路。另一個重要貢獻者是赫柏（Donald Hebb
　　1949），他是位開路先鋒，也是米爾納（Brenda Milner）的共同指導
　　教授；他提出記憶儲存在神經元緊密相連所構成的網路之中，之所
　　以能夠如此，是因為學習會導致特定神經元組之間的連結強度有條
　　理的提升或降低。在赫柏的基礎之上，馬爾（Marr 1971）提出劃時
　　代的電腦模型，根據海馬迴的生物學，建立出「簡單記憶」模型。
　　馬爾提出特定資訊進行編碼時可能需要海馬迴，而新皮質則可能對

整個經驗做歸納處理。

　　1980 年代初期有許多心理學家，包括麥克雷蘭德（Jay McClelland）、魯姆哈特（Donald Rumelhart）和 PDP 研究群（PDP Research Group 1986）等，使用神經網路來解釋許多學習現象。然而 1988 年卡本特（Gail Carpenter）和葛羅斯伯格（Stephen Grossberg）指出一個重大挑戰，他們稱之為「穩定性與可塑性的兩難」（stability-plasticity dilemma）。此處的兩難基本上是學習新資訊和捨棄先前學過的資訊之間的權衡——該如何設計一種網路，既可以從單一不尋常的經驗裡學習新的東西，又不會一股腦兒遺失過去訓練得到的所有東西？麥克羅斯基（Mike McCloskey）和柯恩（Neal Cohen）在 1989 年進行一組有系統的模擬來呈現這個問題的嚴重程度，並創造「災難性干擾」一詞。1995 年，麥克雷蘭德、麥克諾頓（Bruce McNaughton）和歐萊利（Randy O'Reilly）發表一篇文章，提出在面對穩定性與可塑性的兩難時，大腦的解決方法是演化出一個不同的「補充學習系統」。更明確的說，他們以馬爾 1971 年的文章為基礎，提出海馬迴可以從單一事件快速學習，但不擅長歸納，而新皮質雖然學得較慢，但與傳統神經網路一樣，擅長學習一般原則。正如我會在本書稍後談到的，這幾位作者提出海馬迴可以在我們睡覺時對新皮質「說話」，幫助新皮質學得更快，又不會發生災難性干擾。讀者可能會注意到，這裡引用的研究者中有不少人的姓以「麥克」（Mc）開頭，為何如此我也不知道。

5　我的研究所同學樂福（Brad Love）對於功能性磁振造影和電腦模擬的研究顯示，海馬迴在學習規則中的例外時確實發揮作用。可參考 Love and Medin 1998 和 Davis, Love, and Preston 2012。

6　米爾納當時是加拿大蒙特婁馬吉爾大學的研究生，共同指導教授之一是後來成為神經科學傳奇的赫柏，還有一位是傑出的神經外科醫師潘菲爾德（Wilder Penfield）（關於米爾納這段時期的更多研究工作，見 Xia 2006）。潘菲爾德用一種手術來治療癲癇，方法是對一邊的半腦切除一部分顳葉，藉此除去造成癲癇的區域。米爾納首次觀察到顳葉切除術病患的記憶缺損，就是在與潘菲爾德一起工作的時候（Penfield and Milner 2958）。在一次研討會上報告他們的觀察後，神經外科醫師斯科維爾（William Scoville）與潘菲爾德聯繫，說明自己遇到的類似經驗。為了治療一些精神和神經障礙，斯科維爾發展出一種更極端的方法，把兩個半腦的顳葉都切除。他為了治療莫雷森（Henry Molaison）的嚴重癲癇，也進行了這種手術。斯科維爾邀請米爾納來研究他的病患，包括有嚴重失憶問題的 H.M.（Scoville and Milner 1957）。現在我們已經知道，潘菲爾德的單邊顳葉切除術如果正好施用在引起癲癇的那側，實際上可以提升記憶。而記憶發生問題的病患，被切除的是正常側的組織。另一方面，斯科維爾的方法總是會讓病患的記憶惡化，因為他的做法總是會同時除去癲癇區和病患仰賴的另一側組織，就像是把一輛車的漏氣輪胎和另一側沒問題的輪胎同時拆掉一樣。

　　如果想了解更多 H.M. 令人驚異的人生以及他對記憶科學的影響，我推薦《永遠的現在式：失憶患者 H.M. 給人類記憶科學的贈禮》（*Permanent Present Tense: The Unforgettable Life of the Amnesic Patient, H.M.*），這是已故神經科學家科金（Suzanne Corkin）在 2013 年出版的回憶錄，她的職業生涯一直與莫雷森先生有密切的關係。

7　大多數神經科學家誤把 H.M. 的嚴重失憶歸諸海馬迴的傷害，但 H.M. 實際上只失去海馬迴的前三分之二，後三分之一仍然存在。他承受了新皮質的白質和灰質的巨大損傷（Corkin et al. 1997；Annese et al. 2014），幾乎可以肯定這造成他嚴重的記憶缺損。

8　蘿斯（Heidi Roth）和索莫（Barbara W. Sommer），〈訪問米爾納博士〉（Interview with Brenda Milner, Ph.D., Sc.D.），American Academy of Neurology Oral History Project, December 2, 2011, http://www.aan.com/siteassets/home-page/footer/about-the-aan/history/11aantranscriptbrendamilner_ft.pdf。

9　這個觀點最強有力的論述來自史奎爾（Larry Squire），他主張海馬迴對於「陳述式記憶」（declarative memory）不可或缺，而陳述式記憶包含了新的語意學習和事件記憶（評論可見 Squire and Zola 1998）。其中我最為贊同的是，如果你有海馬迴，便可以藉著事件記憶來提高學習新事實的速度。這基本上就是稍早提過的麥克雷蘭德等人的論點（McClelland, McNaughton, and O'Reilly 1995）。然後正如我稍後解釋的，鼻周皮質可以支持新語意知識的學習。

10　瓦爾加卡德並非研究海馬迴損傷失憶病患的第一人，但她那篇文章

（Vargha-Khadem et al. 1997）的獨特之處在於把焦點放在發展性失憶症。關於瓦爾加卡德、喬恩（Jon）和圖威的故事，可參見 Vargha-Khadem and Cacucci 2021。史奎爾和左拉（Squire and Zola 1998）主張喬恩和其他發展性失憶症病患之所以能夠學習新的語意知識，是因為他們的事件記憶能力還有一些空間；但這些人如何在嚴重失憶的情況下卻能比海馬迴損傷的成年人更快習得事實，就不怎麼合理。這些人很顯然是運用了新皮質的可塑性。在同一篇文章中，他們還主張事件記憶與語意記憶的差異，可能來自於對前額葉皮質的依賴程度有所不同，不過自從這篇文章發表之後，已經有更多證據顯示出，前額葉皮質對於有意取回的語意記憶和事件記憶都很重要，這也成為多數學者的共識。我們確實有理由相信部分的內側前額葉皮質對於主觀、第一人稱經驗的心智時間旅行有所貢獻，但仍有清楚的證據顯示，事件記憶的情境相關元素，仰賴的是海馬迴而非前額葉皮質（見 Ranganath 的評論，準備發表中）。

11　美國國家心理衛生研究院（NIMH）的哈克斯比（Jim Haxby）等人最早開始進行研究，檢驗功能性磁振造影資料中的活動模式是否含有有用的資訊（Haxby et al. 2001）。普林斯頓的波林（Sean Polyn）、諾曼（Kenneth A. Norman）等人把這個洞見應用到記憶研究，進行一個創新的研究，利用機器學習從立體像素模式（voxel pattern）中進行資訊探勘，也就是多重立體像素技術（multivoxel pattern analysis, MVPA），將人們用來從記憶中回想資訊的情境進行解碼（Polyn et al. 2005）。諾曼看到我的學生簡金斯（Luke Jenkins）的一些資料，建議我們嘗試一種不同的方法，稱為「表徵相似性分析」（representational similarity analysis, RSA；Kriegeskorte, Mur, and Bandettini 2008），這也就是我所說的「記憶密碼」方法。依我之見，表徵相似性分析比機器學習的解碼技術更有意思，因為它可以給你更豐富的資訊，探究當不同的記憶都有相似的人、物或背景時，是否也有相似的腦部活動模式。2010 年，史丹佛的薛貴（Gui Xue）和波爾德瑞克（Russ Poldrack）與我們實驗室同時發表文章（Xue et al. 2010；Jenkins and Ranganath 2010），是最早用表徵相似性分析來檢驗事件記憶的兩項研究。

12　欲知這個方法如何實行，請參考評論 Dimsdale-Zucker and Ranganath

2018。

13　本段落描述的並不是單一研究。我在這裡描述的情況，是為了以較為簡化的方式呈現我們從 2010 到 2020 年的大量研究（Jenkins and Ranganath 2010；Hannula et al. 2013；Hsieh et al. 2014；Ritchey at al. 2015；Libby et al. 2014, 2019；Wang et al. 2016；Dimsdale-Zucker et al. 2018, 2022）。我們為記憶研究所做的表徵相似性分析技術，是由全明星隊伍領頭發展，成員包括迪姆斯代爾祖克（Dimsdale-Zucker）、簡金斯、麗比（Laura Libby）和謝良典（Liang-Tien Frank Hsieh，當時是我實驗室的學生），還有利奇（Maureen Ritchey，當時是博士後研究員，現在已是波士頓學院卓然有成的教授）。

14　這裡指的是「海馬索引理論」（hippocampal indexing theory）（Teyler and DiScenna 1986；Teyler and Rudy 2007）以及「認知地圖理論」（cognitive mapping theory）（參見 O'Keefe and Nadel 1979）。

15　這項發現被稱為「時間鄰近效應」（temporal contiguity effect）（Healey, Long, and Kahana 2019），有若干研究已經使用這個效應，顯示海馬迴如何根據時間和空間的情境來組織事件記憶。舉例來說，Miller et al. 2013 實際記錄癲癇病患的海馬迴細胞在虛擬實境中探索時的活動，稍後，當病患回憶虛擬實境經驗中發生的事件，探索時活躍的細胞在回憶時再次啟動。見 Umbach et al. 2020 和 Yoo et al. 2021。功能性磁振造影研究也有相符的證據，見 Deuker et al. 2016 及 Nielson et al. 2015。

16　這個理論由倫敦大學學院的歐基夫（John O'Keefe）和亞利桑那大學的內達爾（Lynn Nadel）提出，認為海馬迴演化出一種感覺，讓我們能夠掌握自己身處何處，而這種能力又為事件記憶奠定基礎，讓事件記憶能在時間和空間中定位（O'Keefe and Nadel 1978）。歐基夫後來因為在海馬迴中發現「位置細胞」（place cell）而獲得諾貝爾獎。位置細胞會在動物處於環境中的特定地點時活躍起來。想要了解演化觀點的更多細節，我強力推薦 Murray, Wise, and Graham 2017。

17　庫克是個天才。除了我們的研究（Cook et al. 2015）之外，他也研究其他物種的認知，甚至包括狗兒嫉妒情緒的磁振造影研究（Cook et al. 2018）。

18　關於時間、空間和事件記憶間的關係，評論可參見 Ranganath and

Hsieh 2016、Eichenbaum 2017，以及 Ekstrom and Ranganath 2018。

19　這裡簡單描述了以情境為基礎的記憶理論（Estes 1955；評論可參見 Manning, Norman, and Kahana 2014）。

20　見 Janata 2009。

21　見 Baird et al. 2018。

22　情緒對記憶產生最大影響力的情況似乎是，在你嘗試回想沒有任何線索的事件時，以及當你的情緒占據這個事件最顯著的核心地位時（Bower 1981；Eich 1995）。

23　見 Mandler 1980。

24　有些人確實「記得」自己最初幾年的事件，但並不是藉由心智旅行回到過去，而是因為他們看過照片或聽過家人談論那個事件，才產生了記憶。關於嬰兒經驗失憶的更多參考資料，見 Peterson 2002、Howe and Courage 1993，以及 Bauer 2004。

25　見 Ghetti 2017。

26　Johnson 2001。

27　見 Zacks and Tversky 2001。

28　評論見 Radvansky and Zacks 2017。

29　這段話總結了許多研究。Swallow et al. 2009, 2011 發現，在一段影片裡，比起在事件中間出現的物品，在事件邊界上（意即在事件的尾端）出現的物品更容易被記住。班亞科夫（Ben-Yakov, Eshel, and Dudai 2013）發現，海馬迴在短片尾端的活動，可以成功預測對這部影片的編碼。Baldassano et al. 2017 在這個發現之上，透過機器學習顯示預設模式網路（default mode network, DMN）的活躍模式（也就是記憶密碼）在邊界上呈現出很大的改變，而在預設模式網路改變時，海馬迴也出現活動高峰（也可參見 Ben-Yakov and Henson 2018）。我實驗室的雷賀（Zach Reagh）發現，海馬迴活動在人辨認出事件邊界時出現高峰（而不是在預設模式網路的活動模式改變時），且海馬迴的邊界反應可以預測人在完全不同的記憶測驗中所表現的個體差異（Reagh et al. 2020）。我實驗室的巴尼特（Barnett et al. 2022）發現海馬迴的活動，還有與預設模式網路的後內側子網路的功能連結，可以成功預測先前發生事件的編碼。最後，Lu, Hasson, and Norman 2022 用一個簡單的神經網路模型顯示，在事件結束時（而不是事件中間）形成事件記憶，對大腦來說可能是最理想的狀況。

30　札克斯（Zacks, 2020）有一篇佳作，評論事件邊界對記憶的影響，包括與老化有關的影響。雷賀和我（Reagh et al. 2020）從英國蒐集大量的功能性磁振造影數據並加以分析，發現海馬迴在事件邊界活躍起來的程度可以預測事件記憶的個體差異，而在事件邊界上的整體活躍程度會隨著年齡增長而降低。

31　更多關於正面記憶偏誤的討論，見 Adler and Pansky 2020；關於老化和記憶的正面影響，見 Mather and Carstensen 2005。

32　關於懷舊高峰，參見 Jansari and Parkin 1996；Krumhansl and Zupnick 2013；Schulkind, Hennis, and Rubin 1999；以及 Janssen, Jaap, and Meeter 2008。

33　Anspach 1934。

34　Newman and Sachs 2020。

35　具有高度優異自傳式記憶的特殊族群，似乎擁有精確的心智目錄，甚至能夠記得自己生命中的哪一天發生什麼事（見 Leport et al. 2012, 2016），然而奇怪的是，他們其他方面的記憶力卻似乎與常人無異，在實驗室的記憶研究中也不特出。另外有「嚴重自傳式記憶缺失」（Severely Deficient Autobiographical Memory, SDAM）的人，幾乎無法回溯自己的過去，而這些人通常不會反覆回想、反芻過去（Palombo et al. 2015）。自傳式記憶的世界權威萊文（Brian Levine）認為我有嚴重自傳式記憶缺失，可惜我倒是經常回想以前的事。

36　MacMillan 2017。

37　關於這個過程有一種觀點，稱為「反事實事件思維」（episodic counterfactual thinking），可以做為一種建設性的情緒調節策略，參見 De Brigard and Parikh 2019。

38　見 Gaesser and Schacter 2014。

第 3 章　減量、重複使用、回收再利用

1　Hagwood 2006。

2　Buzan 1984。

3　有一部紀錄片《記憶考驗》（*Memory Games*）（Stockholm: Momento Film, 2017），導演是托比亞斯（Janet Tobias）和韋利施（Claus

Wehlisch）；甘地（Lakshmi Gandhi），〈記憶冠軍溫特索爾相信任何人都可學會記憶〉（Memory Champion Yänjaa Wintersoul Believes Anyone Can Learn to Remember），NBC News, November 2018。

4　　溫特索爾，《宜家家居人體目錄測試（廣告活動）》（*The IKEA Human Catalogue Test* (advertising campaign)），藝術總監為奇伊（Kooichi Chee）和洛克（Jon Loke）（UK: FreeFlow/Facebook Creative, 2018）；*The IKEA Human Catalogue Test (Extended)*, YouTube。

5　　Miller 1956。我懷疑米勒說的「著名的政治家」可能是參議員麥卡錫（Joseph Raymond McCarthy），他激起美國群眾對共產主義威脅的偏執猜疑。

6　　關於這個有限的量到底是多少，或甚至這個數字是否真的存在，有一些爭論。米勒（Miller 1956）提出七這個著名的數字，往上加二或往下減二，成為「魔術數字」。我引用的三加減一是較近期的估計數字，出自較嚴謹的控制研究（見 Cowan 2010；Luck and Vogel 2013）。有些人並不贊同，認為不可能有具體數字。我對此沒有定見，但重點不在這裡。大家都同意我們能夠記在腦中的資訊量是有限的。

7　　米勒（Miller 1956）使用「再編碼」（recoding）來描述我們現在所稱的「意元集組」。司馬賀也使用意元集組。

8　　Newell, Shaw, and Simon 1958。

9　　Chase and Simon 1973。

10　司馬賀本來認為專家知識會改變西洋棋特級大師感知棋盤和棋子的方式（Chase and Simon 1973）。後來隨著他的研究演進，他相信專家知識改變的是人把資訊儲存在記憶裡的方式，因此可以利用西洋棋的結構來建立更為精細複雜的模板（Gobet and Simon 1998）。亦可參見 Ericsson and Kintsch 1995。

11　評論可見 Bukach, Gauthier, and Tarr 2006。

12　Moore, Cohen, and Ranganath 2006。

13　這裡可以找到一些文章：http://baseballanalysts.com/。

14　摩爾在 2016 年 12 月回到母校演講，那時正值芝加哥小熊隊贏得世界大賽冠軍之後，介紹詞是：「芝加哥的普林斯頓俱樂部邀請底特律老虎隊和芝加哥小熊隊的球迷，一同了解『魔術』背後的『數學』，有請『魔球之人』摩爾。」

15　巴特利（Bartlett 1932）將「基模」一詞用於記憶研究。康德（Kant 1899）把「基模」用在他的《純粹理性批判》（*Critique of Pure Reason*）。皮亞傑（Piaget 1952）提出基模如何在認知發展之中運作，魯姆哈特（David Rumelhart）（例如 Rumelhart and Ortony 1977）在人工智慧和記憶領域把基模進一步延伸。其他相關研究包括閔斯基（Minsky）的框架理論（Frame Theory）（Minsky 1075），以及善克（Schank）和艾柏森（Abelson）的腳本理論（Script Theory）（Schank and Abelson 1977）。順帶提一件小事，我在使用基模的複數時直接用 *schemas*，而不是較拗口的 *schemata*。

16　這裡我指的是托曼的「認知地圖」（cognitive map）概念（Tolman 1948）。托曼用這個詞彙描繪動物如何能夠把環境中重要地點之間的關係，變成精簡的心智表徵，藉此在空間中尋找方向。依我之見，托曼的描述相當符合巴特利所謂的基模。今天的科學家和科學記者誤把托曼的認知地圖詮釋為歐幾里得式的具象空間地圖（或者用來代表任何事物的二維坐標空間），完全誤解了托曼文章的重點。

17　Franklin et al. 2020 評論了這個領域的一些研究，包含一個關於如何學習和使用事件基模的電腦模型。

18　在使用電腦計算技術來鑑定新皮質中的網路方面，楊恩（Malcolm Young）（這一位是神經科學家，不是澳洲搖滾樂團 AC/DC 的吉他手）功不可沒（如 Hilgetag O'Neill, and Young 1997）。斯波恩斯（Sporns 2010）寫了一篇精采易讀的腦中網路介紹。

19　見 Raichle et al. 2001。

20　例如 Mason et al. 2007 和 Smallwood and Schooler 2015。我並不是認為在這些脈絡下討論預設模式網路不對。我想點出的是，在想像、做白日夢和自我反思之上，預設模式網路對很多種高階認知任務都有正面貢獻，這些高階認知任務就如我們在真實世界的所作所為，例如自傳式記憶的回想、在空間中辨別方位，以及理性思索。但如果你想多了解這個主題，我建議可以讀認知神經科學家巴爾（Moshe Bar）的《開始分心，就是快要變強了》（*Mindwandering*, 2022），這本書寫得既精采又容易閱讀。雖然巴爾確實是在談做白日夢時預設模式網路有什麼作用，但他的研究仍大大的影響我對預設模式網路有何功能的想法。

21　拉格（Mick Rugg）和我的談話帶給我靈感，把我推入預設模式網路的新天地。拉格是認知神經科學家，很有開拓精神，那時剛完成一篇影響力十足的評論，顯示當我們從學習過的字彙清單裡喚出記憶時，整個預設模式網路的活動都呈現提升（Rugg and Vilberg 2013）。他指出大家在功能性磁振造影的記憶研究裡視而不見的東西，和大家都在功能性磁振造影的腦部網路研究中看到的東西，兩者之間大有可相比擬之處。拉格引介我閱讀 Randy Buckner, Jess Andrews-Hanna, and Daniel Schacter (2008) 這項重要研究，文中呈現出以上所述的相似之處。

22　Ranganath and Ritchey 2012。

23　這裡說的「新的」研究成果，來自多勒（Doeller）（Milivojevic et al. 2015, 2016）和諾曼／哈森（Norman/Hasson）實驗室（Chen et al. 2017；Baldassano et al. 2017, 2018），他們的成果引起我的注意，但在自然刺激下的記憶研究方面，其他創新的功能性磁振造影為這些議題的思考先鋪下了道路（例如 Zacks et al. 2001；Swallow, Zacks, and Abrams 2009；Ezzyat and Davachi 2011）。

24　在我們第一篇合作發表的文章中，富蘭克林（Nick Frankin）（當時是葛什曼實驗室的博士後研究員）引入一個大規模的電腦模型，用來解釋基模、事件邊界，還有事件記憶的重建過程（Franklin et al. 2020）。

25　見 Barnett et al. 2022；Reagh et al. 2020；Cohn-sheehy et al. 2021, 2022；以及 Reagh and Ranganath 2023。

26　這些結果來自 Reagh and Ranganath 2023。我簡化了描述，不過我也建議讀者閱讀這項研究，以了解更詳細的訊息。我們實際上找出預設模式網路之下的三個子網路，而這些子網路各有不同。後內側網路（PMN）為各個咖啡店和超市的不同記憶編碼；內側前額網路（MPN）為超市和咖啡的共通記憶編碼；前顳網路（ATN）則為每個人物的不同記憶編碼。

27　Reagh et al. 2020 顯示海馬迴的活動在影片之中的事件邊界上出現高峰，而 Barnett et al. 2022 則顯示海馬迴與預設模式網路在事件邊界上的功能連結，可以預測這個事件的記憶編碼有多麼成功。值得注意的是，預設模式網路與海馬迴的整體連結雖然沒有在事件邊界出現高峰，但相對於稍後的記憶測驗中沒有回想起來的事件，連結提升確實與事件的成功編碼明顯有關。

28　Palmqvist et al. 2017。

29　羅林（Melissa Rohlin），〈詹姆斯的內心世界：獨家探訪他的籃球 IQ〉（Inside the Mind of LeBron James: An Exclusive Look at His Basketball IQ），*Sports Illustrated*, March 27, 2020, https://www.si.com/nba/2020/03/27/inside-the-mind-of-lebron-james-a-look-at-his-iq。

30　溫德霍斯特（Brian Windhorst），〈全面回想：勒布朗的偉大心智〉（Total Recall: LeBron's Mighty Mind），ABC News, July 22, 2014, https://abcnews.go.com/Sports/total-recall-lebrons-mighty-mind/story?id=24662461。

第 4 章　只是我的想像

1　Luria 1968, 11。

2　Johnson 2017。

3　這是簡化的說法，有興趣了解這個主題更詳細內容的讀者，可以參考 Sheldon, Fenerci, and Gurguryan 2019 和 St. Jacques 2012。

4　Addis, Wong, and Schacter 2007；Szpunar, Watson, and McDermot 2007；Hassabis, Kumaran, and Maguire 2007。

5　Miller 2007。

6　這裡對巴特利生平的描述取自 Roediger 2003。

7　Bartlett 1928a, 2014。

8　Bartlett 1932。

9　陶柏（Amanda Taub），〈威廉斯的直升機醜聞：明確時間線〉（The Brian Williams Helicopter Scandal: A Clear Timeline），*Vox*, February 9, 2015, https://www.vox.com/2015/2/5/7987439/brian-williams-iraq-apology-helicopter。

10　這個研究（Roediger and McDermott 1995）在課堂上常稱為 DRM，因為實驗流程是採用 Deese 1959 的方法再加以修改。

11　Schacter, Verfaellie, and Pradere 1996。

12　Griego et al. 2019, Beversdorf et al. 2000。不過，有自閉症類群障礙

的人，可能有時候會顯現出典型的偽記憶模式，見 Solomon et al. 2019。

13　神經科學家也一樣。許多科學家想要找出個別記憶的神經基質，又稱為「記憶痕跡」（engram）（如 Josselyn, Köhler, and Frankland 2017）。我覺得藉由神經科學尋找記憶痕跡，反映出背後的一種前提假設，也就是認為記憶是對過去的靜態主觀紀錄，但我站在巴特利這邊，即同樣的經驗可以用來建構幾乎無限多種記憶。

14　Owens, Bower, and Black 1979。

15　Pichert and Anderson 1977。

16　Huff et al, 2017。

17　Anderson and Pichert 1978。

18　Loftus and Palmer 1974。

19　我在杜克大學的朋友德畢格（Felipe De Brigard）是這方面的專家。他已經揭露，當我們做著「如果當初……又會如何」的想像時，預設模式網路會參與其中。De Brigard and Parikh 2019 為這個新發展出來的研究領域做了清楚的簡介。

20　Johnson and Raye 1981。為了讓事情看起來直截了當，我在本文中沒有提到強生把架構擴充，包含了我們如何看待所有意識經驗的來源，也稱為「來源監測」（source monitoring）（Johnson, Hashtroudi, and Lindsay 1993）。

21　Johnson et al. 1988。有一件相關的事情，當我在唸研究所時，我的辦公室室友（同時也是波士頓紅襪隊的死忠球迷）貢薩維斯（Brian Gonsalves）和我們的指導老師派勒（Ken Paller）也在神經裡找到這個想法的證據（Gonsalves and Paller 2000）。想起一個你不久前看過的物體所激發的腦視覺區活動，比起你只是想像那個物體時要強烈得多（亦可參見 Wheeler, Petersen and Buckner 2000；Nyberg et al. 2000）。

22　關於這個主題，有一篇不錯的評論，見 Simons, Garrison, and Johnson 2017。

23　在我的論文研究裡（Ranganath and Paller 1999, 2000），我使用事件相關電位（event-related potentials, ERPs），這可以清楚告訴我們人在何時及如何監測自己記憶的精確程度，但是無法讓我們弄清人在進行來源監測時，前額葉皮質中活躍的是哪些部位。我和強生及德斯波西多的功能性磁振造影研究（Ranganath, Johnson, and D'Esposito 2000, 2003）找出了那些部位。

24　例如 Dobbins et al. 2002；Schacter et al. 1997；Wilding and Rugg 1996；Cabeza et al. 2001；Johnson , Kounios, and Nolde 1997；Johnson et al. 1997；Curran et al. 2001。Rugg and Wilding 2000 為這段時期發表的認知神經科學文獻做出絕佳的評論。

25　Buda et al. 2011。

26　我過去在臨床工作期間發現虛談症並不常出現，而且時間通常很短暫。文獻中報導的案例往往還伴隨著失憶症（肇因於間腦的損傷）；也有執行功能的缺損（肇因於內側前額葉皮質和額葉眼眶面皮質的損傷）。關於這個主題，我的想法深深受到莫斯科維奇（Morris Moscovitch）的影響，他在書中（Moscovitch 1989）有一章專門討論虛談症。Johnson et al. 2000 也對虛談症做過評論。

27　Montague 2019。

28　Hashtroudi, Johnson, and Chrosniak 1989。

29　Gonsalves et al. 2004；Thomas, Bulevich, and Loftus 2003。

30　Hassabis et al. 2007。我要補充的是，Maguire, Vargha-Khadem, and Hassabis 2010 發現其他失憶症患者並沒有想像方面的問題。我懷疑那些無法想像未來的人，有著海馬迴和預設模式網路之間無法聯繫的問題（Barnett et al. 2021）。

31　Bartlett 1928b。

32　Schacter and Addis 2007；Schacter, Addis, and Buckner 2008。

33　Beaty et al. 2018、Madore et al. 2019。

34　Duff et al. 2013、Thakral et al. 2020。

35　Thakral et al. 2021。

36　Austin Kleon, "Re-imagining from Memory," March 26, 2008, https://austinkleon.com/2008/03/26/re-imagining-from-memory/。

37　我明白有一些先進的人工智慧應用程式經過大量資料集的訓練，使用的這些資料集可說相當具有多樣性。然而，在網際網路上能夠拿來訓練生成式人工智慧模型的內容，並非人類作品的隨機樣本，而且人口中某些族群得到過高的比重。再者，這些程式通常是為了特定的任務而訓練，例如預測一個句子裡的下一個字彙，或為影像貼上標籤。這與人不為了特殊目的而接觸刺激是不太一樣的情況。人類藝術家也能從一些不同來源看出相同之處，從中汲取靈感，但這些來源則可能被人工智慧產品處理為完全不同的作品。話雖如此，我確實認為人類藝術家可以利用生成式人工智慧來創作新穎的作品，就像視覺藝術家透過拼貼創作，或嘻哈音樂家把既有作品的片段大量重疊。

38　Scenic，〈找出畢卡索最重要的影響：從藍色時期到立體派〉（Picasso's Greatest Influences Explored: From the Blue Period to Cubism），November 3, 2020, https://www.scenic.co.uk/news/picassos-greatest-influences-explored-from-the-blue-period-to-cubism。

39　焦雄屏（Peggy Chiao），〈黑澤明早期的影響來源〉（Kurosawa's Early Influences），Criterion Collection, October 19, 2010, https://www.criterion.com/current/posts/444-kurosawa-s-early-influences。

40　Ghansah 2011。

第 5 章　不只是一種感覺

1　這個主題頗複雜，在社會和個人層面的臨床心理學家、情緒神經科學家、甚至人類學家之間都有激烈的辯論。這裡是我自己對情緒的界定，受到紐約大學神經科學家（暨音樂家）勒杜克斯的影響。勒杜克斯把有意識的感覺與「生存回路」加以區分（LeDoux 2012）；後者在我的解釋中等同於動機回路（motivational circuit）。

2　經常如此，但不必然如此。再強調一次，情緒和生存回路之間的關係很複雜，有幾種不同觀點（見 Adolphs, Mlodinow, and Barrett 2019；Gross and Feldman Barrett 2011）。

3　見 Avery and Krichmar 2017 的評論。

4　評論見 Nadim and Bucher 2014。附帶一提的是，我應該要澄清，在這一章裡，我會討論不同神經調節物質在特定記憶過程中扮演角色的證據。我的目標是以簡單易懂的方式介紹重要發現，但我也希望想要更深入的讀者能夠明白神經調節物質十分複雜，而且不同的神經調節系統也會彼此互動，例如位於腦中的藍斑核（locus coeruleus）會釋放正腎上腺素和多巴胺。也因此，人腦中應該不可能有任何一種神經調節物質會獨立執行一項功能。

5　評論可參見 Kandel, Dudai, and Mayford 2014、McGaugh 2018，以及 Takeuchi, Duszkiewicz, and Morris 2014。

6　見 Mather 2007 及 Mather et al. 2016。另外，這裡關於正腎上腺素的描述，同樣適用於因威脅和喜悅而讓你情緒激動起來的經驗。

7　Mather 2007。

8　評論可參見 McGaugh 2018。有一個關於用詞的說明：當某個事件的記憶在事件結束後受到藥物或神經調節物質的影響，神經科學家會說這種化學物質影響了「記憶鞏固」。我在這裡避免使用這個詞彙，主要是因為它在文獻中被用來指稱許多不同的東西，而每種用法各有不必要的包袱。具體而言，神經調節物質影響記憶的編碼，也影響記憶的鞏固。

9　見 Phelps 2004 及 LaBar and Cabeza 2006。有一個針對這一點進行的研究：Ritchey et al. 2019。還有，我在此強調海馬迴，但 Yonelinas and Ritchey 2015 很好的說明了杏仁體和鼻周皮質的團隊合作，只是這裡沒有辦法擠進更多資訊。

10　Adolphs et al. 1997。

11　見 Bechara et al. 1995。

12　見 Lensvelt-Mulders et al. 2008。

13　見 McEwen 2007、Sapolsky 2002，以及 Godoy et al. 2018。

14　這裡要歸功於米涅卡（Sue Mineka）精神病理學研究的畢業討論會（評論見 Mineka and Kihlstrom 1978）。

15　McEwen, Weiss, and Schwartz 1968。

16　Shield et al. 2017；Wolf 2009；Sazma, Shield, and Yonelinas 2019。

17　我在接下來幾個段落會描述一些關於壓力的發現，都是來自 Shields et al. 2017 的整理。關於瘋狂的高空跳傘實驗，來自 Yonelinas et al. 2011；更棒的是，發表這篇論文的期刊就叫《壓力》（*Stress*）。

18　評論請見 McIntyre, McGaugh, and Williams 2012。

19　評論見 Sazma, Shields, and Yonelinas 2019。

20　本書中引用的動物科學研究和實驗，都在美國實驗動物照護及使用委員會（Institutional Animal Care and Use Committee）的監督之下進行，確保這些動物的福利符合最高標準。

21　關於這個議題，Sapolsky 2003 提供不錯的評論。我們也研究過個體對壓力的不同反應（藉由測量皮質醇濃度）如何影響記憶（McCullough et al. 2015；Ritchey et al. 2017；Shields et al. 2019）。

22　阿爾斯頓（Amy Arnstern）是前額葉皮質內神經調節物質的專家，根據動物模型的研究寫過一篇傑出的評論（Arnstern 2009b）。關於人類的文獻評論，參見 Shields, Sazma and Yonelinas 2016。

23　Mineka and Kihlstrom 1978 討論如何可以預測和掌控焦慮。Lupien et al. 2009 評論了長期壓力的神經毒素影響。

24　Markowitsch 2003 描述了漫遊症的狀態，文中也介紹「心因性失憶症」（psychogenic amnesias）。

25　狄維托（Stefania de Vito）和德拉薩拉（Sergio Della Sala），〈克莉絲蒂的神祕失憶症是事實，或是對不忠配偶的報復？〉（Was Agatha Christie's Mysterious Amnesia Real or Revenge on Her Cheating Spouse?），*Scientific American*, August 2, 2017, https://www.scientificamerican.com/article/was-agatha-christie-rsquo-s-mysterious-amnesia-real-or-revenge-on-her-cheating-spouse/。

26　Harrison et al. 2017、Staniloiu and Markowitsch 2014。

27　Krischbaum, Pirke, and Hellhammer 1993。

28　Knight and Mehta 2017。

29　想要多了解這個主題的讀者，我強烈推薦薩波斯基（Robert Sapolsky）1994 年的好書《為什麼斑馬不會得胃潰瘍？》（*Why Zebras Don' Get Ulcers*）。學術文獻則見 Dickerson and Kemeny 2004。

30　Wise 2004；Robbins and Everitt 2007。

31　這部分的研究見於評論 Berridge and Robinson 2016。

32　Schultz 1997。

33　Herber 2011。

34　Pennartz et al. 2011。

35　Schultz 2006。

36　Cohen and Ranganath 2005, 2007；Cohen, Elger, and Ranganath 2007。

37　Cohen Ranganath 2007 和 Cohen, Elger and Ranganath 2007 利用腦電圖來測量贏得賭局的神經反應。

38　可參見 Cohen et al. 2005、Cohen and Ranganath 2005、Cohen 2007、Knutson et al. 2001。

39 這裡我指的是「同理落差」（empathy gap，也譯為「同理心差距」）。我是受到維單譚（Shankar Vedantam）的播客節目影響：*Hidden Brain*, December 2, 2019, https://www.npr.org/2019/11/27/783495595/in-the-heat-of-the-moment-how-intense-emtions-transform-us。相關學術文獻的評論，見 Loewenstein and Schkade 1999。

40 可參見如 Wise and Robble 2020、Volkow et al. 2007。不過藥物成癮的原因非常多，也不該忽視心理因素的影響（如 Hart 2017；Heilig et al. 2021）。

41 這裡我指的發現是：並非每個使用易上癮的「烈性毒品」（hard drug）的人都會成癮（Schlag 2020）。相關的大鼠研究文獻與人類流行病學研究的評論，見 Ahmed 2010。

42 Perry et al. 2014。

43 我的朋友葛什曼等人針對這個主題寫過一篇有趣的評論（Gershman et al. 2021）。

第 6 章　我身邊都是熟悉的面孔

1 克利利（Anne Cleary）是這個主題的一流專家。Cleary and Brown 2021 對這個主題提供深入、扎實又有趣的評論，引用了歷史、宗教、哲學、心理學和神經科學等各方面的研究。

2 我曾讀到每三人就至少有兩人有過既視感的經驗，但是找不到這個估計的確實來源。我的朋友暨同事皮德森（Nigel Pedersen）研究這個現象（並針對這個段落給我很多協助），他說這個數字可能還低估了既視感的普遍程度，因為這類經驗發生時常常被人忽略，或者很快就忘掉。我曾在我的人類記憶課上做過一次非正式調查，幾乎每個人都可指出自己曾有過既視感或某種相關經驗（法文有很多詞彙能描述「發生過」的現象）。於是我採用「幾乎」這個說法，但每個人的經驗可能各有不同。

3 潘菲爾德是在與福斯特（Otfrid Foerster）一同工作時學會這種技術，並在稍後的文章裡報導來自幾名個案身上的發現（Foester and Penfield 1930；Penfield 1958）。

4 Penfield 1958；Mullan and Penfield 1959。此外，有些顳葉癲癇的人，在癲癇剛要發作前會出現強烈的既視感，這類徵兆是因為電流開始刺激大腦的這個部位（Hughlings-Jackson 1888）。

5   見 Ho te al. 2015。

6   艾賓浩斯（Ebbinghaus 1885）提到，有些經驗即使回想不起來，仍可以習得：「這些經驗不被意識察覺，卻仍產生效果，這種效果十分明顯，且可以證實他們先前有過經驗。」史奎爾（Squire 1986）、圖威和沙克特（Tulving and Schacter 1990）還有其他人支持「多重記憶系統」（multiple memory systems）假說，雖然這個假說有幾個不同的變化版本，但主要認為記憶的表達可以分為意識的（也稱陳述或外顯的）和無意識的（也稱非陳述、程序或內隱的）。羅迪格（Henry Roediger 1990）主張，曾經暴露在某事物之中，下次可以幫助你更容易處理那樣事物（也就是變得流暢）。這種觀點認為，有時可以在一個人沒有察覺的情況下流暢的處理某種刺激，而在某些條件下，人即使缺乏那個刺激的事件記憶，仍可以對這些流暢效果產生自覺。人當然可以流暢的處理字彙或物品，而對自己不久前看過的相同東西沒有自覺。還有一個普遍的共識，是事件記憶的梗概（關於何人、何事、何地、何時，以及如何）儲存在新皮質，而新皮質細胞群組的學習過程也驅動了促發效應。因此，其他人像是柯恩和艾欽保（Cohen and Eichenbaum 1995）提出，比較合理的做法是區分成兩件事：來自特定新皮質區域的學習所獲得的熟練流暢效果，以及透過海馬迴和新皮質的互動而記得事件的能力。我自己對此的看法則混合了羅迪格和柯恩與艾欽保。

7   密許金是位創新的神經科學家，任職於美國國家心理衛生研究院，透過猴子研究記憶的神經基礎。他對瓦爾加卡德在發展性失憶症的研究印象深刻，之後在 1997 年大膽提出鼻周皮質可能足以支持語意知識的取得過程，而事件記憶則需要海馬迴（Mishkin et al. 1997）。艾格頓和布朗（Aggleton and Brown 1999）主要透過猴子和大鼠研究記憶，把這個想法往前推進，他們的貢獻值得更多認可；他們提出鼻周皮質也可以基於熟悉程度來支持記憶。我也極力推薦閱讀歐萊利和諾曼清晰易懂的評論（O'Reilly and Norman 2002），文中介紹電腦模型如何提供洞見，了解鼻周皮質和海馬迴對熟悉感和事件記憶的不同作用。

8   約尼林納斯提出確實的事件記憶（也就是回憶）可以和人基於主觀

經驗而得的熟悉感加以區分（Yonelinas 2001）。約尼林納斯採用的一種方法是，請人辨認圖片中曾經看過的文字，然後對自己每次的記憶判斷有多少把握（也就是自信程度），給予 1 至 6 分的評分（Yonelinas 1994）。當他們有事件記憶的經驗並能加以回憶時，分數為 6，也就是他們完全有把握那個字彙是「舊的」。例如，如果他們在測驗裡看到「藍莓」，又在研讀這個字時記得自己對藍莓鬆餅的熱愛，這會讓他們評定為 6 分。但如果對研讀的字彙想不起任何特定的過往記憶，則在自信程度上可能給 4 或 5 分——實際上，這顯示他們可能是用猜的或者憑直覺，然而這些猜測大多數時候都是正確的。約尼林納斯相信他們是根據熟悉感來做「猜測」。約尼林納斯和他在加州大學戴維斯分校的同事克羅爾（Neal Kroll）做了一個劃時代的研究，顯示海馬迴損傷的病患仍然能夠根據熟悉感來辨認研讀過的字彙，但卻失去根據回憶來辨認的能力（Yonelinas et al. 2002）。約尼林納斯使用的這個方法和模型成為我們賭啤酒研究的基礎，後續也依此發展出更多研究。

　　關於約尼林納斯透過信心評估來模擬回憶和熟悉感的方法，在這個領域有無數辯論（Yonelinas and Parks 2007）。有一些對約尼林納斯的「接收者操作特徵」模擬過程的批評相當合理（如 Wixted 2007），但並不影響最重要的一點，那就是回憶和熟悉感應是不同的兩碼事。不幸的是，心理學家常傾向把突出的想法千刀萬剮至死。如果想見識一下這樣的辯論，見 Wixted 2007、Yonelinas 2002，以及 Yonelinas et al. 2010。

9　當我們的研究（Ranganath et al. 2004）還在同儕審查的煉獄中等待時，另有一項研究發表（Davachi, Mitchell and Wagner 2003），顯示鼻周皮質的活動已經足以支持辨認熟悉字彙的任務，而海馬迴的活動較限定於把那些字彙與背景資訊連在一起。他們和我們，以及後來許多功能性磁振造影的研究，都做出同樣的結論，顯示海馬迴所編碼的記憶似乎是在告訴你，當初看到某個面孔或字彙時的情境，這與 Aggleton and Brown 1999 的觀點相符。Montaldi et al. 2006 尤其詳實的闡明這一點，值得受到更多注意。

10　我們的評論（Eichenbaum, Yonelinas, and Ranganath 2007）支持記憶可能可以區分為三個不同的部分，分別是關於事物的資訊（人和物品）、情境（地點和情況），以及事物和情境的連結（事件記憶）——其中，給予我們熟悉感的，是關於事物記憶的「強度」。我們的「事物和情境連結」（Binding of Items and Contexts, BIC）模型認為，鼻周皮質支持事物記憶的再現，而旁海馬迴皮質（parahippocampal cortex）支持情境的再現，然後海馬迴把事物和情境資訊綁在一起。這算是相當直接的延伸密許金等人（Mishkin et al. 1997）的架構；他們的架構把鼻周皮質與語意記憶連在一起，把旁海馬迴皮質與空間記憶連在一起，把海馬迴與空間和事件記憶連在一起。Eacott and Gaffan 2005 和 Knierim, Lee, and Hargreaves 2006 整理了來自動物模型的相關研究，而 Davachi 2006 評論了功能性磁振造影研究，文中支持的模型與我們所提出的概念十分接近。我們的論文相對獨特的貢獻在於，把所有證據蒐集起來，與人的意識經驗（熟悉感和回憶）做出聯繫，而不單只是討論關於事物和情境的記憶。只討論這些記憶會有問題，因為人可以根據回憶來辨識出某個東西，並根據熟悉感來決定情境的記憶。因此有必要區分的是熟悉感和回憶的「過程」，而不是實驗參與者接受哪個類型的記憶測驗。想要進一步了解，可以閱讀 Diana, Yonelinas, and Ranganath 2007；Ranganath 2010；Mayes, Montaldi, and Migo 2007；以及 Norman 2010。

11　對於這個假說的各種不同版本，見 Mishkin et al. 1997；Aggleton and Brown 1999；Tanganath and Rainer 2003；O'Reilly and Norman 2002；Grill-Spector, Henson, and Martin 2006；Eichenbaum, Yonelinas, and Ranganath 2007；以及 Ranganath 2010。

12　在這裡我討論的是王偉俊（Wei-Chun Wang，音譯）所做的研究，他當時是約尼林納斯的研究生，而約尼林納斯和我正合作兩個功能性磁振造影研究，探討熟悉感和「概念促發」（conceptual priming）的關係；概念促發是指在重複過程下流暢的從一個字彙取得意義的能力。在我們的第一個研究中，王偉俊表示，在記下詞彙時鼻周皮質的活動提升，可以預測之後進行記憶測驗時的概念促發（Wang et al. 2010）。王偉俊也發現，左顳葉經過切除的病患，如果切除處侵犯到鼻周皮質，就不會表現出概念促發。在後續的功能性磁振造影研究中，王偉俊探究記憶提取階段的活動，發現鼻周皮質活動降低，可以預測較高程度的概念促發以及較高程度的熟悉感（Wang,

Ranganath, and Yonelinas 2014）。後面這個發現與布朗在猴子上對鼻周皮質的神經生理紀錄完全相符（Brown and Xiang 1998），與 Nobre and McCarthy 1995 對人類鼻周皮質的顱內紀錄也相符。

　　我無意暗示所有的內隱記憶都要仰賴鼻周皮質（實際上並非如此），也不是說熟悉感總是與鼻周皮質有關（這點還未確定）。Paller, Voss, and Boelm 2007 提供另一種視角，說明一些我在此並未提及的灰色地帶。

13　有一個關於舌尖現象的經典實驗來自 Brown and McNeill 1966，而 Brown 1991 對許多後來的研究做過詳實的評論，包括我在這個段落提到的「壓制」假說。Maril, Wagner, and Schacter 2001 發現，呼之欲出卻叫不出那個事物之時，似乎讓前額葉皮質的活動陡升，這是有道理的，因為一旦你覺得什麼東西呼之欲出，就會努力想要挖出那個記憶。

14　見 Kelley and Jacoby 1990。

15　Bob Zajonc 1968 第一次提出單純曝光效應。評論可參見 Zajonc 2001。

16　Brown and Murphy 1989 用一個不錯的實驗示範了這個效應。

17　〈在 1970 年的熱門單曲中，哈里森潛意識抄襲了 1962 年的歌，犯下剽竊罪〉（George Harrison Guilty of Plagiarizing Subconsciously a '62 Tune for a '70 Hit），*New York Times*, September 8, 1976, https://www.nytimes.com/1976/09/08/archives/george-harrison-guilty-of-plagiarizing-subconsciously-a-62-tune-for.html。

18　Bright Tunes Music Corp., Plaintiff, v. Harrisongs Music, Ltd., et al. Defendants, 181。

19　"George Harrison Guilty of Plagiarizing Subconsciously a '62 Tune for a '70 Hit."

20　Harrison 2007, 340。

21　見 Nisbett and Wilson 1977。

22　希爾（Kashmir Hill），〈被演算法誣告〉（Wrongfully Accused by an Algorithm），*New York Times*, June 24, 2020, https://www.nytimes.com/2020/06/24/technology/facial-recognition-arrest.html。

23　Meissner and Brigham 2001。不過我也必須強調，種族是一種社會建構。雖然在一些文化中確實能找到種族上的偏誤，但我懷疑，一個文化如何看待種族這個概念，也會導致很大的不同。

24　McKone et al. 2019。

25　Levin 2000。

第 7 章　轉頭正視奇怪的事物

1　讓我們吃驚的是，兩年後這位前住戶出現在公寓，想要拿走家具。幸好他看到家具耗損的模樣後改變主意，決定讓我們繼續使用。

2　我每次只要去華盛頓特區，就很期待跟戴夫碰面，聽他對最新政治議題的獨到見解，因為他現在是個共和黨員。

3　Den Ouden, Kok, and De Lange 2012；Grossberg 1976；O'Reilly et al. 2012。

4　可參考 Henderson et al. 2019；Henderson and Hayes 2017；以及 Hayes and Henderson 2021。

5　O'Keefe and Nadel 1978。

6　見 Hannula et al. 2010；Ryan and Shen 2020。

7　圖威等人（Tulving et al. 1994）顯示新圖片會讓海馬迴啟動，斯頓等人（Stern et al. 1996）重複同樣的實驗並加以延伸。這裡描述的功能性磁振造影研究來自 Wittmann et al. 2007，阿茲海默症研究來自 Düzel et al. 2022。關於海馬迴對新事物的反應，評論可參見 Ranganath and Rainer 2003；Düzel et al. 2010；以及 Kafkas and Montaldi 2018。

8　Voss et al. 2017；Meister and Buffalo 2016。對於眼睛運動、記憶和海馬迴的文獻評論，見 Ryan and Shen 2020。

9　Ryan et al. 2000。

10　Voss et al. 2017。

11　漢努拉和柯恩發展出原始典範（Hannula et al. 2007），然後我們把它運用到功能性磁振造影（Hannula and Ranganath 2009）。

12　必須澄清的是，我曾對團名 Dogz 的錯誤拼音大加抗議，但是這個樂團比較偏向寡頭政治而非民主政治，所以對這點我人微言輕。大約同時，我在戴維斯也一直為自己的樂團名字爭辯，最後我們終於定下一個沒有人特別喜歡的名字。樂團名稱總是充滿爭議。

13　Pavlov 1897。巴佛洛夫把無害的刺激跟另一種刺激配對連結的方法，叫做古典制約或巴佛洛夫制約。在訓練動物時使用的通常是「操作制約」（operant conditioning），跟反應相連結的是獎賞。不過，有另一派人認為操作制約和古典制約實際上是同一件事的兩種不同形式（Rescorla and Solomon 1967）。

14　Pavlov 1924, 1927。

15　Sokolov 1963 稱之為「定向反射」（orienting reflex），或許對我們今天所說的「定向反應」仍有命名之功。

16　評論可參見 Ranganath and Rainer 2003。

17　這個波動稱為 P300，或簡稱為 P3。這是一種事件相關電位（event-related potential, ERP），也就是聽到狗叫聲後約三分之一秒時發生的電反應。最早發現 P3 的人是薩頓（Sutton et al. 1965），不過我在這裡描述的實驗版本是 Squires, Squires, and Hillyard 1975 的「三特異刺激」（3 stimulus oddball）方法。狗叫聲會引發一個類型的 P300，稱為 P3a。如果這些描述看起來太深奧，建議可以讀我和萊納（Gregor Rainer）合寫的評論（Ranganath and Rainer 2003）及另一篇評論 Polich 2007，還有 Soltani and Knight 2000。

18　關於定向反應和帶來此反應的腦部區域，參閱 Sokolov 1990；Vinogradova 2001；和 Ranganath and Rainer 2003。

19　例　如 Hendrickson, Kimble, and Kimble 1969；Knight 1984, 1996；Stapleton and Halgren 1987；及 Paller et al. 1992。

20　Grunwald et al. 1995, 1999。

21　為了讓我們的研究（Axmacher et al. 2010）較容易了解，我省略掉一些重點。首先，對於依核或海馬迴連接著電極的病患，要推論腦電圖產生反應的相對時間，並不那麼簡單。畢竟我們沒有機會測試海馬迴和依核都連接電極的病患。合理的想法是，如果我們能夠記錄同一名病患腦部所有區域的反應，那麼海馬迴活動的一個陡升升該會先發生，然後才是依核的活動，但是我們的結果無法百分之百肯定這件事。第二，有必要釐清的是，這個研究無法直接測量多巴胺的釋放。從電訊號看到的依核活動紀錄，仍有可能與平常的神經活動相關，而無需多巴胺的參與。理想上，我們會想測量驚訝事件的多巴胺濃度，但可惜目前在人腦中沒有任何直接且即時測量多巴胺釋放的方法。基於動物的研究（可參考 Lisman and Grace 2005 的評論），以及我們另一個功能性磁振造影的研究（可惜未能發表），我認為多巴胺的解釋是合理的。在我們未發表的研究中，非預期事件也會引起腹側被蓋區（ventral tegmental area）的活動提升，而這個區域被認為是依核及腦中多個區域所接收多巴胺的主要來源。

22　見 Pavlov 1927。

23　Loewenstein 1994。

24　Kidd and Hayden 2015。

25　Murayama et al. 2010。

26　Blanchard, Hayden, and Bromberg-Martin 2015；Wang and Hayden 2019。

27　Kang et al. 2009。

28　Gruber, Gelman, and Ranganath 2014。亦參見 Murphy et al. 2021；Galli et al. 2018；Frandakova and Gruber 2021；以及 Stare et al. 2021，可看到葛魯伯瑣碎小知識的其他例子。Gruber and Ranganath 2019 提供評論，而我們的理論，解釋了這些結果和其他實驗室的相關發現。

29　在 Tupes and Christal 1961 這篇技術性的報告中，引介了「五大性格特質」（Big Five），或稱「五因素人格模型」（Five Factor Model），後來為了便於流通而重印為 Tupes and Christal 1992。Silvia and Christensen 2020 指出，對好奇心的研究往往把焦點放在學術性知識的取得過程。他們主張我們必須對好奇心採取更寬廣的視角，與經驗開放性的文獻連結起來。

30　布亞諾（Madeline Buiano），〈新調查發現六分之一的美國人從未離開自己生長的州〉（A New Survey Reveals That One in Six Americans Have Never Left Their Home State），Yahoo! News, November 8, 2021, https://www.yahoo.com/lifestyle/survey-reveals-one-six-americans-154737064.html。

31　大鼠的腹側海馬迴相當於人類海馬迴最前側的部分，而這個部分與杏仁體的連結最為密切。Jeffrey Gray 1982 評論過許多證據，這些證據推動了海馬迴在焦慮上扮演中心角色的理論。對於大鼠腹側海馬迴在類焦慮行為上所扮演的角色，班納曼（David Bannerman）的實驗室做過許多創新研究，Bannerman et al. 2004 對相關證據做出不錯的評論。Lisman and Grace 2005 關於驚訝和新奇如何影響記憶的理論，也以腹側海馬迴和前側海馬迴為焦點。

32　Silvia 2008

第 8 章　按下播放與錄影鍵

1　關於伊文斯的敘述，來自史塔（Douglas Starr），〈記得你從未犯過的罪〉（Remembering a Crime That You Didn't Commit），*New Yorker*, March 5, 2015, https://www.newyorker.com/tech/annals-of-technology/false-memory-crime；以及 Münsterberg 1923。

2　維泰利（Romeo Vitelli），〈伊文斯的問題〉（The Problem with Richard Ivens），*Providentia*, September 22, 2019, https://drvitelli.typepad.com/providentia/2019/09/the-problem-with-richard-ivens.html。

3　在這一章裡，我試圖迴避記憶到底「如何」更新的棘手問題。從一個極端來說，當我們回憶一個過去事件時，現在建立的記憶或許會消除、取代原始的記憶。至於另一個極端，由於每次我們回想某個事件時，應該會形成一個新的記憶，所以我們可能會把原始事件的記憶和回想那件事時的新記憶給搞混（意即我們無法區分自己是在回想一個事件，或是回想我們對那件事的記憶）。要對這個問題做出決定性的結論極為困難，但我的猜想是，答案介於這兩個極端之間的某處。我懷疑每次我們回想同一個事件時，記憶都受到修改。新的訊息可能會加入那個記憶，較舊的訊息可能變得較不重要，但是只要我們有正確的線索，還是有可能取得原始事件的痕跡。簡言之，實在很複雜。

4　內馬克（Jill Neimark），〈揭露事件的主角，記憶研究者羅芙托斯〉（The Diva of Disclosure, Memory Researcher Elizabeth Loftus），*Psychology Today*, January 1996, 48, https://www.psychologytoday.com/us/articles/199601/the-diva-disclosure；馬許（Ann Marsh）和洛格（Greta Lorge），〈真相如何遭到扭曲〉（How the Truth Gets Twisted），*Stanford Magazine*, November/December 2012, https://stanfordmag.org/contents/how-the-truth-gets-twisted；〈羅芙托斯談親身經歷母親溺水的錯誤記憶〉（Elizabeth Loftus on Experiencing False Memories of Her Mother's

Drowning），*Origins* (Podcast), January 13, 2020, https://www.youtube.com/watch?v=WSLRD_qWB4Q。

5　卡德威（Noah Caldwell），〈撒旦恐慌回歸美國——這次透過匿名者Q〉（America's Satanic Panic Returns—This Time Through QAnon），NPR, May 18, 2021, https://www.npr.org/2021/05/18/997559036/americas-satanic-panic-returns-this-time-through-qanon。

6　Crews 1995。

7　Loftus 2005。

8　Loftus and Pickrell 1995。

9　這個估計來自史考波瑞亞（Alan Scoboria）對八個研究結果的合併分析（Scoboria et al. 2017），而且我把這個估計限制在明確的錯誤記憶，不包括相信某事或許曾發生的可能性。史考波瑞亞等人使用的條件如下：「[1]「回想」的口頭陳述；[2] 對提示的訊息加以接受，這間接表示對事件的發生有某種程度的信心；[3] 在提示的訊息之上加以延伸，這表示接受程度高於、也符合提示材料本身；[4] 心智圖像的出現和品質；[5] 記憶敘事的前後一致；[6] 情緒經驗的證據；[7] 對提示的事件沒有加以駁斥。」話雖如此，對這個數字還是要有所保留，因為任何研究都可能會有調節變數（moderator variable）（後面會解釋），影響確實的數字。Arce et al. 2023 提供了較新而詳盡的量化統合分析，包含三十項研究的結果，並描述許多調節效果（moderator effect），雖然他們對「豐富」錯誤記憶的存在採取較寬容的標準。這裡的重點不在於三分之一是否在各種情況下都是準確的比例，而是許多研究都一致的找到令人信服的證據，表明能夠在受試者身上植入記憶的比例相當顯著。

10　Loftus and Davis 2006。

11　Kloft et al. 2020, 2021；Scoboria et al. 2002；Thomas and Loftus 2002；Arbuthnott, Arbuthnott, and Rossiter 2001。

12　Oeberst et al. 2021；Ghetti and Castelli 2006。

13　Pendergrast 1996。

14　這裡描述的實驗是由茱莉亞蕭（Julia Shaw）和波特（Stephen Porter）所做（Shaw and Porter 2015），他們說 70% 的參與者對於自己曾犯下案件發展出「豐富的錯誤記憶」。韋德（Kimberley Wade）等人重新進行分析（Wade, Garry and Pezdek 2018），顯示大約有 30% 的人確實記得犯罪，剩下的 40% 不記得，但相信自己曾犯罪，且猜想著當時到底是怎麼回事。韋德等人的數字和其他關於記憶植入研究的數字非常吻合。

15　萊德偵訊技術的梗概可見於 Inbau et al. 2001；卡辛（Saul Kassin）曾對這個主題做過深入研究，描述許許多多透過萊德偵訊技術導致錯誤認罪的可怕實例（Kassin 2008）。Henkel and Coffman 2004 仔細解析萊德偵訊技術，概述這項技術如何引發錯誤記憶。

16　我在這裡的描述主要是根據美國公共電視臺（PBS）《前線》（*Frontline*）節目其中一集的訪談，該集標題為〈珍妮佛看到什麼〉（What Jennifer Saw），https://www.pbs.org/wgbh/pages/frontline/shows/dna/etc/script.html。值得注意的是，湯普森對卡頓進行補償，且兩人將這件經歷寫成一份回憶錄。他們做過無數次的公開談話，為的是喚起大眾對於錯案的意識，並提倡程序改革（尤其是與目擊者記憶有關的部分）。

17　談論實驗室研究對於「記憶戰爭」之適用性的不同視角，請見 Freyd 1998 及 Roediger and McDermott 1996。

18　Stawarczyk et al. 2020。

19　Goodman et al. 2003；Alexander et al. 2005；Ghetti et al. 2006。這些研究調查了年輕成年人的記憶表現，這些人在超過十年前曾以性侵受害者的身分涉入刑事起訴中。蓋蒂等人的文章（Ghetti et al 2006）包含 175 個受訪者樣本的結果，最為適切。文章的細節內容來源頗豐，包括起訴檔案、照護者和兒童受害者。蓋蒂和她的同事發現，平均而言，侵犯的嚴重程度與記憶的精確程度呈正相關，儘管嚴重者比較可能說自己忘掉過去的細節。訪談並未顯示受訪者在自述忘掉細節時，有壓抑記憶到完全想不起當時事件的情況。蓋蒂等人指出：「當自述不記得的受訪者被問到：如果有人問起，你是否會想起受到侵害的事？只有五個人表示想不起來（在願意披露的受訪者中少於 4%）。再者，從記憶觸發的描述，我們發現，表示曾有記憶恢復經驗的個體中，沒有人經歷過長時間的失憶（然後才在成年時因為治療法而恢復記憶）。」不過這裡有一個重要的但書，是這項研究的受害者都屬於立案起訴的案子。不能排除有其他案件沒被起訴的倖存者，或許他們對侵犯的記憶較不可靠。還有，創傷嚴重程度和記憶精確度的關係，有可能不適用於經歷其他形式創傷的人。這裡值得強調的重點是，嚴重童年創傷的倖存者能夠記得非常清晰的細節，這與主張童年創傷的主要心理反應是壓抑的極端觀點並不相符。

20　見「完全忘掉」效應的研究（如 Arnold and Lindsay 2002）。

21　Anderson and Hulbert 2021。

22　Nader, Schafe, and LeDoux 2000。關於這個領域的研究歷史，討論可見 Riccio, Millin, and Bogart 2006。

23　見 Schiller and Phelps 2011；Chalkia et al. 2020；Stemerding et al. 2022；Jardine et al. 2022。這可能有幾種原因。我在加州大學戴維斯分校的同事威爾特根（Brian Wiltgen）透過小鼠研究記憶鞏固，他相信成功程度不同所反映的是，只有在記憶確實被重新想起時，才會干擾重新固化。例如，有創傷後壓力症候群的人會先鮮明的想起自己的創傷經驗，然後才服用遮蔽恐懼反應的藥物。相對的，如果他們只是單純受到提醒，然後不讓自己重新經歷創傷記憶，那麼記憶就不會受到足夠的干擾。這個解釋與 Hubpach et al. 2008 的人類行為研究相吻合，該研究顯示如果人受到提醒而回到與原始事件發生時相同的情境中，可以讓記憶得到更新。

　　我在哈佛大學的合作者葛什曼有一個相關的想法：即使某人受到刺激而想起創傷事件，然後服藥來抑制恐懼反應，重新固化還是有可能不受干擾，除非你以正確方式詮釋藥物的效果（Gershman et al. 2017）。如果你把藥物的效果當作該記憶已經變得沒那麼可怕的指標，那麼記憶就可以受到干擾（亦見 Sinclair and Barense 2019）。反之，如果你最後認為藥物只是單純壓抑你的恐懼反應（這是比較精確的解釋），可能就無法解除與創傷事件相連結的恐懼。

24　Astill Wright et al. 2021。

25　Feduccia and Mithoefer 2018。

第 9 章　來點痛苦，收穫更多

1　可參見 McDougle, Ivry, and Taylor 2016。

2　比約克夫妻（Robert and Elizabeth Bjork）使用一個包容廣闊的詞「有益的困難」（desirable difficulties）來描述這種現象（見 Bjork and Bjork 2011）。

3　關於測驗效應，至少可追溯到亞培（Edwina Abbott）的研究（Abbott 1909）。我在文中強調的是 Roediger and Karpicke 2006 實驗中的 SSSS 和 SSST 制約。Karpicke and Roediger 2008 有一個特別具說服力的示範，說明即使最初的學習都相同，測驗仍可以大幅提升記憶的留存。

4　Roediger 2008。

5　Roediger and Butler 2011 對測驗效應提供清晰易懂的文獻評論，Rowland 2014 的統合分析更加確認測驗效應的可靠度。請留意的是，雖然我在本章強調錯誤驅動型學習，但是對測驗效應有所貢獻的機制可能非常多。關於測驗效應和間隔效應（稍後會討論），更多資訊可參考《超牢記憶法》（*Make It Stick*），羅迪格和他在華盛頓大學的同事麥克丹尼爾（Mark McDaniel）在這本容易閱讀的書中收錄很多實用的技巧（Brown, Roediger, and McDaniel 2014）。

6　例如 Richland, Kornell, and Kao 2009；Potts, Davies, and Shanks 2019。

7　Carrier and Pashler 1992。

8　關於錯誤驅動型學習如何在神經網路上運作，見 O'Reilly et al. 2012。如果你想知道什麼程度的困難掙扎有好處，Wilson et al. 2019 有詳細的分析，顯示至少在機器學習中，最佳的學習發生在錯誤率 15% 的時候。目前不清楚這個比例是否適用於人類，也不清楚是否在所有狀況下都適用，不過如果你在十次之中犯的錯誤略超過一次，或許正是能夠學習又不損害自尊的最佳比例。

9　第一個以「盒子裡的海馬迴」模型來執行錯誤驅動型學習的是 Ketz, Morkonda, and O'Reilly 2013。Zheng et al. 2022 把錯誤驅動型學習的執行擴展到「全海馬迴錯誤最小化」模型（Total Hippocampal Error MINimization，簡稱 Theremin，一種早期電子樂器），顯示測驗效應只能以錯誤驅動型學習的執行來模擬。Liu, O'Reilly, and Ranganath 2021 對測驗效應做過更大範圍的文獻評論，並提出錯誤驅動型學習如何能解釋測驗效應的理論。要注意在這個模型中，「錯誤」反映的是海馬迴試圖編碼和應該編碼之間的差異程度。Ketz, Morkonda, and O'Reilly 2013 提出，錯誤驅動型學習在 θ 波時發生，此時海馬迴的交替輸入和輸出為目標記憶提供「正確答案」（ground truth）的回饋。不過 θ 波並非必要，因為即使在無節奏的上下起伏狀態期間，也可以看到這樣的動態。還有，即使海馬迴的編碼相當接近應有的編碼，在提取時也總是會有一些錯誤，這讓模型有機會學習下次該怎樣做得更好。

10　第一次提出「回想引發的遺忘作用」標準典範的是 Anderson, Bjork, and Bjork 1994。這個主題的文獻非常多。回想引發的遺忘作用在自傳式記憶的例子可參見 Hauer and Wessel 2006。Jonker, Seli, and MacLeod 2013 及 Murayama et al. 2014 從不同理論觀點評論部分文獻。

11　Chan, McDermott, and Roediger 2006。亦見 Chan 2009；Jonker et al. 2018；Liu and Ranganath 2021；對此文獻的統合分析可參見 Oliva and Storm 2022。

12　Norman, Newman, and Detre 2007 介紹了一個電腦模型，專門處理這個機制。

13　艾賓浩斯（Ebbinghaus 1885）在他記憶三字母組的研究中，確立了間隔學習（也就是把學習時間區隔開來）的好處。關於間隔效應的評論及實際應用，見 Carpenter et al. 2012。

14　見 Antony et al. 2022。

15　Pashler et al. 2009 提出「多尺度情境模型」（multiscale context model），顯示在不同的學習時段之間情境的改變，加上錯誤驅動型學習，可以解釋間隔效應。安東尼（Antony 2022）在他的「具光譜與時間表現的海馬迴」模型（Hippocampus with Spectral Temporal Representations，簡稱 HipSTeR，意思是「很潮的人」）執行類似的機制；他的模型模擬了海馬迴的計算架構。我在研究這些主題時，發現電腦模型的成功與模型名稱的逗趣好記有正相關。

16　當記憶發生持續更新時，有些記憶研究者會說記憶變得「語意化」，因為那份記憶不再與單一事件綁在一起。不過我認為去除背景脈絡的事件記憶和語意記憶仍有所不同。去脈絡化可能導致你對某次巴黎旅行的記憶變得模糊，但這與你在巴黎看到各種東西時，語意記憶可以告訴你那是什麼的情形仍不相同。

17　關於大腦在我們睡覺時發生哪些事，我推薦沃克（Matt Walker）2017

年內容周全又易讀的好書《為什麼要睡覺？》（*Why We Sleep*）。

18　Xie et al. 2013。

19　見 Singh, Norman, and Schapiro 2022。

20　Staresina et al. 2015 清楚說明人腦中的這些波動。關於慢波睡眠波動的評論，見 Geva-Sagiv and Nir 2019 和 Navarrete, Valderrama, and Lewis 2020。關於預設模式網路在海馬迴的漣漪波期間活躍的證據，見 Kaplan et al. 2016。

21　Wamsley and Stickgold 2011；Zadra and Stickgold 2021。

22　最受歡迎的一個版本是「主動系統鞏固理論」（Active Systems Consolidation theory）（例如 Diekelmann and Born 2010），以標準系統鞏固理論為基礎。我自己比較喜歡那些強調記憶動態和互動觀點的理論（Moscovitch et al. 2016；Yonelinas et al. 2019）。

23　Liu and Ranganath 2021。

24　這些模擬使用的是劉瀟楠的「測試活化皮質和海馬迴互動」模型（TEsting Activated Cortico-Hippocampal interaction，簡稱 TEACH，教導之意）（Liu, Ranganath, and O'Reilly 2022）。「知識的織錦」取自我與沃克的談話，他真是文字表達的天才。

25　Lewis and Durrant 2011。

26　Mednick, Nakayama, and Stickgold 2003。亦見麥尼克的著作《你今天小睡了嗎？》（*Take a Nap! Change Your Life*）（Mednick and Ehrman 2006）。

27　評論見 Joo and Frank 2018。

28　例如 Tambini, Ketz, and Davachi 2010。

29　Gruber et al. 2016。

30　關於這個主題，可參見 Mednick 2020 這本易讀的書，書中提供許多有科學根據且容易實行的技巧。

31　派勒從 Rasch et al. 2007 得到啟發，後者利用氣味在睡眠中啟動記憶。

32　Rudoy et al. 2009。我在文中說「目標記憶再活化」（targeted memory reactivation）「強化」記憶，是一種簡化的說法。實際上，你所看到的典型遺忘模式會隨著時間被「目標記憶再活化」降低，而我們並無法確定任何記憶是否真的曾經過「強化」。

33　這個段落指的是 Antony et al. 2012；Batterink and Paller 2017；Hu et al.

2015；以及 Sanders et al. 2019。亦可參見 Hu et al. 2020 和 Paller, Creery, and Schechtman 2021。

34   這段描述提到的是 Prabhakar et al. 2018。亦可參見 Johnson et al. 2021 及 Mooney et al. 2021。

第 10 章　當我們一起記得

1   Eggins and Slade 2004。

2   Halbwachs 1992。

3   這個段落主要受到菲烏什（Robyn Fivush）及她同事的影響（Nelson and Fivush 2004；Fivush 2008）。對於我們覺得自己是誰的議題，麥克亞當斯（Dan McAdams）談論過自傳式記憶「生命敘事」在其中扮演的角色（例如 McAdams 2008）。

4   Fivush 2004；Nelson and Fivush 2004。

5   想知道聽眾重新詮釋一個人記憶的效應，可以參考希金斯（E. Tory Higgins）等人關於「口說為憑」（saying is believing）效應的研究（如 Higgns and Rholes 1978；Echterhoff et al. 2008）。

6   根據不同理論、使用不同方法的治療，經常可以顯示相等的治療結果，這顯示心理治療的某些效益或許不是來自任何單一理論探討的元素。我懷疑最有效的心理治療技巧裡最重要的元素，是在信任和支持的關係之中，分享和更新痛苦記憶的過程。

7   為了測試這個假說，我的學生柯恩希伊（Brendan Cohn-Sheehy）寫下幾個短篇故事，同樣的角色會在不同故事的附屬情節重複出現；受試者必須把不同的附屬情節拼湊在一起，此時我們便觀察他們的腦部活動。我們用電視影集《歡樂單身派對》（Seinfeld）的角色克萊默（Kramer）把實驗命名為「克萊默實驗」（Kramer experiment），因為在影集中克萊默會不時走進主角傑瑞的公寓，談他最近發生的事情，而觀眾為了理解克萊默的支線劇情，必須不時回想過去的訊息，並整合到目前的場景中，才能得到這個角色在那一集裡的完整敘事。見 Cohn-Sheehy et al. 2021, 2022。

8   這個實驗方法在 Weldon and Bellinger 1997 和 Basden et al. 1997 這兩篇接連發表的文章裡都有描述。

9　我在這裡對合作抑制作用的介紹，是根據拉加蘭（Suparna Rajaram）一篇對相關文獻的傑出評論（準備出版中）。

10　見 Greeley and Rajaram 2023 和 Greeley et al. 2023。

11　Cuc et al. 2006；評論見 Hirst 2010。

12　Choi et al. 2014；Greeley et al. 2023；Luhmann and Rajaram 2015。

13　例如 Meade, Nokes, and Morrow 2009 報導過一群航空專家之間的記憶有合作促進作用。

14　哈里斯等人記錄了伴侶在何時及如何表現出合作促進作用（Harris et al. 2011；Barnier et al. 2018）。

15　Dixon 2011；Gerstorf et al. 2009；還有 Rauers et al. 2011 提供了證據，顯示較年長伴侶之間的合作如何提升日常記憶。

16　關於語言上的共識與記憶之間的關係，居然有文獻做了十分深入的研究，探討記憶如何幫助我們與談話對象達成共識，以及共識如何可以補償記憶缺損。杜夫（Melissa Duff）和柯恩在這個領域做過深入研究，創新的結合了神經科學和語言學分析方法，並包含海馬迴失憶症病患的相關研究（Duff et al. 2006, 2008；Rubin et al. 2011；Brown-Schmidt and Duff 2016）。可參見 Horton and Gehrig 2005, 2016。

17　Bartlett 1932。

18　Kashima 2000；Lyons and Kashima 2001, 2003；Choi, Kensinger, and Rajaram 2017。

19　Bebbington et al. 2017。

20　這裡對社會傳染的描述，來自以下的原始研究：Betz, Skowronski, and Ostrom 1996；Roediger, Meade, and Bergman 2001；以及 Meade and Roediger 2002；還有全面而思考深入的評論 Maswood and Rajaram 2019。

21　Cuc et al. 2006；Peker and Tekcan 2009；Koppel et al. 2014。

22　Andrews and Rapp 2014；Maswood, Luhmann, and Rajaram 2022。

23　Frenda et al. 2013。亦見薩利坦（William Saletan），〈記憶醫生〉（The Memory Doctor），*Slate*, June 4. 2010, https://www.slate.com/articles/health_and_science/the_memory_doctor/2010/06/the_memory_doctor.html。

24　這裡的介紹來自最近的兩篇評論：Schacter 2022 及 Pennycook and

Rand 2021。有趣的是，後者提到潘尼庫克（Gordon Pennycook）另一個相關的研究方向，是關於人自願相信「看似意義深遠的廢話」（pseudo-profound bullshit）（例如 Pennycook et al. 2015；Pennycook and Rand 2020）。可惜我找不到方法把這個方向的研究放入本章，但我仍推薦有興趣的讀者去瞧一瞧。

25　如果把熟悉感對信念的效應應用到假訊息，那就稱為「虛幻真相效應」（illusory truth effect），可參見 Hasher, Goldstein, and Toppino 1977，並持續有一些研究繼續探討這個主題。Unkelbach et al. 2019 對這方面的文獻做過不錯的評論。

26　Saletan 2000 描述布希陣營在誘導式民調中的誤導性問題。亦可參見 Gooding 2004。文中誘導式民調和錯誤記憶的研究指的是 Murphy et al. 2021。

27　這個調查「事實查核」對假新聞記憶有何影響的研究，記錄於 Brashier et al. 2021。

尾聲　動態的記憶

1　對於記憶在人一生中的變化，我的觀點受到賈布尼克（Alison Gopnik）在《史丹佛心理學播客》（*Stanford Psychology Podcast*）（Cao, n.d.）的訪談所影響，在較為抽象的層面上也受印度傳統概念的影響，印度傳統概念認為發展即是生命不同階段一直發生的變化，而每個生命階段各有不同的意義。

2　Gopnik 2020。

3　亦可參見 Grady 2012 的評論。

4　Viscogliosi et al. 2020。

5　我承認在這一章裡談了不少虎鯨，因為虎鯨實在是迷人的動物。Rendell and Whitehead 2001 討論虎鯨和鯨類文化傳遞的研究，Stiffler 2011 以較為簡單易懂的方式加以介紹。Nattrass et al. 2019 的模擬顯示，停經後時期的延長如何幫助虎鯨得以在演化上提升適應能力。

參考文獻

Abbott, E. E. 1909. "On the Analysis of the Factors of Recall in the Learning Process." *Psychological Monographs* 11: 159–77.

Abernathy, K., L. J. Chandler, and J. J. Woodward. 2010. "Alcohol and the Prefrontal Cortex." *International Review of Neurobiology* 91: 289–320.

Addis, Donna Rose, Alana T. Wong, and Daniel L. Schacter. 2007. "Remembering the Past and Imagining the Future: Common and Distinct Neural Substrates During Event Construction and Elaboration." *Neuropsychologia* 45 (7): 1363–77.

Adler, Orly, and Ainat Pansky. 2020. "A 'Rosy View' of the Past: Positive Memory Biases." Chap. 7 in *Cognitive Biases in Health and Psychiatric Disorders*, edited by Tatjana Aue and Hadas Okon-Singer, 139–71. New York: Academic Press.

Adolphs, Ralph, Larry Cahill, Rina Schul, and Ralf Babinsky. 1997. "Impaired Declarative Memory for Emotional Material Following Bilateral Amygdala Damage in Humans." *Learning & Memory* 4 (3): 291–300.

Adolphs, Ralph, L. Mlodinow, and L. F. Barrett. 2019. "What Is an Emotion?" *Current Biology* 29 (20): R1060–R1064.

Aggleton, J. P., and M. W. Brown. 1999. "Episodic Memory, Amnesia, and the Hippocampal-Anterior Thalamic Axis." *Behavioral and Brain Sciences* 22 (3): 425–44.

Ahmed, S. H. 2010. "Validation Crisis in Animal Models of Drug Addiction: Beyond Non-disordered Drug Use Toward Drug Addiction." *Neuroscience & Biobehavioral Reviews* 35 (2): 172–84.

Alexander, Kristen Weede, Jodi A. Quas, Gail S. Goodman, Simona Ghetti, Robin S. Edelstein, Allison D. Redlich, Ingrid M. Cordon, and David P. H. Jones. 2005. "Traumatic Impact Predicts Long-Term Memory for Documented Child Sexual Abuse." *Psychological Science* 16 (1): 33–40.

Alexander, M. P., D. Stuss, and S. Gillingham. 2009. "Impaired List Learning Is Not a General Property of Frontal Lesions." *Journal of Cognitive Neuroscience* 21 (7): 1422–34.

Amer, Tarek, Karen L. Campbell, and Lynn Hasher. 2016. "Cognitive Control as a Double-Edged Sword." *Trends in Cognitive Sciences* 20 (12): 905–15.

Anderson, M. C., R. A. Bjork, and E. L. Bjork. 1994. "Remembering Can Cause Forgetting: Retrieval Dynamics in Long-Term Memory." *Journal of Experimental Psychology: Learning, Memory, and Cognition* 20 (5): 1063.

Anderson, M. C., and J. C. Hulbert. 2021. "Active Forgetting: Adaptation of Memory by Prefrontal Control." *Annual Review of Psychology* 72 (January 4): 1–36. https://doi.org/10.1146/annurev-psych-072720-094140.

Anderson, Richard C., and James W. Pichert. 1978. "Recall of Previously Unrecallable Information Following a Shift in Perspective." *Journal of Verbal Learning and Verbal Behavior* 17 (1): 1–12.

Andrews, Jessica J., and David N. Rapp. 2014. "Partner Characteristics and Social Contagion: Does Group Composition Matter?" *Applied Cognitive Psychology* 28 (4): 505–17.

Annese, J., N. M. Schenker-Ahmed, H. Bartsch, P. Maechler, C. Sheh, N. Thomas, J. Kayano, et al. 2014. "Postmortem Examination of Patient HM's Brain Based on Histological Sectioning and Digital 3D Reconstruction." *Nature Communications* 5 (1): 3122.

Anspach, Carolyn Kiser. 1934. "Medical Dissertation on Nostalgia by Johannes Hofer, 1688." *Bulletin of the Institute of the History of Medicine* 2 (6): 376–91.

Antony, J., E. W. Gobel, J. K. O'Hare, P. J. Reber, and K. A. Paller. 2012. "Cued Memory Reactivation During Sleep Influences Skill Learning." *Nature Neuroscience* 15 (8): 1114–16.

Antony, J., X. L. Liu, Y. Zheng, C. Ranganath, and R. C. O'Reilly. 2022. "Memory out of Context: Spacing Effects and Decontextualization in a Computational Model of the Medial Temporal Lobe." bioRxiv, January 5, 2023, https://doi.org/10.1101/2022.12.01.518703.

Arbuthnott, Katherine D., Dennis W. Arbuthnott, and Lucille Rossiter. 2001. "Guided Imagery and Memory: Implications for Psychotherapists." *Journal of*

Counseling Psychology 48 (2): 123.

Arce, Ramón, Adriana Selaya, Jéssica Sanmarco, and Francisca Fariña. 2023. "Implanting Rich Autobiographical False Memories: Meta-analysis for Forensic Practice and Judicial Judgment Making." *International Journal of Clinical and Health Psychology* 23 (4): 100386.

Arnold, M. M., and D. S. Lindsay. 2002. "Remembering Remembering." *Journal of Experimental Psychology: Learning, Memory, and Cognition* 28 (3): 521–29. https://doi.org/10.1037/0278-7393.28.3.521.

Arnsten, Amy F. T. 2009a. "The Emerging Neurobiology of Attention Deficit Hyperactivity Disorder: The Key Role of the Prefrontal Association Cortex." *Journal of Pediatrics* 154 (5): I–S43.

———. 2009b. "Stress Signaling Pathways That Impair Prefrontal Cortex Structure and Function." *Nature Reviews Neuroscience* 10 (6): 410–22.

Avery, Michael C., and Jeffrey L. Krichmar. 2017. "Neuromodulatory Systems and Their Interactions: A Review of Models, Theories, and Experiments." *Frontiers in Neural Circuits* 11:108.

Axmacher, Nikolai, Michael X. Cohen, Juergen Fell, Sven Haupt, Matthias Dümpelmann, Christian E. Elger, Thomas E. Schlaepfer, Doris Lenartz, Volker Sturm, and Charan Ranganath. 2010. "Intracranial EEG Correlates of Expectancy and Memory Formation in the Human Hippocampus and Nucleus Accumbens." *Neuron* 65 (4): 541–49.

Baddeley, Alan, and Graham Hitch. 1974. "Working Memory." In *The Psychology of Learning and Motivation: Advances in Research and Theory*, edited by G. H. Bower, 8:47–89. New York: Academic Press.

Baddeley, Alan, and Barbara Wilson. 1988. "Frontal Amnesia and the Dysexecutive Syndrome." *Brain and Cognition* 7 (2): 212–30.

Badre, D. 2020. *On Task: How Our Brain Gets Things Done*. Princeton, NJ: Princeton University Press.

Baird, Amee, Olivia Brancatisano, Rebecca Gelding, and William Forde Thompson. 2018. "Characterization of Music and Photograph Evoked Autobiographical Memories in People with Alzheimer's Disease." *Journal of Alzheimer's Disease* 66 (2): 693–706.

Baldassano, C., J. Chen, A. Zadbood, J. W. Pillow, U. Hasson, and K. A. Norman. 2017. "Discovering Event Structure in Continuous Narrative Perception and Memory." *Neuron* 95 (3): 709–21.

Baldassano, C., U. Hasson, and K. A. Norman. 2018. "Representation of Real-World Event Schemas During Narrative Perception." *Journal of Neuroscience* 38 (45): 9689–99.

Bannerman, D. M., J. N. P. Rawlins, S. B. McHugh, R. M. J. Deacon, B. K. Yee, T. Bast, W.-N. Zhang, H. H. J. Pothuizen, and J. Feldon. 2004. "Regional Dissociations Within the Hippocampus—Memory and Anxiety." *Neuroscience & Biobehavioral Reviews* 28 (3): 273–83.

Bar, Moshe. 2022. *Mindwandering*. New York: Hachette.

Barasch, A., K. Diehl, J. Silverman, and G. Zauberman. 2017. "Photographic Memory: The Effects of Volitional Photo Taking on Memory for Visual and Auditory Aspects of an Experience." *Psychological Science* 28 (8) (August): 1056–66. https://doi.org/10.1177/0956797617694868.

Barnett, A. J., M. Nguyen, J. Spargo, R. Yadav, B. Cohn-Sheehy, and C. Ranganath. In press. "Hippocampal-Cortical Interactions During Event Boundaries Support Retention of Complex Narrative Events." *Neuron*.

Barnett, Alexander J., Walter Reilly, Halle R. Dimsdale-Zucker, Eda Mizrak, Zachariah Reagh, and Charan Ranganath. 2021. "Intrinsic Connectivity Reveals Functionally Distinct Cortico-hippocampal Networks in the Human Brain." *PLoS Biology* 19 (6): e3001275.

Barnier, A. J., C. B. Harris, T. Morris, and G. Savage. 2018. "Collaborative Facilitation in Older Couples: Successful Joint Remembering Across Memory Tasks." *Frontiers in Psychology* 9: 2385.

Bartlett, Frederic Charles. 1928a. *Psychology and Primitive Culture*. CUP Archive.

———. 1928b."Types of Imagination." *Philosophy* 3 (9): 78–85.

———. 1932. *Remembering: A Study in Experimental and Social Psychology*. Cambridge: Cambridge University Press.

———. 2014. *Psychology and the Soldier*. Cambridge: Cambridge University Press.

Basden, B. H., D. R. Basden, S. Bryner, and R. L. Thomas III. 1997. "A Comparison of Group and Individual Remembering: Does Collaboration

Disrupt Retrieval Strategies?" *Journal of Experimental Psychology: Learning, Memory, and Cognition* 23 (5): 1176.

Batterink, L. J., and K. A. Paller. 2017. "Sleep-Based Memory Processing Facilitates Grammatical Generalization: Evidence from Targeted Memory Reactivation." *Brain and Language* 167: 83–93.

Bauer, P. 2004. "Oh Where, Oh Where Have Those Early Memories Gone? A Developmental Perspective on Childhood Amnesia." *Psychological Science Agenda* 18:12.

Beaty, Roger E., Preston P. Thakral, Kevin P. Madore, Mathias Benedek, and Daniel L. Schacter. 2018. "Core Network Contributions to Remembering the Past, Imagining the Future, and Thinking Creatively." *Journal of Cognitive Neuroscience* 30 (12): 1939–51.

Bebbington, Keely, Colin MacLeod, T. Mark Ellison, and Nicolas Fay. 2017. "The Sky Is Falling: Evidence of a Negativity Bias in the Social Transmission of Information." *Evolution and Human Behavior* 38 (1): 92–101.

Bechara, Antoine, Daniel Tranel, Hanna Damasio, Ralph Adolphs, Charles Rockland, and Antonio R. Damasio. 1995. "Double Dissociation of Conditioning and Declarative Knowledge Relative to the Amygdala and Hippocampus in Humans." *Science* 269 (5227): 1115–18.

Becker, Jacqueline H., Jenny J. Lin, Molly Doernberg, Kimberly Stone, Allison Navis, Joanne R. Festa, and Juan P. Wisnivesky. 2021. "Assessment of Cognitive Function in Patients After COVID-19 Infection." *JAMA Network Open* 4 (10): e2130645.

Ben-Yakov, A., N. Eshel, and Y. Dudai. 2013. "Hippocampal Immediate Poststimulus Activity in the Encoding of Consecutive Naturalistic Episodes." *Journal of Experimental Psychology: General* 142 (4): 1255.

Ben-Yakov, A., and R. N. Henson. 2018. "The Hippocampal Film Editor: Sensitivity and Specificity to Event Boundaries in Continuous Experience." *Journal of Neuroscience* 38 (47): 10057–68.

Berridge, Kent C., and Terry E. Robinson. 2016. "Liking, Wanting, and the Incentive-Sensitization Theory of Addiction." *American Psychologist* 71 (8): 670.

Betz, Andrew L., John J. Skowronski, and Thomas M. Ostrom. 1996. "Shared Realities: Social Influence and Stimulus Memory." *Social Cognition* 14 (2): 113.

Beversdorf, David Q., Brian W. Smith, Gregory P. Crucian, Jeffrey M. Anderson, Jocelyn M. Keillor, Anna M. Barrett, John D. Hughes, et al. 2000. "Increased Discrimination of 'False Memories' in Autism Spectrum Disorder." *Proceedings of the National Academy of Sciences* 97 (15): 8734–37.

Bjork, E. L., and R. A. Bjork. 2011. "Making Things Hard on Yourself, but in a Good Way: Creating Desirable Difficulties to Enhance Learning." *Psychology and the Real World: Essays Illustrating Fundamental Contributions to Society* 2: 56–64.

Blanchard, T. C., B. Y. Hayden, and E. S. Bromberg-Martin. 2015. "Orbitofrontal Cortex Uses Distinct Codes for Different Choice Attributes in Decisions Motivated by Curiosity." *Neuron* 85 (3): 602–14.

Blumenfeld, Robert S., and Charan Ranganath. 2019. "The Lateral Prefrontal Cortex and Human Long-Term Memory." *Handbook of Clinical Neurology* 163: 221–35.

Bower, Gordon H. 1981. "Mood and Memory." *American Psychologist* 36 (2): 129.

Brashier, N. M., G. Pennycook, A. J. Berinsky, and D. G. Rand. 2021. "Timing Matters When Correcting Fake News." *Proceedings of the National Academy of Sciences* 118 (5): e2020043118.

Braver, T. S., J. D. Cohen, L. E. Nystrom, J. Jonides, E. E. Smith, and D. E. Noll. 1997. "A Parametric Study of Prefrontal Cortex Involvement in Human Working Memory." *Neuroimage* 5 (1): 49–62.

Brown, A. S. 1991. "A Review of the Tip-of-the-Tongue Experience." *Psychological Bulletin* 109 (2): 204.

Brown, A. S., and D. R. Murphy. 1989. "Cryptomnesia: Delineating Inadvertent Plagiarism." *Journal of Experimental Psychology: Learning, Memory, and Cognition* 15 (3): 432.

Brown, M. W., and J. Z. Xiang. 1998. "Recognition Memory: Neuronal Substrates of the Judgment of Prior Occurrence." *Progress in Neurobiology* 55 (2): 149–89.

Brown, P. C., H. L. Roediger III, and M. A. McDaniel. 2014. "Make It Stick: The Science of Successful Learning." Cambridge, MA: Harvard University Press.

Brown, R., and D. McNeill. 1966. "The 'Tip of the Tongue' Phenomenon." *Journal of Verbal Learning and Verbal Behavior* 5 (4): 325–37.

Brown-Schmidt, S., and M. C. Duff. 2016. "Memory and Common Ground Processes in Language Use." *Topics in Cognitive Science* 8 (4) (October): 722–36. https://doi.org/10.1111/tops.12224.

Buckner, R. L., J. R. Andrews-Hanna, and D. L. Schacter. 2008. "The Brain's Default Network: Anatomy, Function, and Relevance to Disease." *Annals of the New York Academy of Sciences* 1124 (1): 1–38.

Buda, M., A. Fornito, Z. M. Bergström, and J. S. Simons. 2011. "A Specific Brain Structural Basis for Individual Differences in Reality Monitoring." *Journal of Neuroscience* 31 (40): 14308–13.

Budson, A. E., and E. A. Kensinger. 2023. *Why We Forget and How to Remember Better: The Science Behind Memory*. Oxford: Oxford University Press.

Bukach, C. M., I. Gauthier, and M. J. Tarr. 2006. "Beyond Faces and Modularity: The Power of an Expertise Framework." *Trends in Cognitive Sciences* 10 (4): 159–66.

Buzan, Tony. 1984. *Use Your Perfect Memory*. New York: Dutton.

Cabeza, R., S. M. Rao, A. D. Wagner, A. R. Mayer, and D. L. Schacter. 2001. "Can Medial Temporal Lobe Regions Distinguish True from False? An Event-Related Functional MRI Study of Veridical and Illusory Recognition Memory." *Proceedings of the National Academy of Sciences* 98 (8): 4805–10.

Campbell, Karen L., Lynn Hasher, and Ruthann C. Thomas. 2010. "Hyper-binding: A Unique Age Effect." *Psychological Science* 21 (3): 399–405.

Cao, A. n.d. "Alison Gopnik: How Can Understanding Childhood Help Us Build Better AI?" *Stanford Psychology Podcast*, episode 14. https://podcasts.apple.com/us/podcast/14-alison-gopnik-how-can-understanding-childhood-help/id1574802514?i=1000537173346.

Carpenter, Gail A., and Stephen Grossberg. 1988. "The ART of Adaptive Pattern Recognition by a Self-Organizing Neural Network." *Computer* 21 (3): 77–88.

Carpenter, S. K., N. J. Cepeda, D. Rohrer, S. H. Kang, and H. Pashler. 2012.

"Using Spacing to Enhance Diverse Forms of Learning: Review of Recent Research and Implications for Instruction." *Educational Psychology Review* 24: 369–78.

Carrier, Mark, and Harold Pashler. 1992. "The Influence of Retrieval on Retention." *Memory & Cognition* 20: 633–42.

Chalkia, A., N. Schroyens, L. Leng, N. Vanhasbroeck, A. K. Zenses, L. Van Oudenhove, and T. Beckers. 2020. "No Persistent Attenuation of Fear Memories in Humans: A Registered Replication of the Reactivation-Extinction Effect." *Cortex* 129: 496–509.

Chan, Jason C. K. 2009. "When Does Retrieval Induce Forgetting and When Does It Induce Facilitation? Implications for Retrieval Inhibition, Testing Effect, and Text Processing." *Journal of Memory and Language* 61 (1): 153–70.

Chan, Jason C. K., K. B. McDermott, and H. L. Roediger III. 2006. "Retrieval-Induced Facilitation: Initially Nontested Material Can Benefit from Prior Testing of Related Material." *Journal of Experimental Psychology: General* 135 (4): 553.

Chase, William G., and Herbert A. Simon. 1973. "Perception in Chess." *Cognitive Psychology* 4 (1): 55–81.

Chen, J., Y. C. Leong, C. J. Honey, C. H. Yong, K. A. Norman, and U. Hasson. 2017. "Shared Memories Reveal Shared Structure in Neural Activity Across Individuals." *Nature Neuroscience* 20 (1): 115–25.

Choi, H.-Y., H. M. Blumen, A. R. Congleton, and S. Rajaram. 2014. "The Role of Group Configuration in the Social Transmission of Memory: Evidence from Identical and Reconfigured Groups." *Journal of Cognitive Psychology* 26 (1): 65–80.

Choi, Hae-Yoon, Elizabeth A. Kensinger, and Suparna Rajaram. 2017. "Mnemonic Transmission, Social Contagion, and Emergence of Collective Memory: Influence of Emotional Valence, Group Structure, and Information Distribution." *Journal of Experimental Psychology: General* 146 (9): 1247.

Cohen, J. D., W. M. Perlstein, T. S. Braver, L. E. Nystrom, D. C. Noll, J. Jonides, and E. E. Smith. 1997. "Temporal Dynamics of Brain Activation During a Working Memory Task." *Nature* 386 (6625): 604–8.

Cohen, Michael X. 2007. "Individual Differences and the Neural Representations of Reward Expectation and Reward Prediction Error." *Social Cognitive and Affective Neuroscience* 2 (1) (March): 20–30. https://doi.org/10.1093/scan/nsl021.

Cohen, Michael X., Christian E. Elger, and Charan Ranganath. 2007. "Reward Expectation Modulates Feedback-Related Negativity and EEG Spectra." *Neuroimage* 35 (2) (April 1): 968–78. https://doi.org/10.1016/j.neuroimage.2006.11.056.

Cohen, Michael X., and Charan Ranganath. 2005. "Behavioral and Neural Predictors of Upcoming Decisions." *Cognitive, Affective & Behavioral Neuroscience* 5 (2) (June): 117–26. https://doi.org/10.3758/cabn.5.2.117.

———. 2007. "Reinforcement Learning Signals Predict Future Decisions." *Journal of Neuroscience* 27 (2) (January 10): 371–78. https://doi.org/10.1523/JNEUROSCI.4421-06.2007.

Cohen, M. X., J. Young, J. M. Baek, C. Kessler, and C. Ranganath. 2005. "Individual Differences in Extraversion and Dopamine Genetics Predict Neural Reward Responses." *Brain Research: Cognitive Brain Research* 25 (3) (December): 851–61. https://doi.org/10.1016/j.cogbrainres.2005.09.018.

Cohen, Neal J., and Howard Eichenbaum. 1995. *Memory, Amnesia, and the Hippocampal System*. Cambridge, MA: MIT Press.

Cohn-Sheehy, B. I., A. I. Delarazan, J. E. Crivelli-Decker, Z. M. Reagh, N. S. Mundada, A. P. Yonelinas, J. M. Zacks, and C. Ranganath. 2022. "Narratives Bridge the Divide Between Distant Events in Episodic Memory." *Memory & Cognition* 50 (3): 478–94.

Cohn-Sheehy, B. I., A. I. Delarazan, Z. M. Reagh, J. E. Crivelli-Decker, K. Kim, A. J. Barnett, J. M. Zacks, and C. Ranganath. 2021. "The Hippocampus Constructs Narrative Memories Across Distant Events." *Current Biology* 31 (22): 4935–45.

Cook, Peter, Ashley Prichard, Mark Spivak, and Gregory S. Berns. 2018. "Jealousy in Dogs? Evidence from Brain Imaging." *Animal Sentience* 3 (22): 1.

Cook, Peter F., Colleen Reichmuth, Andrew A. Rouse, Laura A. Libby, Sophie E. Dennison, Owen T. Carmichael, Kris T. Kruse-Elliott, et al. 2015. "Algal

Toxin Impairs Sea Lion Memory and Hippocampal Connectivity, with Implications for Strandings." *Science* 350 (6267): 1545–47.

Corkin, S. 2013. *Permanent Present Tense: The Unforgettable Life of the Amnesic Patient, H.M.* New York: Basic Books.

Corkin, S., D. G. Amaral, R. G. González, K. A. Johnson, and B. T. Hyman. 1997. "HM's Medial Temporal Lobe Lesion: Findings from Magnetic Resonance Imaging." *Journal of Neuroscience* 17 (10): 3964–79.

Courtney, S. M., L. Petit, J. M. Maisog, L. G. Ungerleider, and J. V. Haxby. 1998. "An Area Specialized for Spatial Working Memory in Human Frontal Cortex." *Science* 279 (5355): 1347–51.

Covre, P., A. D. Baddeley, G. J. Hitch, and O. F. A. Bueno. 2019. "Maintaining Task Set Against Distraction: The Role of Working Memory in Multitasking." *Psychology & Neuroscience* 12 (1): 38–52.

Cowan, Nelson. 2010. "The Magical Mystery Four: How Is Working Memory Capacity Limited, and Why?" *Current Directions in Psychological Science* 19 (1): 51–57.

Craik, Fergus I. M. 1994. "Memory Changes in Normal Aging." *Current Directions in Psychological Science* 3 (5): 155–58.

Craik, Fergus I. M., and Cheryl L. Grady. 2002. "Aging, Memory, and Frontal Lobe Functioning." In *Principles of Frontal Lobe Function*, edited by D. T. Stuss and R. T. Knight, 528–40. Oxford: Oxford University Press.

Crews, Frederick. 1995. *The Memory Wars: Freud's Legacy in Dispute*. London: Granta.

Cuc, A., Y. Ozuru, D. Manier, and W. Hirst. 2006. "On the Formation of Collective Memories: The Role of a Dominant Narrator." *Memory & Cognition* 34: 752–62.

Curran, T., D. L. Schacter, M. K. Johnson, and R. Spinks. 2001. "Brain Potentials Reflect Behavioral Differences in True and False Recognition." *Journal of Cognitive Neuroscience* 13 (2): 201–16.

Davachi, Lila 2006. "Item, Context and Relational Episodic Encoding in Humans." *Current Opinion in Neurobiology* 16 (6): 693–700.

Davachi, Lila, Jason P. Mitchell, and Anthony D. Wagner. 2003. "Multiple Routes to Memory: Distinct Medial Temporal Lobe Processes Build Item and Source Memories." *Proceedings of the National Academy of Sciences* 100 (4): 2157–62.

Davis, Tyler, Bradley C. Love, and Alison R. Preston. 2012. "Learning the Exception to the Rule: Model-Based fMRI Reveals Specialized Representations for Surprising Category Members." *Cerebral Cortex* 22, no. 2: 260–73.

De Brigard, Felipe, and Natasha Parikh. 2019. "Episodic Counterfactual Thinking." *Current Directions in Psychological Science* 28 (1): 59–66.

Deese, James. 1959. "On the Prediction of Occurrence of Particular Verbal Intrusions in Immediate Recall." *Journal of Experimental Psychology* 58 (1): 17–22. https://doi.org/10.1037/h0046671.

Della Rocchetta, A. I., and B. Milner. 1993. "Strategic Search and Retrieval Inhibition: The Role of the Frontal Lobes." *Neuropsychologia* 31 (6): 503–24.

Den Ouden, H. E., P. Kok, and F. P. De Lange. 2012. "How Prediction Errors Shape Perception, Attention, and Motivation." *Frontiers in Psychology* 3: 548.

D'Esposito, M., J. W. Cooney, A. Gazzaley, S. E. Gibbs, and B. R. Postle. 2006. "Is the Prefrontal Cortex Necessary for Delay Task Performance? Evidence from Lesion and fMRI Data." *Journal of the International Neuropsychological Society* 12 (2): 248–60.

D'Esposito, Mark, Bradley R. Postle. 2015. "The Cognitive Neuroscience of Working Memory." *Annual Review of Psychology* 66: 115–42.

D'Esposito, Mark, Bradley R. Postle, and Bart Rypma. 2000. "Prefrontal Cortical Contributions to Working Memory: Evidence from Event-Related fMRI Studies." *Experimental Brain Research* 133 (1) (July): 3–11.

Deuker, L., J. L. Bellmund, T. Navarro Schröder, and C. F. Doeller. 2016. "An Event Map of Memory Space in the Hippocampus." *eLife* 5: e16534.

Diamond, Adele. 2006. "The Early Development of Executive Functions." In *Lifespan Cognition: Mechanisms of Change*, edited by E. Bialystok and F. I. M. Craik, 70–95. Oxford: Oxford University Press.

Diana, Rachel A., Andrew P. Yonelinas, and Charan Ranganath. 2007. "Imaging Recollection and Familiarity in the Medial Temporal Lobe: A Three-Component Model." *Trends in Cognitive Sciences* 11 (9): 379–86.

Dickerson, Sally S., and Margaret E. Kemeny. 2004. "Acute Stressors and Cortisol Responses: A Theoretical Integration and Synthesis of Laboratory Research." *Psychological Bulletin* 130 (3): 355.

Diekelmann, S., and J. Born. 2010. "The Memory Function of Sleep." *Nature Reviews Neuroscience* 11 (2): 114–26.

Dimsdale-Zucker, Halle R., Maria E. Montchal, Zachariah M. Reagh, Shao-Fang Wang, Laura A. Libby, and Charan Ranganath. 2022. "Representations of Complex Contexts: A Role for Hippocampus." *Journal of Cognitive Neuroscience* 35 (1): 90–110.

Dimsdale-Zucker, Halle R., and Charan Ranganath. 2018. "Representational Similarity Analyses: A Practical Guide for Functional MRI Applications." *Handbook of Behavioral Neuroscience* 28: 509–25.

Dimsdale-Zucker, Halle R., Maureen Ritchey, Arne D. Ekstrom, Andrew P. Yonelinas, and Charan Ranganath. 2018. "CA1 and CA3 Differentially Support Spontaneous Retrieval of Episodic Contexts Within Human Hippocampal Subfields." *Nature Communications* 9 (1): 1–8.

Dixon, R. A. 2011. "Evaluating Everyday Competence in Older Adult Couples: Epidemiological Considerations." *Gerontology* 57 (2): 173–79.

Dobbins, I. G., H. Foley, D. L. Schacter, and A. D. Wagner. 2002. "Executive Control During Episodic Retrieval: Multiple Prefrontal Processes Subserve Source Memory." *Neuron* 35 (5): 989–96.

Douaud, Gwenaëlle, Soojin Lee, Fidel Alfaro-Almagro, Christoph Arthofer, Chaoyue Wang, Paul McCarthy, Frederik Lange, et al. 2022. "SARS-CoV-2 Is Associated with Changes in Brain Structure in UK Biobank." *Nature* 604 (7907): 697–707.

Druzgal, T. J., and M. D'Esposito. 2001. "Activity in Fusiform Face Area Modulated as a Function of Working Memory Load." *Cognitive Brain Research* 10 (3): 355–64.

———. 2003. "Dissecting Contributions of Prefrontal Cortex and Fusiform Face Area to Face Working Memory." *Journal of Cognitive Neuroscience* 15 (6): 771–84.

Duff, M. C., J. Hengst, D. Tranel, and N. J. Cohen. 2006. "Development of Shared

Information in Communication Despite Hippocampal Amnesia." *Nature Neuroscience* 9 (1) (January): 140–46. https://doi.org/10.1038/nn1601.

Duff, Melissa C., Jake Kurczek, Rachael Rubin, Neal J. Cohen, and Daniel Tranel. 2013. "Hippocampal Amnesia Disrupts Creative Thinking." *Hippocampus* 23 (12): 1143–49.

Düzel, Emrah, Nico Bunzeck, Marc Guitart-Masip, and Sandra Düzel. 2010. "Novelty-Related Motivation of Anticipation and Exploration by Dopamine (NOMAD): Implications for Healthy Aging." *Neuroscience & Biobehavioral Reviews* 34 (5): 660–69.

Düzel, Emrah, Gabriel Ziegler, David Berron, Anne Maass, Hartmut Schütze, Arturo Cardenas-Blanco, Wenzel Glanz, et al. 2022. "Amyloid Pathology but Not APOE ε4 Status Is Permissive for Tau-Related Hippocampal Dysfunction." *Brain* 145 (4): 1473–85.

Eacott, M. J., and E. A. Gaffan. 2005. "The Roles of Perirhinal Cortex, Postrhinal Cortex, and the Fornix in Memory for Objects, Contexts, and Events in the Rat." *Quarterly Journal of Experimental Psychology Section B* 58 (3–4b): 202–17.

Eagleman, David. 2020. *Livewired: The Inside Story of the Ever-Changing Brain*. Edinburgh: Canongate Books.

Ebbinghaus, Hermann. 1885. *Über das Gedächtnis: Untersuchungen zur experimentellen Psychologie*. Berlin: Duncker & Humblot.

———. 1964. *Memory: A Contribution to Experimental Psychology*. Translated by H. A. Ruger and C. E. Bussenius. New York: Dover. Original work published 1885.

Echterhoff, G., E. T. Higgins, R. Kopietz, and S. Groll. 2008. "How Communication Goals Determine When Audience Tuning Biases Memory." *Journal of Experimental Psychology: General* 137 (1): 3.

Eggins, S., and D. Slade. 2004. *Analysing Casual Conversation*. Sheffield: Equinox Publishing.

Eich, Eric. 1995. "Searching for Mood Dependent Memory." *Psychological Science* 6 (2): 67–75.

Eichenbaum, Howard. 2017. "On the Integration of Space, Time, and Memory."

Neuron 95 (5): 1007–18.

Eichenbaum, Howard, Andrew Yonelinas, and Charan Ranganath. 2007. "The Medial Temporal Lobe and Recognition Memory." *Annual Review of Neuroscience* 30: 123–52.

Ekstrom, Arne D., and Charan Ranganath. 2018. "Space, Time, and Episodic Memory: The Hippocampus Is All Over the Cognitive Map." *Hippocampus* 28 (9): 680–87.

Ericsson, K. Anders, and Walter Kintsch. 1995. "Long-Term Working Memory." *Psychological Review* 102 (2): 211.

Estes, William K. 1955. "Statistical Theory of Spontaneous Recovery and Regression." *Psychological Review* 62: 145–54.

Ezzyat, Youssef, and Lila Davachi. 2011. "What Constitutes an Episode in Episodic Memory?" *Psychological Science* 22 (2): 243–52.

Fandakova, Yana, and Matthias J. Gruber. 2021. "States of Curiosity and Interest Enhance Memory Differently in Adolescents and in Children." *Developmental Science* 24 (1): e13005.

Feduccia, Allison A., and Michael C. Mithoefer. 2018. "MDMA-Assisted Psychotherapy for PTSD: Are Memory Reconsolidation and Fear Extinction Underlying Mechanisms?" *Progress in Neuro-psychopharmacology and Biological Psychiatry* 84: 221–28.

Fillit, Howard M., Robert N. Butler, Alan W. O'Connell, Marilyn S. Albert, James E. Birren, Carl W. Cotman, William T. Greenough, et al. 2002. "Achieving and Maintaining Cognitive Vitality with Aging." *Mayo Clinic Proceedings* 77 (7).

Fivush, Robyn. 2004. "Voice and Silence: A Feminist Model of Autobiographical Memory." In *The Development of the Mediated Mind: Sociocultural Context and Cognitive Development*, edited by Joan M. Lucariello, Judith A. Hudson, Robyn Fivush, and Patricia J. Bauer, 79–100. Mahwah, NJ: Lawrence Erlbaum.

Fivush, Robyn. 2008. "Remembering and Reminiscing: How Individual Lives Are Constructed in Family Narratives." *Memory Studies* 1 (1): 49–58.

Foerster, Otfrid, and Wilder Penfield. 1930. "The Structural Basis of Traumatic

Epilepsy and Results of Radical Operation." *Brain* 53: 99–119.

Franklin, Nicholas T., Kenneth A. Norman, Charan Ranganath, Jeffrey M. Zacks, and Samuel J. Gershman. 2020. "Structured Event Memory: A Neuro-symbolic Model of Event Cognition." *Psychological Review* 127 (3): 327.

Frenda, Steven J., Eric D. Knowles, William Saletan, and Elizabeth F. Loftus. 2013. "False Memories of Fabricated Political Events." *Journal of Experimental Social Psychology* 49 (2): 280–86.

Freyd, Jennifer J. 1998. "Science in the Memory Debate." *Ethics & Behavior* 8 (2): 101–13.

Fuster, Joaquin M. 1980. *The Prefrontal Cortex: Anatomy, Physiology, and Neuropsychology of the Frontal Lobe.* New York: Raven Press.

Gaesser, Brendan, and Daniel L. Schacter. 2014. "Episodic Simulation and Episodic Memory Can Increase Intentions to Help Others." *Proceedings of the National Academy of Sciences* 111 (12): 4415–20.

Galli, G., M. Sirota, M. J. Gruber, B. E. Ivanof, J. Ganesh, M. Materassi, A. Thorpe, V. Loaiza, M. Cappelletti, and F. I. Craik. 2018. "Learning Facts During Aging: The Benefits of Curiosity." *Experimental Aging Research* 44 (4): 311–28.

Gazzaley, A., and L. D. Rosen. 2016. *The Distracted Mind: Ancient Brains in a High-Tech World.* Cambridge, MA: MIT Press.

Gershberg, Felicia B., and Arthur P. Shimamura. 1995. "Impaired Use of Organizational Strategies in Free Recall Following Frontal Lobe Damage." *Neuropsychologia* 33 (10): 1305–33.

Gershman, S. J., P. E. Balbi, C. Balbi, C. R. Gallistel, and J. Gunawardena. 2021. "Reconsidering the Evidence for Learning in Single Cells." *eLife* 10:e61907. https://doi.org/10.7554/eLife.61907.

Gershman, S. J., M. H. Monfils, K. A. Norman, and Y. Niv. 2017. "The Computational Nature of Memory Modification." *eLife* 6: e23763.

Gerstorf, D., C. A. Hoppman, K. J. Anstey, and M. A. Luszcz. 2009. "Dynamic Links of Cognitive Functioning Among Married Couples: Longitudinal Evidence from the Australian Longitudinal Study of Ageing." *Psychology and Aging* 24 (2): 296.

Geva-Sagiv, Maya, and Yuval Nir. 2019. "Local Sleep Oscillations: Implications for Memory Consolidation." *Frontiers in Neuroscience* 13: 813.

Ghansah, Rachel Kaadzi. 2011. "The B-Boy's Guide to the Galaxy." *Transition: An International Review* 104: 122–36.

Ghetti, Simona. 2017. "Development of Item-Space and Item-Time Binding." *Current Opinion in Behavioral Sciences* 17: 211–16.

Ghetti, Simona, and Paola Castelli. 2006. "Developmental Differences in False-Event Rejection: Effects of Memorability-Based Warnings." *Memory* 14 (6): 762–76.

Ghetti, Simona, Robin S. Edelstein, Gail S. Goodman, Ingrid M. Cordòn, Jodi A. Quas, Kristen Weede Alexander, Allison D. Redlich, and David P. H. Jones. 2006. "What Can Subjective Forgetting Tell Us About Memory for Childhood Trauma?" *Memory & Cognition* (34): 1011–25.

Gobet, Fernand, and Herbert A. Simon. 1998. "Expert Chess Memory: Revisiting the Chunking Hypothesis." *Memory* 6 (3): 225–55.

Godoy, Lívea Dornela, Matheus Teixeira Rossignoli, Polianna Delfino-Pereira, Norberto Garcia-Cairasco, and Eduardo Henrique de Lima Umeoka. 2018. "A Comprehensive Overview on Stress Neurobiology: Basic Concepts and Clinical Implications." *Frontiers in Behavioral Neuroscience* 12: 127.

Goldman-Rakic, Patricia S. 1984. "The Frontal Lobes: Uncharted Provinces of the Brain." *Trends in Neurosciences* 7 (11): 425–29.

———. 1987. "Circuitry of Primate Prefrontal Cortex and Regulation of Behavior by Representational Memory." In *Higher Functions of the Brain: The Nervous System; Handbook of Physiology*, edited by F. Plum, 5: 373–417, section 1. Bethesda, MD: American Physiological Society.

Gonsalves, Brian, and Ken A. Paller. 2000. "Neural Events That Underlie Remembering Something That Never Happened." *Nature Neuroscience* 3 (12): 1316–21.

Gonsalves, Brian, Paul J. Reber, Darren R. Gitelman, Todd B. Parrish, M.-Marsel Mesulam, and Ken A. Paller. 2004. "Neural Evidence That Vivid Imagining Can Lead to False Remembering." *Psychological Science* 15 (10): 655–60.

Gooding, R. 2004. "The Trashing of John McCain." *Vanity Fair*, November 2004.

https://www.vanityfair.com/news/2004/11/mccain200411.

Goodman, Gail S., Simona Ghetti, Jodi A. Quas, Robin S. Edelstein, Kristen Weede Alexander, Allison D. Redlich, Ingrid M. Cordon, and David P. H. Jones. 2003. "A Prospective Study of Memory for Child Sexual Abuse: New Findings Relevant to the Repressed-Memory Controversy." *Psychological Science* 14 (2): 113–18.

Gopnik, Alison. 2020. "Childhood as a Solution to Explore-Exploit Tensions." *Philosophical Transactions of the Royal Society B* 375 (1803): 20190502.

Gotlib, I. H., C. Ranganath, and J. P. Rosenfeld. 1998. "Frontal EEG Alpha Asymmetry, Depression, and Cognitive Functioning." *Cognition and Emotion* 12 (3): 449–78. https://doi.org/10.1080/026999398379673.

Grady, Cheryl. 2012. "The Cognitive Neuroscience of Ageing." *Nature Reviews Neuroscience* 13 (7): 491–505.

Gray, J. A. 1982. "Précis of the Neuropsychology of Anxiety: An Enquiry into the Functions of the Septo-Hippocampal System." *Behavioral and Brain Sciences* 5, no. 3: 469–84.

Greeley, G. D., V. Chan, H.-Y. Choi, and S. Rajaram. 2023. "Collaborative Recall and the Construction of Collective Memory Organization: The Impact of Group Structure." *Topics in Cognitive Science*. https://doi.org/10.1111/tops.12639.

Greeley, G. D., and S. Rajaram. 2023. "Collective Memory: Collaborative Recall Synchronizes What and How People Remember." *WIREs Cognitive Science*. https://doi.org/10.1002/wcs.1641.

Griego, A. W., J. N. Datzman, S. M. Estrada, and S. S. Middlebrook. 2019. "Suggestibility and False Memories in Relation to Intellectual Disability and Autism Spectrum Disorder: A Meta-analytic Review." *Journal of Intellectual Disability Research* 63 (12): 1464–74.

Grill-Spector, K., R. Henson, and A. Martin. 2006. "Repetition and the Brain: Neural Models of Stimulus-Specific Effects." *Trends in Cognitive Sciences* 10 (1): 14–23.

Gross, J. J., and L. Feldman Barrett. 2011. "Emotion Generation and Emotion Regulation: One or Two Depends on Your Point of View." *Emotion Review* 3

(1): 8–16.

Grossberg, Stephen. 1976. "Adaptive Pattern Classification and Universal Recoding. II: Feedback, Expectation, Olfaction, and Illusions." *Biological Cybernetics* 23: 187–202.

Gruber, Matthias J., Bernard D. Gelman, and Charan Ranganath. 2014. "States of Curiosity Modulate Hippocampus-Dependent Learning via the Dopaminergic Circuit." *Neuron* 84 (2): 486–96.

Gruber, Matthias J., and Charan Ranganath. 2019. "How Curiosity Enhances Hippocampus-Dependent Memory: The Prediction, Appraisal, Curiosity, and Exploration (PACE) Framework." *Trends in Cognitive Sciences* 23 (12): 1014–25.

Gruber, M. J., M. Ritchey, S. F. Wang, M. K. Doss, and C. Ranganath. 2016. "Post-Learning Hippocampal Dynamics Promote Preferential Retention of Rewarding Events." *Neuron* 89 (5): 1110–20.

Grunwald, Thomas, Heinz Beck, Klaus Lehnertz, Ingmar Blümcke, Nico Pezer, Marta Kutas, Martin Kurthen, et al. 1999. "Limbic P300s in Temporal Lobe Epilepsy with and Without Ammon's Horn Sclerosis." *European Journal of Neuroscience* 11(6): 1899–906.

Grunwald, T., C. E. Elger, K. Lehnertz, D. Van Roost, and H. J. Heinze. 1995. "Alterations of Intrahippocampal Cognitive Potentials in Temporal Lobe Epilepsy." *Electroencephalography and Clinical Neurophysiology* 95 (1): 53–62.

Haber, S. N. 2011. "Neuroanatomy of Reward: A View from the Ventral Striatum." Chap. 11 in *Neurobiology of Sensation and Reward*, edited by J. A. Gottfried, 235. Boca Raton, FL: CRC Press / Taylor & Francis.

Hagwood, Scott. 2006. *Memory Power: You Can Develop a Great Memory—America's Grand Master Shows You How*. New York: Simon & Schuster.

Halbwachs, Maurice. 1992. *On Collective Memory*. Translated by Lewis A. Coser. Chicago: University of Chicago Press.

Hannula, D. E., R. R. Althoff, D. E. Warren, L. Riggs, N. J .Cohen, and J. D. Ryan. 2010. "Worth a Glance: Using Eye Movements to Investigate the Cognitive Neuroscience of Memory." *Frontiers in Human Neuroscience* 4: 166.

Hannula, D. E., L. A. Libby, A. P. Yonelinas, and C. Ranganath. 2013. "Medial Temporal Lobe Contributions to Cued Retrieval of Items and Contexts." *Neuropsychologia* 51 (12): 2322–32.

Hannula, Deborah E., and Charan Ranganath. 2009. "The Eyes Have It: Hippocampal Activity Predicts Expression of Memory in Eye Movements." *Neuron* 63 (5): 592–99.

Hannula, Deborah E., Jennifer D. Ryan, Daniel Tranel, and Neal J. Cohen. 2007. "Rapid Onset Relational Memory Effects Are Evident in Eye Movement Behavior, but Not in Hippocampal Amnesia." *Journal of Cognitive Neuroscience* 19 (10): 1690–705.

Harris, C. B., A. J. Barnier, J. Sutton, and P. G. Keil. 2014. "Couples as Socially Distributed Cognitive Systems: Remembering in Everyday Social and Material Contexts." *Memory Studies* 7 (3): 285–97.

Harris, C. B., P. G. Keil, J. Sutton, A. J. Barnier, and D. J. McIlwain. 2011. "We Remember, We Forget: Collaborative Remembering in Older Couples." *Discourse Processes* 48 (4): 267–303.

Harrison, George. 2007. *I Me Mine*. San Francisco: Chronicle Books.

Harrison, Neil A., Kate Johnston, Federica Corno, Sarah J. Casey, Kimberley Friedner, Kate Humphreys, Eli J. Jaldow, Mervi Pitkanen, and Michael D. Kopelman. 2017. "Psychogenic Amnesia: Syndromes, Outcome, and Patterns of Retrograde Amnesia." *Brain* 140 (9): 2498–510.

Hart, C. L. 2017. "Viewing Addiction as a Brain Disease Promotes Social Injustice." *Nature Human Behaviour* 1 (3): 55.

Hasher, Lynn, David Goldstein, and Thomas Toppino. 1977. "Frequency and the Conference of Referential Validity." *Journal of Verbal Learning and Verbal Behavior* 16 (1): 107–12.

Hashtroudi, Shahin, Marcia K. Johnson, and Linda D. Chrosniak. 1989. "Aging and Source Monitoring." *Psychology and Aging* 4 (1): 106.

Hassabis, D., D. Kumaran, and E. A. Maguire. 2007. "Using Imagination to Understand the Neural Basis of Episodic Memory." *Journal of Neuroscience* 27 (52): 14365–74.

Hassabis, Demis, Dharshan Kumaran, Seralynne D. Vann, and Eleanor A.

Maguire. 2007. "Patients with Hippocampal Amnesia Cannot Imagine New Experiences." *Proceedings of the National Academy of Sciences* 104 (5): 1726–31.

Hauer, B. J., and I. Wessel. 2006. "Retrieval-Induced Forgetting of Autobiographical Memory Details." *Cognition and Emotion* 20 (3–4): 430–47.

Haxby, J. V., M. I. Gobbini, M. L. Furey, A. Ishai, J. L. Schouten, and P. Pietrini. 2001. "Distributed and Overlapping Representations of Faces and Objects in Ventral Temporal Cortex." *Science* 293 (5539): 2425–30.

Hayes, Taylor R., and John M. Henderson. 2021. "Looking for Semantic Similarity: What a Vector-Space Model of Semantics Can Tell Us About Attention in Real-World Scenes." *Psychological Science* 32 (8): 1262–70.

Healey, M. Karl, Nicole M. Long, and Michael J. Kahana. 2019. "Contiguity in Episodic Memory." *Psychonomic Bulletin & Review* 26 (3): 699–720.

Hebb, Donald O. 1949. *The Organization of Behavior: A Neuropsychological Theory*. Hoboken, NJ: Wiley.

Heilig, M., J. MacKillop, D. Martinez, J. Rehm, L. Leggio, and L. J. Vanderschuren. 2021. "Addiction as a Brain Disease Revised: Why It Still Matters, and the Need for Consilience." *Neuropsychopharmacology* 46 (10): 1715–23.

Henderson, John M., and Taylor R. Hayes. 2017. "Meaning-Based Guidance of Attention in Scenes as Revealed by Meaning Maps." *Nature Human Behaviour* 1 (10): 743–47.

Henderson, John M., Taylor R. Hayes, Candace E. Peacock, and Gwendolyn Rehrig. 2019. "Meaning and Attentional Guidance in Scenes: A Review of the Meaning Map Approach." *Vision* 3 (2): 19.

Hendrickson, Carolyn W., Reeva J. Kimble, and Daniel P. Kimble. 1969. "Hippocampal Lesions and the Orienting Response." *Journal of Comparative and Physiological Psychology* 67 (2, pt. 1): 220.

Henkel, Linda A. 2014. "Point-and-Shoot Memories: The Influence of Taking Photos on Memory for a Museum Tour." *Psychological Science* 25 (2): 396–402.

Henkel, Linda A., and Kimberly J. Coffman. 2004. "Memory Distortions in Coerced False Confessions: A Source Monitoring Framework Analysis." *Applied Cognitive Psychology: The Official Journal of the Society for Applied Research in Memory and Cognition* 18 (5): 567–88.

Herculano-Houzel, Suzana. 2012. "The Remarkable, Yet Not Extraordinary, Human Brain as a Scaled-Up Primate Brain and Its Associated Cost." *Proceedings of the National Academy of Sciences* 109 (suppl. 1): 10661–68.

Higgins, E. T., and W. S. Rholes. 1978. " 'Saying Is Believing': Effects of Message Modification on Memory and Liking for the Person Described." *Journal of Experimental Social Psychology* 14 (4): 363–78.

Hilgetag, C. C., M. A. O'Neill, and M. P. Young. 1997. "Optimization Analysis of Complex Neuroanatomical Data." In *Computational Neuroscience*, edited by J. M. Bower. Boston: Springer.

Hirst, William. 2010. "The Contribution of Malleability to Collective Memory." In *The Cognitive Neuroscience of Mind: A Tribute to Michael S. Gazzaniga*, edited by Patricia A. Reuter-Lorenz, Kathleen Baynes, George R. Mangun, and Elizabeth A. Phelps, 139–53. Cambridge, MA: MIT Press.

Hirst, William, and Bruce T. Volpe. 1988. "Memory Strategies with Brain Damage." *Brain and Cognition* 8 (3): 379–408.

Ho, J. W., D. L. Poeta, T. K. Jacobson, T. A. Zolnik, G. T, Neske, B. W. Connors, and R. D. Burwell. 2015. "Bidirectional Modulation of Recognition Memory." *Journal of Neuroscience* 35 (39) (September 30): 13323–35.

Horton, W. S., and R. J. Gerrig. 2005. "Conversational Common Ground and Memory Processes in Language Production." *Discourse Processes* 40: 1–35.

———. 2016. "Revisiting the Memory-Based Processing Approach to Common Ground." *Topics in Cognitive Science* 8: 780–95.

Howe, Mark L., and Mary L. Courage. 1993. "On Resolving the Enigma of Infantile Amnesia." *Psychological Bulletin* 113 (2): 305.

Hsieh, Liang-Tien, Matthias J. Gruber, Lucas J. Jenkins, and Charan Ranganath. 2014. "Hippocampal Activity Patterns Carry Information About Objects in Temporal Context." *Neuron* 81 (5): 1165–78.

Hu, X., J. W. Antony, J. D. Creery, I. M. Vargas, G. V. Bodenhausen, and K. A.

Paller. 2015. "Unlearning Implicit Social Biases During Sleep." *Science* 348 (6238): 1013–15.

Hu, X., L. Y. Cheng, M. H. Chiu, and K. A. Paller. 2020. "Promoting Memory Consolidation During Sleep: A Meta-analysis of Targeted Memory Reactivation." *Psychological Bulletin* 146 (3): 218.

Huff, Markus, Frank Papenmeier, Annika E. Maurer, Tino G. K. Meitz, Bärbel Garsoffky, and Stephan Schwan. 2017. "Fandom Biases Retrospective Judgments Not Perception." *Scientific Reports* 7 (1): 1–8.

Hughlings-Jackson, John. 1888. "On a Particular Variety of Epilepsy ('Intellectual Aura'), One Case with Symptoms of Organic Brain Disease." *Brain* 11 (2): 179–207.

Hupbach, Almut, Oliver Hardt, Rebecca Gomez, and Lynn Nadel. 2008. "The Dynamics of Memory: Context-Dependent Updating." *Learning & Memory* 15, no. 8: 574–79.

Inbau, F. E., J. E. Reid, J. P. Buckley, and B. C. Jayne. 2001. *Criminal Interrogation and Confessions.* 4th ed. Gaithersburg, MD: Aspen.

Jacobsen, C. F. 1936. "Studies of Cerebral Function in Primates. I. The Functions of the Frontal Association Areas in Monkeys." In *Comparative Psychology Monographs*, vol. 13. Baltimore: Williams & Wilkins.

Janata, Petr. 2009. "The Neural Architecture of Music-Evoked Autobiographical Memories." *Cerebral Cortex* 19 (11): 2579–94.

Jansari, Ashok, and Alan J. Parkin. 1996. "Things That Go Bump in Your Life: Explaining the Reminiscence Bump in Autobiographical Memory." *Psychology and Aging* 11 (1): 85.

Janssen, Steve M. J., Jaap M. J. Murre, and Martijn Meeter. 2008. "Reminiscence Bump in Memory for Public Events." *European Journal of Cognitive Psychology* 20 (4): 738–64.

Jardine, K. H., A. E. Huff, C. E. Wideman, S. D. McGraw, and B. D. Winter. 2022. "The Evidence for and Against Reactivation-Induced Memory Updating in Humans and Nonhuman Animals." *Neuroscience & Biobehavioral Reviews* 136: 104598.

Jenkins, Lucas J., and Charan Ranganath. 2010. "Prefrontal and Medial Temporal

Lobe Activity at Encoding Predicts Temporal Context Memory." *Journal of Neuroscience* 30 (46): 15558–65.

Jha, A. 2021. *Peak Mind: Find Your Focus, Own Your Attention, Invest 12 Minutes a Day*. London: Hachette UK.

Jia, Jianping, Tan Zhao, Zhaojun Liu, Yumei Liang, Fangyu Li, Yan Li, Wenying Liu, et al. 2023. "Association Between Healthy Lifestyle and Memory Decline in Older Adults: 10 Year, Population Based, Prospective Cohort Study." *BMJ* 380: e072691.

Johnson, Elliott Gray, Lindsey Mooney, Katharine Graf Estes, Christine Wu Nordahl, and Simona Ghetti. 2021. "Activation for Newly Learned Words in Left Medial-Temporal Lobe during Toddlers' Sleep Is Associated with Memory for Words." *Current Biology* 31, no. 24: 5429–38.

Johnson, M. H. 2001. "Functional Brain Development in Humans." *Nature Reviews Neuroscience* 2 (7): 475–83.

Johnson, M. K., M. A. Foley, A. G. Suengas, and C. L. Raye. 1988. "Phenomenal Characteristics of Memories for Perceived and Imagined Autobiographical Events." *Journal of Experimental Psychology: General* 117 (4): 371.

Johnson, Marcia K., Shahin Hashtroudi, and D. Stephen Lindsay. 1993. "Source Monitoring." *Psychological Bulletin* 114 (1): 3–28.

Johnson, M. K., S. M. Hayes, M. D'Esposito, and C. L. Raye. 2000. "Confabulation." In *Handbook of Neuropsychology: Memory and Its Disorders*, edited by L. S. Cermak, 383–407. Amsterdam: Elsevier.

Johnson, M. K., J. Kounios, and S. F. Nolde. 1997. "Electrophysiological Brain Activity and Memory Source Monitoring." *NeuroReport* 8 (5): 1317–20.

Johnson, M. K., S. F. Nolde, M. Mather, J. Kounios, D. L. Schacter, and T. Curran. 1997. "The Similarity of Brain Activity Associated with True and False Recognition Memory Depends on Test Format." *Psychological Science* 8 (3): 250–57.

Johnson, Marcia K., and Carol L. Raye. 1981. "Reality Monitoring." *Psychological Review* 88 (1): 67–85.

Johnson, Reed. 2017. "The Mystery of S., the Man with an Impossible Memory." *New Yorker*, August 12, 2017. https://www.newyorker.com/books/page-turner/the-mystery-of-s-the-man-with-an-impossible-memory.

Jonides, J., R. L. Lewis, D. E. Nee, C. A. Lustig, M. G. Berman, and K. S. Moore. 2008. "The Mind and Brain of Short-Term Memory." *Annual Review of Psychology* 59: 193–224.

Jonker, T. R., H. Dimsdale-Zucker, M. Ritchey, A. Clarke, and C. Ranganath. 2018. "Neural Reactivation in Parietal Cortex Enhances Memory for Episodically Linked Information." *Proceedings of the National Academy of Sciences* 115 (43): 11084–89.

Jonker, T. R., P. Seli, and C. M. MacLeod. 2013. "Putting Retrieval-Induced Forgetting in Context: An Inhibition-Free, Context-Based Account." *Psychological Review* 120 (4): 852.

Joo, H. R., and L. M. Frank. 2018. "The Hippocampal Sharp-Wave Ripple in Memory Retrieval for Immediate Use and Consolidation." *Nature Reviews Neuroscience* 19 (12): 744–57.

Josselyn, Sheena A., Stefan Köhler, and Paul W. Frankland. 2017. "Heroes of the Engram." *Journal of Neuroscience* 37 (18): 4647–57.

Kaf kas, A., and D. Montaldi. 2018. "How Do Memory Systems Detect and Respond to Novelty?" *Neuroscience Letters* 680: 60–68.

Kahneman, Daniel. 2011. *Thinking, Fast and Slow*. New York: Macmillan.

Kahneman, Daniel, and Jason Riis. 2005. "Living, and Thinking About It: Two Perspectives on Life." Chap. 11 in *The Science of Well-Being*, edited by Felicia A. Huppert, Nick Baylis, and Barry Keverne, 285–304. Oxford: Oxford University Press.

Kandel, Eric R., Yadin Dudai, and Mark Mayford. 2014. "The Molecular and Systems Biology of Memory." *Cell* 157 (1): 163–86. https://doi.org/10.1016/j.cell.2014.03.001.

Kang, M. J., M. Hsu, I. M. Krajbich, G. Loewenstein, S. M. McClure, J. T. Y. Wang, and C. F. Camerer. 2009. "The Wick in the Candle of Learning: Epistemic Curiosity Activates Reward Circuitry and Enhances Memory." *Psychological Science* 20 (8): 963–73.

Kant, Immanuel. 1899. *Critique of Pure Reason*. Translated by J. M. D. Meiklejohn. Willey Book Company. https://doi.org/10.1037/11654-000.

Kaplan, R., M. H. Adhikari, R. Hindriks, D. Mantini, Y. Murayama, N. K. Logothetis, and G. Deco. 2016. "Hippocampal Sharp-Wave Ripples Influence Selective Activation of the Default Mode Network." *Current Biology* 26 (5): 686–91.

Karpicke, Jeffrey D., and Henry L. Roediger III. 2008. "The Critical Importance of Retrieval for Learning." *Science* 319 (5865): 966–68.

Kashima, Yoshihisa. 2000. "Maintaining Cultural Stereotypes in the Serial Reproduction of Narratives." *Personality and Social Psychology Bulletin* 26 (5): 594–604.

Kassin, Saul M. 2008. "False Confessions: Causes, Consequences, and Implications for Reform." *Current Directions in Psychological Science* 17 (4): 249–53.

Kelley, C. M., and L. L. Jacoby. 1990. "The Construction of Subjective Experience: Memory Attributions." *Mind & Language* 5 (1): 49–68.

Ketz, N., S. G. Morkonda, and R .C. O'Reilly. 2013. "Theta Coordinated Error-Driven Learning in the Hippocampus." *PloS Computational Biology* 9 (6): e1003067.

Kidd, C., and B. Y. Hayden. 2015. "The Psychology and Neuroscience of Curiosity." *Neuron* 88 (3): 449–60.

Kirschbaum, Clemens, Karl-Martin Pirke, and Dirk H. Hellhammer. 1993. "The 'Trier Social Stress Test'—a Tool for Investigating Psychobiological Stress Responses in a Laboratory Setting." *Neuropsychobiology* 28 (1–2): 76–81.

Kloft, Lilian, Lauren A. Monds, Arjan Blokland, Johannes G. Ramaekers, and Henry Otgaar. 2021. "Hazy Memories in the Courtroom: A Review of Alcohol and Other Drug Effects on False Memory and Suggestibility." *Neuroscience & Biobehavioral Reviews* 124: 291–307.

Kloft, Lilian, Henry Otgaar, Arjan Blokland, Lauren A. Monds, Stefan W. Toennes, Elizabeth F. Loftus, and Johannes G. Ramaekers. 2020. "Cannabis Increases Susceptibility to False Memory." *Proceedings of the National Academy of Sciences* 117 (9): 4585–89.

Knierim, J. J., I. Lee, and E. L. Hargreaves. 2006. "Hippocampal Place Cells: Parallel Input Streams, Subregional Processing, and Implications for Episodic Memory." *Hippocampus* 16 (9): 755–64.

Knight, Erik L., and Pranjal H. Mehta. 2017. "Hierarchy Stability Moderates the Effect of Status on Stress and Performance in Humans." *Proceedings of the National Academy of Sciences* 114 (1): 78–83.

Knight, Robert T. 1984. "Decreased Response to Novel Stimuli After Prefrontal Lesions in Man." *Electroencephalography and Clinical Neurophysiology* 59 (1): 9–20. doi:10.1016/0168-5597(84)90016-9.

———. 1996. "Contribution of Human Hippocampal Region to Novelty Detection." *Nature* 383 (6597): 256–59.

Knutson, B., C. M. Adams, G. W. Fong, and D. Hommer. 2001. "Anticipation of Increasing Monetary Reward Selectively Recruits Nucleus Accumbens." *Journal of Neuroscience* 21 (16) (August 15): RC159. https://doi.org/10.1523/JNEUROSCI.21-16-j0002.2001.

Koppel, Jonathan, Dana Wohl, Robert Meksin, and William Hirst. 2014. "The Effect of Listening to Others Remember on Subsequent Memory: The Roles of Expertise and Trust in Socially Shared Retrieval-Induced Forgetting and Social Contagion." *Social Cognition* 32 (2): 148–80.

Krause, A. J., E. B. Simon, B. A. Mander, S. M. Greer, J. M. Saletin, A. N. Goldstein-Piekarski, and M. P. Walker. 2017. "The Sleep-Deprived Human Brain." *Nature Reviews Neuroscience* 18 (7) (July): 404–18.

Kriegeskorte, Nikolaus, Marieke Mur, and Peter A. Bandettini. 2008. "Representational Similarity Analysis—Connecting the Branches of Systems Neuroscience." *Frontiers in Systems Neuroscience* 2: 4.

Krumhansl, Carol Lynne, and Justin Adam Zupnick. 2013. "Cascading Reminiscence Bumps in Popular Music." *Psychological Science* 24 (10): 2057–68.

LaBar, Kevin S., and Roberto Cabeza. 2006. "Cognitive Neuroscience of Emotional Memory." *Nature Reviews Neuroscience* 7 (1): 54–64.

LeDoux, Joseph. 2012. "Rethinking the Emotional Brain." *Neuron* 73 (4): 653–76.

Lensvelt-Mulders, G., O. van der Hart, J. M. van Ochten, M. J. van Son, K. Steele, and L. Breeman. 2008. "Relations Among Peritraumatic Dissociation and Posttraumatic Stress: A Meta-analysis." *Clinical Psychology Review* 28 (7): 1138–51.

LePort, Aurora K. R., Aaron T. Mattfeld, Heather Dickinson-Anson, James H. Fallon, Craig E. L. Stark, Frithjof Kruggel, Larry Cahill, and James L. McGaugh. 2012. "Behavioral and Neuroanatomical Investigation of Highly Superior Autobiographical Memory (HSAM)." *Neurobiology of Learning and Memory* 98 (1): 78–92.

LePort, Aurora K. R., S. M. Stark, J. L. McGaugh, and C. E. L. Stark. 2016. "Highly Superior Autobiographical Memory: Quality and Quantity of Retention over Time." *Frontiers in Psychology* 6, article 2017.

Levin, Daniel T. 2000. "Race as a Visual Feature: Using Visual Search and Perceptual Discrimination Tasks to Understand Face Categories and the Cross-Race Recognition Deficit." *Journal of Experimental Psychology: General* 129 (4): 559.

Levitin, Daniel J. 2014. *The Organized Mind: Thinking Straight in the Age of Information Overload.* New York: Penguin.

———. 2020. *Successful Aging: A Neuroscientist Explores the Power and Potential of Our Lives.* New York: Penguin.

Lewis, Penelope A., and Simon J. Durrant. 2011. "Overlapping Memory Replay During Sleep Builds Cognitive Schemata." *Trends in Cognitive Sciences* 15 (8): 343–51. doi:10.1016/j.tics.2011.06.004.

Libby, Laura A., Deborah E. Hannula, and Charan Ranganath. 2014. "Medial Temporal Lobe Coding of Item and Spatial Information During Relational Binding in Working Memory." *Journal of Neuroscience* 34 (43): 14233–42.

Libby, Laura A., Zachariah M. Reagh, Nichole R. Bouffard, J. Daniel Ragland, and Charan Ranganath. 2019. "The Hippocampus Generalizes Across Memories That Share Item and Context Information." *Journal of Cognitive Neuroscience* 31 (1): 24–35.

Liberzon, Israel, and James L. Abelson. 2016. "Context Processing and the Neurobiology of Post-Traumatic Stress Disorder." *Neuron* 92 (1): 14–30.

Lisman, John E., and Anthony A. Grace. 2005. "The Hippocampal-VTA Loop: Controlling the Entry of Information into Long-Term Memory." *Neuron* 46 (5): 703–13.

Liu, Xiaonan L., Randall C. O'Reilly, and Charan Ranganath. 2021. "Effects of

Retrieval Practice on Tested and Untested Information: Cortico-hippocampal Interactions and Error-Driven Learning." *Psychology of Learning and Motivation* 75: 125–55.

Liu, Xiaonan L., and Charan Ranganath. 2021. "Resurrected Memories: Sleep-Dependent Memory Consolidation Saves Memories from Competition Induced by Retrieval Practice." *Psychonomic Bulletin & Review* 28 (6): 2035–44.

Liu, Xiaonan L., Charan Ranganath, and Randall C. O'Reilly. 2022. "A Complementary Learning Systems Model of How Sleep Moderates Retrieval Practice Effects." OSF Preprints. November 18. doi:10.31219/osf.io/5aqwp.

Lockhart, S. N., A. B. Mayda, A. E. Roach, E. Fletcher, O. Carmichael, P. Maillard, C. G. Schwarz, A. P. Yonelinas, C. Ranganath, and C. DeCarli. 2012. "Episodic Memory Function Is Associated with Multiple Measures of White Matter Integrity in Cognitive Aging." *Frontiers in Human Neuroscience* 6 (March 16): 56.

Loewenstein, George. 1994. "The Psychology of Curiosity: A Review and Reinterpretation." *Psychological Bulletin* 116 (1): 75.

Loewenstein, George, and David Schkade. 1999. "Wouldn't It Be Nice?" In *Predicting Future Feelings. Well-Being: The Foundations of Hedonic Psychology*, edited by D. Kahneman, E. Diener, and N. Schwarz, 85–105. New York: Russell Sage Foundation.

Loftus, Elizabeth F. 2005. "Planting Misinformation in the Human Mind: A 30-Year Investigation of the Malleability of Memory." *Learning & Memory* 12 (4): 361–66.

Loftus, Elizabeth F., and Deborah Davis. 2006. "Recovered Memories." *Annual Review of Clinical Psychology* 2: 469–98.

Loftus, Elizabeth F., and John C. Palmer. 1974. "Reconstruction of Automobile Destruction: An Example of the Interaction Between Language and Memory." *Journal of Verbal Learning and Verbal Behavior* 13 (5): 585–89.

Loftus, Elizabeth F., and Jacqueline E. Pickrell. 1995. "The Formation of False Memories." *Psychiatric Annals* 25 (12): 720–25.

Love, B. C., Medin, D. L., and Gureckis, T. M. 2009. "SUSTAIN: A Network

Model of Category Learning." *Psychological Review* 111, no. 2: 309–32.

Lu, Q., U. Hasson, and K. A. Norman. 2022. "A Neural Network Model of When to Retrieve and Encode Episodic Memories." *eLife* 11: e74445.

Luck, Steven J., and Edward K. Vogel. 2013. "Visual Working Memory Capacity: From Psychophysics and Neurobiology to Individual Differences." *Trends in Cognitive Sciences* 17 (8): 391–400.

Luhmann, C. C., and S. Rajaram. 2015. "Memory Transmission in Small Groups and Large Networks: An Agent-Based Model." *Psychological Science* 26 (12): 1909–17.

Lupien, S. J., B. S. McEwen, M. R. Gunnar, and C. Heim. 2009. "Effects of Stress Throughout the Lifespan on the Brain, Behaviour and Cognition." *Nature Reviews Neuroscience* 10 (6): 434–45.

Luria, A. R. 1968. *The Mind of the Mnemonist*. New York: Basic Books.

Lyons, Anthony, and Yoshihisa Kashima. 2001. "The Reproduction of Culture: Communication Processes Tend to Maintain Cultural Stereotypes." *Social Cognition* 19 (3): 372–94.

———. 2003. "How Are Stereotypes Maintained Through Communication? The Influence of Stereotype Sharedness." *Journal of Personality and Social Psychology* 85 (6): 989.

MacLeod, Colin M. In press. "Interference Theory: History and Current Status." Chapter to appear in *The Oxford Handbook of Human Memory*, edited by M. J. Kahana and A. D. Wagner. Oxford: Oxford University Press.

MacMillan, Amanda. 2017. "The Downside of Having an Almost Perfect Memory." *Time*, December 8, 2017. https://time.com/5045521/highly-superior-autobiographical-memory-hsam/.

Madore, Kevin P., Preston P. Thakral, Roger E. Beaty, Donna Rose Addis, and Daniel L. Schacter. 2019. "Neural Mechanisms of Episodic Retrieval Support Divergent Creative Thinking." *Cerebral Cortex* 29 (1): 150–66.

Maguire, Eleanor A., Faraneh Vargha-Khadem, and Demis Hassabis. 2010. "Imagining Fictitious and Future Experiences: Evidence from Developmental Amnesia." *Neuropsychologia* 48 (11): 3187–92.

Mandler, George. 1980. "Recognizing: The Judgment of Previous Occurrence."

Psychological Review 87 (3): 252.

Manning, J. R., K. A. Norman, and M. J. Kahana. 2014. "The Role of Context in Episodic Memory." In *The Cognitive Neurosciences V*, edited by M. Gazzaniga and R. Mangun. Cambridge, MA: MIT Press.

Maril, A., A. D. Wagner, and D. L. Schacter. 2001. "On the Tip of the Tongue: An Event-Related fMRI Study of Semantic Retrieval Failure and Cognitive Conflict." *Neuron* 31 (4): 653–60.

Markowitsch, H. J. 2003. "Psychogenic Amnesia." *Neuroimage* 20: S132–S138.

Marr, David. 1971. "Simple Memory: A Theory for Archicortex." *Philosophical Transactions of the Royal Society of London* 262 (841): 23–81. https://doi.org/10.1098/rstb.1971.0078.

Mason, Malia F., Michael I. Norton, John D. Van Horn, Daniel M. Wegner, Scott T. Grafton, and C. Neil Macrae. 2007. "Wandering Minds: The Default Network and Stimulus-Independent Thought." *Science* 315 (5810): 393–95.

Maswood, Raeya, Christian C. Luhmann, and Suparna Rajaram. 2022. "Persistence of False Memories and Emergence of Collective False Memory: Collaborative Recall of DRM Word Lists." *Memory* 30 (4): 465–79.

Maswood, Raeya, and Suparna Rajaram. 2019. "Social Transmission of False Memory in Small Groups and Large Networks." *Topics in Cognitive Science* 11 (4): 687–709.

Mather, Mara. 2007. "Emotional Arousal and Memory Binding: An Object-Based Framework." *Perspectives on Psychological Science* 2 (1): 33–52.

Mather, Mara, and Laura L. Carstensen. 2005. "Aging and Motivated Cognition: The Positivity Effect in Attention and Memory." *Trends in Cognitive Sciences* 9 (10): 496–502.

Mather, Mara, David Clewett, Michiko Sakaki, and Carolyn W. Harley. 2016."Norepinephrine Ignites Local Hotspots of Neuronal Excitation: How Arousal Amplifies Selectivity in Perception and Memory." *Behavioral and Brain Sciences* 39: e200.

Mayes, A., D. Montaldi, and E. Migo. 2007. "Associative Memory and the Medial Temporal Lobes." *Trends in Cognitive Sciences* 11 (3): 126–35.

McAdams, D. P. 2008. "Personal Narratives and the Life Story." In *Handbook of*

Personality: Theory and Research, edited by O. P. John, R. W. Robins, and L. A. Pervin, 242–62. New York: Guilford Press.

McClelland, J. L., B. L. McNaughton, and R. C. O'Reilly. 1995. "Why There Are Complementary Learning Systems in the Hippocampus and Neocortex: Insights from the Successes and Failures of Connectionist Models of Learning and Memory." *Psychological Review* 102 (3): 419.

McClelland, J. L., D. E. Rumelhart, and PDP Research Group. 1986. *Parallel Distributed Processing*, vol. 2. Cambridge, MA: MIT Press.

McCloskey, Michael, and Neal J. Cohen. 1989. "Catastrophic Interference in Connectionist Networks: The Sequential Learning Problem." *Psychology of Learning and Motivation* 24: 109–65.

McCulloch, Warren S., and Walter Pitts. 1943. "A Logical Calculus of the Ideas Immanent in Nervous Activity." *Bulletin of Mathematical Biophysics* 5 (4): 115–33.

McCullough, Andrew M., Maureen Ritchey, Charan Ranganath, and Andrew Yonelinas. 2015. "Differential Effects of Stress-Induced Cortisol Responses on Recollection and Familiarity-Based Recognition Memory." *Neurobiology of Learning and Memory* 123: 1–10.

McDougle, Samuel D., Richard B. Ivry, and Jordan A. Taylor. 2016. "Taking Aim at the Cognitive Side of Learning in Sensorimotor Adaptation Tasks." *Trends in Cognitive Sciences* 20, no. 7: 535–44.

McEwen, Bruce S. 2007. "Physiology and Neurobiology of Stress and Adaptation: Central Role of the Brain." *Physiological Reviews* 87 (3): 873–904.

McEwen, Bruce S., Jay M. Weiss, and Leslie S. Schwartz. 1968. "Selective Retention of Corticosterone by Limbic Structures in Rat Brain." *Nature* 220 (5170): 911–12.

McGaugh, James L. 2018. "Emotional Arousal Regulation of Memory Consolidation." *Current Opinion in Behavioral Sciences* 19: 55–60.

McIntyre, Christa K., James L. McGaugh, and Cedric L. Williams. 2012. "Interacting Brain Systems Modulate Memory Consolidation." *Neuroscience & Biobehavioral Reviews* 36 (7): 1750–62.

McKone, Elinor, Lulu Wan, Madeleine Pidcock, Kate Crookes, Katherine

Reynolds, Amy Dawel, Evan Kidd, and Chiara Fiorentini. 2019. "A Critical Period for Faces: Other-Race Face Recognition Is Improved by Childhood but Not Adult Social Contact." *Scientific Reports* 9 (1): 1–13.

Meade, M. L., T. J. Nokes, and D. G. Morrow. 2009. "Expertise Promotes Facilitation on a Collaborative Memory Task." *Memory* 17 (1): 39–48.

Meade, Michelle L., and Henry L. Roediger. 2002. "Explorations in the Social Contagion of Memory." *Memory & Cognition* 30 (7): 995–1009.

Mednick, Sara. 2020. *The Power of the Downstate: Recharge Your Life Using Your Body's Own Restorative Systems*. New York: Hachette.

Mednick, S., and M. Ehrman. 2006. *Take a Nap! Change Your Life*. New York: Workman.

Mednick, S., K. Nakayama, and R. Stickgold. 2003. "Sleep-Dependent Learning: A Nap Is as Good as a Night." *Nature Neuroscience* 6 (7): 697–98.

Meissner, C. A., and J. C. Brigham. 2001. "Thirty Years of Investigating the Own-Race Bias in Memory for Faces: A Meta-analytic Review." *Psychology, Public Policy, and Law* 7 (1): 3.

Meister, M. L., and E. A. Buffalo. 2016. "Getting Directions from the Hippocampus: The Neural Connection Between Looking and Memory." *Neurobiology of Learning and Memory* 134: 135–44.

Milivojevic, B., M. Varadinov, A. V. Grabovetsky, S. H. Collin, and C. F. Doeller. 2016. "Coding of Event Nodes and Narrative Context in the Hippocampus." *Journal of Neuroscience* 36 (49): 12412–24.

Milivojevic, B., A. Vicente-Grabovetsky, and C. F. Doeller. 2015. "Insight Reconfigures Hippocampal-Prefrontal Memories." *Current Biology* 25 (7): 821–30.

Miller, George A. 1956. "The Magic Number Seven Plus or Minus Two: Some Limits on Our Capacity for Processing Information." *Psychological Review* 63: 9197.

Miller, Greg. 2007. "A Surprising Connection Between Memory and Imagination." *Science* 315 (5810): 312.

Miller, Jonathan F., Markus Neufang, Alec Solway, Armin Brandt, Michael Trippel, Irina Mader, Stefan Hefft, et al. (2013). "Neural Activity in Human

Hippocampal Formation Reveals the Spatial Context of Retrieved Memories." *Science* 342 (6162): 1111–14.

Mineka, Susan, and John F. Kihlstrom. 1978. "Unpredictable and Uncontrollable Events: A New Perspective on Experimental Neurosis." *Journal of Abnormal Psychology* 87 (2): 256.

Minsky, Marvin. 1975. "A Framework for Representing Knowledge." MIT-AI Laboratory Memo 306, June 1974. Reprinted in P. Winston, ed., *The Psychology of Computer Vision*. New York: McGraw-Hill, 1975.

Mishkin, M., W. A. Suzuki, D. G. Gadian, and F. Vargha-Khadem. 1997. "Hierarchical Organization of Cognitive Memory." *Philosophical Transactions of the Royal Society of London. Series B: Biological Sciences* 352 (1360): 1461–67.

Montague, J. 2019. *Lost and Found: Memory, Identity, and Who We Become When We're No Longer Ourselves*. London: Hodder & Stoughton.

Montaldi, D., T. J. Spencer, N. Roberts, and A. R. Mayes. 2006. "The Neural System That Mediates Familiarity Memory." *Hippocampus* 16 (5): 504–20.

Mooney, Lindsey N., Elliott G. Johnson, Janani Prabhakar, and Simona Ghetti. 2021. "Memory-Related Hippocampal Activation during Sleep and Temporal Memory in Toddlers." *Developmental Cognitive Neuroscience* 47: 100908.

Moore, Christopher D., Michael X. Cohen, and Charan Ranganath. 2006. "Neural Mechanisms of Expert Skills in Visual Working Memory." *Journal of Neuroscience* 26 (43): 11187–96.

Moscovitch, Morris. 1989. "Confabulation and the Frontal Systems: Strategic Versus Associative Retrieval in Neuropsychological Theories of Memory." In *Varieties of Memory and Consciousness: Essays in Honour of Endel Tulving*, edited by H. L. Roediger and F. I. M. Craik, 133–60. Hillsdale, NJ: Lawrence Erlbaum.

Moscovitch, Morris, Roberto Cabeza, Gordon Winocur, and Lynn Nadel. 2016. "Episodic Memory and Beyond: The Hippocampus and Neocortex in Transformation." *Annual Review of Psychology* 67 (1): 105–34.

Moscovitch, Morris, and Gordon Winocur. 1992. "The Neuropsychology of Memory and Aging." *Handbook of Aging and Cognition* 315: 372.

Mullan, Sean, and Wilder Penfield. 1959. "Illusions of Comparative Interpretation and Emotion: Production by Epileptic Discharge and by Electrical Stimulation in the Temporal Cortex." *AMA Archives of Neurology & Psychiatry* 81 (3): 269–84.

Münsterberg, Hugo. 1923. *On the Witness Stand: Essays on Psychology and Crime*. Clark Boardman.

Murayama, K., M. Matsumoto, K. Izuma, and K. Matsumoto. 2010. "Neural Basis of the Undermining Effect of Monetary Reward on Intrinsic Motivation." *Proceedings of the National Academy of Sciences* 107 (49): 20911–16.

Murayama, K., T. Miyatsu, D. Buchli, and B. C. Storm. 2014. "Forgetting as a Consequence of Retrieval: A Meta-analytic Review of Retrieval-Induced Forgetting." *Psychological Bulletin* 140 (5): 1383.

Murphy, C., V. Dehmelt, A. P. Yonelinas, C. Ranganath, and M. J. Gruber. 2021. "Temporal Proximity to the Elicitation of Curiosity Is Key for Enhancing Memory for Incidental Information." *Learning & Memory* 28 (2): 34–39.

Murphy, Gillian, Laura Lynch, Elizabeth Loftus, and Rebecca Egan. 2021. "Push Polls Increase False Memories for Fake News Stories." *Memory* 29 (6): 693–707.

Murray, E. A., S. P. Wise, and K. S. Graham. 2017. *The Evolution of Memory Systems: Ancestors, Anatomy, and Adaptations*. Oxford: Oxford University Press.

Nader, K., G. E. Schafe, and J. E. LeDoux. 2000. "Fear Memories Require Protein Synthesis in the Amygdala for Reconsolidation After Retrieval." *Nature* 406 (6797): 722–26.

Nadim, Farzan, and Dirk Bucher. 2014. "Neuromodulation of Neurons and Synapses." *Current Opinion in Neurobiology* 29: 48–56.

Nattrass, Stuart, Darren P. Croft, Samuel Ellis, Michael A. Cant, Michael N. Weiss, Brianna M. Wright, Eva Stredulinsky, et al. 2019. "Postreproductive Killer Whale Grandmothers Improve the Survival of Their Grandoffspring." *Proceedings of the National Academy of Sciences* 116 (52): 26669–73.

Nauta, Walle J. H. 1971. "The Problem of the Frontal Lobe: A Reinterpretation." *Journal of Psychiatric Research* 8 (3): 167–87.

Navarrete, M., M. Valderrama, and P. A. Lewis. 2020. "The Role of Slow-Wave Sleep Rhythms in the Cortical-Hippocampal Loop for Memory Consolidation." *Current Opinion in Behavioral Sciences* 32: 102–10.

Nelson, Katherine, and Robyn Fivush. 2004. "The Emergence of Autobiographical Memory: A Social Cultural Developmental Theory." *Psychological Review* 111 (2): 486.

Newell, Allen, John Calman Shaw, and Herbert A. Simon. 1958. "Chess-Playing Programs and the Problem of Complexity." *IBM Journal of Research and Development* 2 (4): 320–35.

Newman, David B., and Matthew E. Sachs. 2020. "The Negative Interactive Effects of Nostalgia and Loneliness on Affect in Daily Life." *Frontiers in Psychology* 11: 2185.

Nielson, D. M., T. A. Smith, V. Sreekumar, S. Dennis, and P. B. Sederberg. 2015. "Human Hippocampus Represents Space and Time During Retrieval of Real-World Memories." *Proceedings of the National Academy of Sciences* 112 (35): 11078–83.

Nisbett, Richard E., and Timothy D. Wilson. 1977. "Telling More Than We Can Know: Verbal Reports on Mental Processes." *Psychological Review* 84 (3): 231–59.

Nobre, A. C., and G. McCarthy. 1995. "Language-Related Field Potentials in the Anterior-Medial Temporal Lobe: II. Effects of Word Type and Semantic Priming." *Journal of Neuroscience* 15 (2): 1090–98.

Nordahl, Christine Wu, Charan Ranganath, Andrew P. Yonelinas, Charles DeCarli, Evan Fletcher, and William J. Jagust. 2006. "White Matter Changes Compromise Prefrontal Cortex Function in Healthy Elderly Individuals." *Journal of Cognitive Neuroscience* 18 (3): 418–29.

Nordahl, Christine Wu, Charan Ranganath, Andrew P. Yonelinas, Charles DeCarli, Bruce R. Reed, and William J. Jagust. 2005. "Different Mechanisms of Episodic Memory Failure in Mild Cognitive Impairment." *Neuropsychologia* 43 (11): 1688–97.

Norman, Donald A., and Tim Shallice. 1986. "Attention to Action." In *Consciousness and Self-Regulation*, edited by Richard J. Davidson, Gary E.

Schwartz, and David Shapiro, 1–18. Boston: Springer.

Norman, Kenneth A. 2010. "How Hippocampus and Cortex Contribute to Recognition Memory: Revisiting the Complementary Learning Systems Model." *Hippocampus* 20 (11): 1217–27.

Norman, K. A., E. L. Newman, and G. Detre. 2007. "A Neural Network Model of Retrieval-Induced Forgetting." *Psychological Review* 114 (4): 887.

Nyberg, L., R. Habib, A. R. McIntosh, and E. Tulving. 2000. "Reactivation of Encoding-Related Brain Activity During Memory Retrieval." *Proceedings of the National Academy of Sciences* 97 (20): 11120–24.

Oeberst, Aileen, Merle Madita Wachendörfer, Roland Imhoff, and Hartmut Blank. 2021. "Rich False Memories of Autobiographical Events Can Be Reversed." *Proceedings of the National Academy of Sciences* 118 (13).

O'Keefe, John, and Lynn Nadel. 1978. *The Hippocampus as a Cognitive Map*. Oxford: Oxford University Press.

———. 1979. "Précis of O'Keefe & Nadel's *The Hippocampus as a Cognitive Map*." *Behavioral and Brain Sciences* 2 (4): 487–94.

Oliva, M. T., and B. C. Storm. 2022. "Examining the Effect Size and Duration of Retrieval-Induced Facilitation." *Psychological Research*, 1–14.

O'Reilly, R. C., Y. Munakata, M. J. Frank, T. E. Hazy, and Contributors. 2012. *Computational Cognitive Neuroscience*. Wiki Book, 4th ed., 2020. https://CompCogNeuro.org.

O'Reilly, Randall C., and Kenneth A. Norman. 2002. "Hippocampal and Neocortical Contributions to Memory: Advances in the Complementary Learning Systems Framework." *Trends in Cognitive Sciences* 6 (12): 505–10.

Owens, Justine, Gordon H. Bower, and John B. Black. 1979. "The 'Soap Opera' Effect in Story Recall." *Memory & Cognition* 7 (3): 185–91.

Paller, Ken A., Jessica D. Creery, and Eitan Schechtman. 2021. "Memory and Sleep: How Sleep Cognition Can Change the Waking Mind for the Better." *Annual Review of Psychology* 72: 123–50. https://doi.org/10.1146/annurev-psych-010419-050815.

Paller, Ken A., Gregory McCarthy, Elizabeth Roessler, Truett Allison, and Charles C. Wood. 1992. "Potentials Evoked in Human and Monkey

Medial Temporal Lobe During Auditory and Visual Oddball Paradigms." *Electroencephalography and Clinical Neurophysiology/Evoked Potentials Section* 84 (3): 269–79.

Paller, Ken A., Joel L. Voss, and Stephen G. Boehm. 2007. "Validating Neural Correlates of Familiarity." *Trends in Cognitive Sciences* 11 (6): 243–50.

Palmqvist, Sebastian, Michael Schöll, Olof Strandberg, Niklas Mattsson, Erik Stomrud, Henrik Zetterberg, Kaj Blennow, Susan Landau, William Jagust, and Oskar Hansson. 2017. "Earliest Accumulation of β-amyloid Occurs Within the Default-Mode Network and Concurrently Affects Brain Connectivity." *Nature Communications* 8 (1): 1–13.

Palombo, Daniela J., Claude Alain, Hedvig Söderlund, Wayne Khuu, and Brian Levine. 2015. "Severely Deficient Autobiographical Memory (SDAM) in Healthy Adults: A New Mnemonic Syndrome." *Neuropsychologia* 72: 105–18.

Pashler, H., N. Cepeda, R. V. Lindsey, E. Vul, and M. C. Mozer. 2009. "Predicting the Optimal Spacing of Study: A Multiscale Context Model of Memory." In *Advances in Neural Information Processing Systems* 22, edited by Y. Bengio, D. Schuurmans, J. Lafferty, C. K. I. Williams, and A. Culotta, 1321–29. La Jolla, CA: NIPS Foundation.

Pavlov, Ivan P. 1897. *The Work of the Digestive Glands.* London: Griffin.

———. 1924. "Lectures on the Work of the Cerebral Hemisphere, Lecture One." In Ivan Petrovich Pavlov, *Experimental Psychology and Other Essays.* New York: Philosophical Library, 1957.

———. 1927. *Conditioned Reflexes: An Investigation of the Physiological Activity of the Cerebral Cortex.* Oxford: Oxford University Press.

Peker, Müjde, and Ali I. Tekcan. 2009. "The Role of Familiarity Among Group Members in Collaborative Inhibition and Social Contagion." *Social Psychology* 40 (3): 111–18.

Pendergrast, M. 1996. *Victims of Memory: Sex Abuse Accusations and Shattered Lives.* Hinesburg, VT: Upper Access.

Penfield, Wilder. 1958. "Some Mechanisms of Consciousness Discovered During Electrical Stimulation of the Brain." *Proceedings of the National Academy of*

Sciences 44 (2): 51–66.

Penfield, Wilder, and Brenda Milner. 1958. "Memory Deficit Produced by Bilateral Lesions in the Hippocampal Zone." *AMA Archives of Neurology & Psychiatry* 79 (5): 475–97.

Pennartz, C. M. A., R. Ito, P. F. M. J. Verschure, F. P. Battaglia, and T. W. Robbins. 2011. "The Hippocampal-Striatal Axis in Learning, Prediction and Goal-Directed Behavior." *Trends in Neurosciences* 34 (10): 548–59.

Pennycook, G., J. A. Cheyne, N. Barr, D. J. Koehler, and J. A. Fugelsang. 2015. "On the Reception and Detection of Pseudo-Profound Bullshit." *Judgment and Decision Making* 10 (6): 549–63.

Pennycook, G., and D. G. Rand. 2020. "Who Falls for Fake News? The Roles of Bullshit Receptivity, Overclaiming, Familiarity, and Analytic Thinking." *Journal of Personality* 88 (2): 185–200.

———. 2021. "The Psychology of Fake News." *Trends in Cognitive Sciences* 25 (5): 388–402.

Perry, C. J., I. Zbukvic, J. H. Kim, and A. J. Lawrence. 2014. "Role of Cues and Contexts on Drug-Seeking Behaviour." *British Journal of Pharmacology* 171 (20): 4636–72.

Peterson, Carole. 2002. "Children's Long-Term Memory for Autobiographical Events." *Developmental Review* 22 (3): 370–402.

Phelps, Elizabeth A. 2004. "Human Emotion and Memory: Interactions of the Amygdala and Hippocampal Complex." *Current Opinion in Neurobiology* 14 (2): 198–202.

Piaget, J. 1952. *The Origins of Intelligence in Children*. Translated by M. Cook. New York: W. W. Norton. https://doi.org/10.1037/11494-000.

Pichert, James W., and Richard C. Anderson. 1977. "Taking Different Perspectives on a Story." *Journal of Educational Psychology* 69 (4): 309.

Polich, John. 2007. "Updating P300: An Integrative Theory of P3a and P3b." *Clinical Neurophysiology* 118 (10): 2128–48.

Polyn, Sean M., Vaidehi S. Natu, Jonathan D. Cohen, and Kenneth A. Norman. 2005. "Category-Specific Cortical Activity Precedes Retrieval During Memory Search." *Science* 310 (5756): 1963–66.

Potts, R., G. Davies, and D. R. Shanks. 2019. "The Benefit of Generating Errors During Learning: What Is the Locus of the Effect?" *Journal of Experimental Psychology: Learning, Memory, and Cognition* 45 (6): 1023.

Prabhakar, Janani, Elliott G. Johnson, Christine Wu Nordahl, and Simona Ghetti. 2018. "Memory-Related Hippocampal Activation in the Sleeping Toddler." *Proceedings of the National Academy of Sciences* 115 (25): 6500–505.

Pribram, Karl H. 1973. "The Primate Frontal Cortex—Executive of the Brain." Chap. 14 in *Psychophysiology of the Frontal Lobes*, edited by K. H. Pribram and A. R. Luria, 293–314. New York: Academic Press.

Radvansky, Gabriel A., Abigail C. Doolen, Kyle A. Pettijohn, and Maureen Ritchey. 2022. "A New Look at Memory Retention and Forgetting." *Journal of Experimental Psychology: Learning, Memory, and Cognition* 48 (11): 1698–723.

Radvansky, Gabriel A., and Jeffrey M. Zacks. 2017. "Event Boundaries in Memory and Cognition." *Current Opinion in Behavioral Sciences* 17: 133–40.

Raichle, Marcus E., Ann Mary MacLeod, Abraham Z. Snyder, William J. Powers, Debra A. Gusnard, and Gordon L. Shulman. 2001. "A Default Mode of Brain Function." *Proceedings of the National Academy of Sciences* 98 (2): 676–82.

Rajaram, Suparna. In press. "Collaborative Remembering and Collective Memory." To appear in *The Oxford Handbook of Human Memory*, edited by M. J. Kahana and A. D. Wagner. Oxford: Oxford University Press.

Ranganath, Charan. 2010. "A Unified Framework for the Functional Organization of the Medial Temporal Lobes and the Phenomenology of Episodic Memory." *Hippocampus* 20 (11): 1263–90.

Ranganath, Charan, and Robert S. Blumenfeld. 2005. "Doubts About Double Dissociations Between Short- and Long-Term Memory." *Trends in Cognitive Sciences* 9 (8): 374–80.

Ranganath, Charan, Joe DeGutis, and Mark D'Esposito. 2004. "Category-Specific Modulation of Inferior Temporal Activity During Working Memory Encoding and Maintenance." *Cognitive Brain Research* 20 (1): 37–45.

Ranganath, Charan, and Mark D'Esposito. 2005. "Directing the Mind's Eye: Prefrontal, Inferior and Medial Temporal Mechanisms for Visual Working

Memory." *Current Opinion in Neurobiology* 15 (2): 175–82.

Ranganath, Charan, and Liang-Tien Hsieh. 2016. "The Hippocampus: A Special Place for Time." *Annals of the New York Academy of Sciences* 1369 (1): 93–110.

Ranganath, Charan, Marcia K. Johnson, and Mark D'Esposito. 2000. "Left Anterior Prefrontal Activation Increases with Demands to Recall Specific Perceptual Information." *Journal of Neuroscience* 20 (22): RC108.

———. 2003. "Prefrontal Activity Associated with Working Memory and Episodic Long-Term Memory." *Neuropsychologia* 41 (3): 378–89.

Ranganath, Charan, and Ken A. Paller. 1999. "Frontal Brain Potentials During Recognition Are Modulated by Requirements to Retrieve Perceptual Detail." *Neuron* 22 (3): 605–13.

———. 2000. "Neural Correlates of Memory Retrieval and Evaluation." *Cognitive Brain Research* 9 (2): 209–22.

Ranganath, Charan, and Gregor Rainer. 2003. "Neural Mechanisms for Detecting and Remembering Novel Events." *Nature Reviews Neuroscience* 4 (3): 193–202.

Ranganath, Charan, and Maureen Ritchey. 2012. "Two Cortical Systems for Memory-Guided Behavior." *Nature Reviews Neuroscience* 13 (10): 713–26.

Ranganath, Charan, Andrew P. Yonelinas, Michael X. Cohen, Christine J. Dy, Sabrina M. Tom, and Mark D'Esposito. 2004. "Dissociable Correlates of Recollection and Familiarity Within the Medial Temporal Lobes." *Neuropsychologia* 42 (1): 2–13.

Ranganath, Charan. In press. "Episodic Memory." To appear in *The Oxford Handbook of Human Memory*, edited by M. J. Kahana and A. D. Wagner. Oxford: Oxford University Press.

Rasch, B., C. Büchel, S. Gais, and J. Born. 2007. "Odor Cues During Slow-Wave Sleep Prompt Declarative Memory Consolidation." *Science* 315 (5817): 1426–29.

Rauers, A., M. Riediger, F. Schmiedek, and U. Lindenberger. 2011. "With a Little Help from My Spouse: Does Spousal Collaboration Compensate for the Effects of Cognitive Aging?" *Gerontology* 57 (2): 161–66.

Reagh, Zachariah M., Angelique I. Delarazan, Alexander Garber, and Charan

Ranganath. 2020. "Aging Alters Neural Activity at Event Boundaries in the Hippocampus and Posterior Medial Network." *Nature Communications* 11 (1): 1–12.

Reagh, Zachariah M., and Charan Ranganath. 2023. "Flexible Reuse of Cortico-hippocampal Representations During Encoding and Recall of Naturalistic Events." *Nature Communications* 14 (1): 1279.

Rendell, L., and H. Whitehead. 2001. "Culture in Whales and Dolphins." *Behavioral and Brain Sciences* 24 (2): 309–24.

Rescorla, R. A., and R. I. Solomon. 1967. "Two-Process Learning Theory: Relationships Between Pavlovian Conditioning and Instrumental Learning." *Psychological Review* 74 (3): 151–82. https://doi.org/10.1037/h0024475.

Riccio, D. C., P. M. Millin, and A. R. Bogart. 2006. "Reconsolidation: A Brief History, a Retrieval View, and Some Recent Issues." *Learning & Memory* 13 (5): 536–44.

Richland, L. E., N. Kornell, and L. S. Kao. 2009. "The Pretesting Effect: Do Unsuccessful Retrieval Attempts Enhance Learning?" *Journal of Experimental Psychology: Applied* 15 (3): 243.

Ritchey, Maureen, Andrew M. McCullough, Charan Ranganath, and Andrew P. Yonelinas. 2017. "Stress as a Mnemonic Filter: Interactions Between Medial Temporal Lobe Encoding Processes and Post-Encoding Stress." *Hippocampus* 27 (1): 77–88.

Ritchey, Maureen, Maria E. Montchal, Andrew P. Yonelinas, and Charan Ranganath. 2015. "Delay-Dependent Contributions of Medial Temporal Lobe Regions to Episodic Memory Retrieval." *eLife* 4: e05025.

Ritchey, Maureen, Shao-Fang Wang, Andrew P. Yonelinas, and Charan Ranganath. 2019. "Dissociable Medial Temporal Pathways for Encoding Emotional Item and Context Information." *Neuropsychologia* 124: 66–78.

Robbins, T. W., and B. J. Everitt. 2007. "A Role for Mesencephalic Dopamine in Activation: Commentary on Berridge (2006)." *Psychopharmacology* 191 (3): 433–37.

Roediger, Henry L., III. 1985. "Remembering Ebbinghaus." Review of H. Ebbinghaus, *Memory: A Contribution to Experimental Psychology.*

Contemporary Psychology 30 (7): 519–23. https://doi.org/10.1037/023895.

———. 1990. "Implicit Memory: Retention Without Remembering." *American Psychologist* 45 (9): 1043.

———. 2003. "Bartlett, Frederic Charles." In *Encyclopedia of Cognitive Science*, edited by Lynn Nadel, 1:319–22. Hoboken, NJ: Wiley.

———. 2008. "Relativity of Remembering: Why the Laws of Memory Vanished." *Annual Review of Psychology* 59: 225–54.

Roediger, Henry L., III., and Andrew C. Butler. 2011. "The Critical Role of Retrieval Practice in Long-Term Retention." *Trends in Cognitive Sciences* 15 (1): 20–27.

Roediger, Henry L., III, and Jeffrey D. Karpicke. 2006. "Test-Enhanced Learning: Taking Memory Tests Improves Long-Term Retention." *Psychological Science* 17 (3): 249–55.

Roediger, Henry L., III, and Kathleen B. McDermott. 1995. "Creating False Memories: Remembering Words Not Presented in Lists." *Journal of Experimental Psychology: Learning, Memory, and Cognition* 21 (4): 803.

———. 1996. "False Perceptions of False Memories." *Journal of Experimental Psychology: Learning, Memory, and Cognition* 22 (3): 814–16. https://doi.org/10.1037/0278-7393.22.3.814.

Roediger, Henry L., III, Michelle L. Meade, and Erik T. Bergman. 2001. "Social Contagion of Memory." *Psychonomic Bulletin & Review* 8 (2): 365–71.

Rowland, Christopher A. 2014. "The Effect of Testing Versus Restudy on Retention: A Meta-analytic Review of the Testing Effect." *Psychological Bulletin* 140 (6): 1432.

Rubin, R. D., S. Brown-Schmidt, M. C. Duff, D. Tranel, and N. J. Cohen. 2011. "How Do I Remember That I Know You Know That I Know?" *Psychological Science* 22 (12) (December): 1574–82. https://doi.org/10.1177/0956797611418245.

Rudoy, J. D., J. L. Voss, C. E. Westerberg, and K. A. Paller. 2009. "Strengthening Individual Memories by Reactivating Them During Sleep." *Science* 326 (5956): 1079.

Rugg, M. D., and K. L. Vilberg. 2013. "Brain Networks Underlying Episodic

Memory Retrieval." *Current Opinion in Neurobiology* 23 (2): 255–60.

Rugg, M. D., and E. L. Wilding. 2000. "Retrieval Processing and Episodic Memory." *Trends in Cognitive Sciences* 4 (3): 108–15.

Rumelhart, David E., and Andrew Ortony. 1977. "The Representation of Knowledge in Memory." In *Schooling and the Acquisition of Knowledge*, edited by R. C. Anderson, R. J. Spiro, and W. E. Montague, 99–135. Hillsdale, NJ: Lawrence Erlbaum.

Ryan, Jennifer D., Robert R. Althoff, Stephen Whitlow, and Neal J. Cohen. 2000. "Amnesia Is a Deficit in Relational Memory." *Psychological Science* 11 (6): 454–61.

Ryan, Jennifer D., and Kelly Shen. 2020. "The Eyes Are a Window into Memory." *Current Opinion in Behavioral Sciences* 32: 1–6.

Saletan, W. 2000. "Push Me, Poll You." *Slate*, February 15, 2000. https://slate.com/news-and-politics/2000/02/push-me-poll-you.html.

Sanders, K. E., S. Osburn, K. A. Paller, and M. Beeman. 2019. "Targeted Memory Reactivation During Sleep Improves Next-Day Problem Solving." *Psychological Science* 30 (11): 1616–24.

Sapolsky, Robert M. 1994. *Why Zebras Don't Get Ulcers: A Guide to Stress, Stress-Related Diseases, and Coping*. New York: W. H. Freeman.

———. 2002. "Endocrinology of the Stress-Response." In *Behavioral Endocrinology*, edited by J. B. Becker, S. M. Breedlove, D. Crews, and M. M. McCarthy, 409–50. Cambridge, MA: MIT Press.

———. 2003. "Taming Stress." *Scientific American* 289 (3): 86–95.

Sazma, M. A., G. S. Shields, and A. P. Yonelinas. 2019. "The Effects of Post-Encoding Stress and Glucocorticoids on Episodic Memory in Humans and Rodents." *Brain and Cognition* 133: 12–23.

Schacter, Daniel L. 2002. *The Seven Sins of Memory: How the Mind Forgets and Remembers*. Boston: Mariner Books.

———. 2022. "Media, Technology, and the Sins of Memory." *Memory, Mind & Media* 1: e1.

Schacter, Daniel L., and Donna Rose Addis. 2007. "The Cognitive Neuroscience of Constructive Memory: Remembering the Past and Imagining the Future."

Philosophical Transactions of the Royal Society B: Biological Sciences 362 (1481): 773–86.

Schacter, Daniel L., Donna Rose Addis, and Randy L. Buckner. 2008. "Episodic Simulation of Future Events: Concepts, Data, and Applications." *Annals of the New York Academy of Sciences* 1124 (1): 39–60.

Schacter, Daniel L., R. L. Buckner, W. Koutstaal, A. M. Dale, and B. R. Rosen. 1997. "Late Onset of Anterior Prefrontal Activity During True and False Recognition: An Event-Related fMRI Study." *Neuroimage* 6 (4): 259–69.

Schacter, Daniel L., Mieke Verfaellie, and Dan Pradere. 1996. "The Neuropsychology of Memory Illusions: False Recall and Recognition in Amnesic Patients." *Journal of Memory and Language* 35 (2): 319–34.

Schank, R. C., and R. P. Abelson. 1977. *Scripts, Plans, Goals and Understanding: An Inquiry into Human Knowledge Structures.* Hillsdale, NJ: Lawrence Erlbaum.

Schiller, D., and E. A. Phelps. 2011. "Does Reconsolidation Occur in Humans?" *Frontiers in Behavioral Neuroscience* 5: 24.

Schlag, A. K. 2020. "Percentages of Problem Drug Use and Their Implications for Policy Making: A Review of the Literature." *Drug Science, Policy and Law* 6. https://doi.org/10.1177/2050324520904540.

Schulkind, Matthew D., Laura Kate Hennis, and David C. Rubin. 1999. "Music, Emotion, and Autobiographical Memory: They're Playing Your Song." *Memory & Cognition* 27 (6): 948–55.

Schultz, Wolfram. 1997. "Dopamine Neurons and Their Role in Reward Mechanisms." *Current Opinion in Neurobiology* 7 (2): 191–97.

———. 2006. "Behavioral Theories and the Neurophysiology of Reward." *Annual Review of Psychology* 87: 115.

Scoboria, Alan, Giuliana Mazzoni, Irving Kirsch, and Leonard S. Milling. 2002. "Immediate and Persisting Effects of Misleading Questions and Hypnosis on Memory Reports." *Journal of Experimental Psychology: Applied* 8 (1): 26.

Scoboria, Alan, Kimberley A. Wade, D. Stephen Lindsay, Tanjeem Azad, Deryn Strange, James Ost, and Ira E. Hyman. 2017. "A Mega-analysis of Memory Reports from Eight Peer-Reviewed False Memory Implantation Studies." *Memory* 25 (2): 146–63.

Scoville, William Beecher, and Brenda Milner. 1957. "Loss of Recent Memory After Bilateral Hippocampal Lesions." *Journal of Neurology, Neurosurgery, and Psychiatry* 20 (1): 11.

Shaw, Julia, and Stephen Porter. 2015. "Constructing Rich False Memories of Committing Crime." *Psychological Science* 26 (3): 291–301.

Sheldon, Signy, Can Fenerci, and Lauri Gurguryan. 2019. "A Neurocognitive Perspective on the Forms and Functions of Autobiographical Memory Retrieval." *Frontiers in Systems Neuroscience* 13: 4.

Shields, Grant S., Andrew M. McCullough, Maureen Ritchey, Charan Ranganath, and Andrew P. Yonelinas. 2019. "Stress and the Medial Temporal Lobe at Rest: Functional Connectivity Is Associated with Both Memory and Cortisol." *Psychoneuroendocrinology* 106: 138–46.

Shields, Grant S., Matthew A. Sazma, Andrew M. McCullough, and Andrew P. Yonelinas. 2017. "The Effects of Acute Stress on Episodic Memory: A Meta-analysis and Integrative Review." *Psychological Bulletin* 143 (6): 636.

Shields, Grant S., Matthew A. Sazma, and Andrew P. Yonelinas. 2016. "The Effects of Acute Stress on Core Executive Functions: A Meta-analysis and Comparison with Cortisol." *Neuroscience & Biobehavioral Reviews* 68:651–68.

Silvia, Paul J. 2008. "Interest—the Curious Emotion." *Current Directions in Psychological Science* 17 (1): 57–60.

Silvia, Paul J., and Alexander P. Christensen. 2020. "Looking Up at the Curious Personality: Individual Differences in Curiosity and Openness to Experience." *Current Opinion in Behavioral Sciences* 35: 1–6.

Simon, H. A. 1974. "How Big Is a Chunk? By Combining Data from Several Experiments, a Basic Human Memory Unit Can Be Identified and Measured." *Science* 183 (4124): 482–88.

Simons, Jon S., Jane R. Garrison, and Marcia K. Johnson. 2017. "Brain Mechanisms of Reality Monitoring." *Trends in Cognitive Sciences* 21 (6): 462–73.

Sinclair, A. H., and M. D. Barense. 2019. "Prediction Error and Memory Reactivation: How Incomplete Reminders Drive Reconsolidation." *Trends in*

Neurosciences 42 (10): 727–39.

Singh, D., K. A. Norman, and A. C. Schapiro. 2022. "A Model of Autonomous Interactions Between Hippocampus and Neocortex Driving Sleep-Dependent Memory Consolidation." *Proceedings of the National Academy of Sciences* 119 (44): e2123432119.

Smallwood, Jonathan, and Jonathan W. Schooler. 2015. "The Science of Mind Wandering: Empirically Navigating the Stream of Consciousness." *Annual Review of Psychology* 66: 487–518.

Soares, Julia S., and Benjamin C. Storm. 2018. "Forget in a Flash: A Further Investigation of the Photo-Taking-Impairment Effect." *Journal of Applied Research in Memory and Cognition* 7 (1): 154–60.

Sokolov, E. N. 1963. "Higher Nervous Functions: The Orienting Reflex." *Annual Review of Physiology* 25 (1): 545–80.

———. 1990. "The Orienting Response, and Future Directions of Its Development." *Pavlovian Journal of Biological Science* 25 (3): 142–50.

Solomon, M., A.-M. Iosif, M. K. Krug, C. W. Nordahl, E. Adler, C. Mirandola, and S. Ghetti. 2019. "Emotional False Memory in Autism Spectrum Disorder: More Than Spared." *Journal of Abnormal Psychology* 128 (4): 352–63. https://doi.org/10.1037/abn0000418.

Soltani, M., and R. T. Knight. 2000. "Neural Origins of the P300." *Critical Reviews in Neurobiology* 14 (3–4).

Sporns, Olaf. 2010. *Networks of the Brain*. Cambridge, MA: MIT Press.

Squire, Larry R. 1986. "Mechanisms of Memory." *Science* 232 (4758): 1612–19.

Squire, Larry R., and S. M. Zola. 1998. "Episodic Memory, Semantic Memory, and Amnesia." *Hippocampus* 8 (3): 205–11.

Squires, Nancy K., Kenneth C. Squires, and Steven A. Hillyard. 1975. "Two Varieties of Long-Latency Positive Waves Evoked by Unpredictable Auditory Stimuli in Man." *Electroencephalography and Clinical Neurophysiology* 38 (4): 387–401.

Staniloiu, Angelica, and Hans J. Markowitsch. 2014. "Dissociative Amnesia." *Lancet Psychiatry* 1 (3): 226–41.

Stapleton, J. M., and E. Halgren. 1987. "Endogenous Potentials Evoked in

Simple Cognitive Tasks: Depth Components and Task Correlates." *Electroencephalography and Clinical Neurophysiology* 67 (1): 44–52.

Stare, Christopher J., Matthias J. Gruber, Lynn Nadel, Charan Ranganath, and Rebecca L. Gómez. 2018. "Curiosity-Driven Memory Enhancement Persists over Time but Does Not Benefit from Post-learning Sleep." *Cognitive Neuroscience* 9 (3–4): 100–15.

Staresina, B. P., T. O. Bergman, M. Bonnefond, R. van der Meij, O. Jensen, L. Deuker, C. E. Elger, N. Axmacher, and J. Fell. 2015. "Hierarchical Nesting of Slow Oscillations, Spindles and Ripples in the Human Hippocampus During Sleep." *Nature Neuroscience* 18 (11): 1679–86.

Stawarczyk, David, Christopher N. Wahlheim, Joset A. Etzel, Abraham Z. Snyder, and Jeffrey M. Zacks. 2020. "Aging and the Encoding of Changes in Events: The Role of Neural Activity Pattern Reinstatement." *Proceedings of the National Academy of Sciences* 117 (47): 29346–53.

Stemerding, L. E., D. Stibbe, V. A. van Ast, and M. Kindt. 2022. "Demarcating the Boundary Conditions of Memory Reconsolidation: An Unsuccessful Replication." *Scientific Reports* 12 (1): 2285.

Stern, Chantal E., Suzanne Corkin, R. Gilberto González, Alexander R. Guimaraes, John R. Baker, Peggy J. Jennings, Cindy A. Carr, Robert M. Sugiura, Vasanth Vedantham, and Bruce R. Rosen. 1996. "The Hippocampal Formation Participates in Novel Picture Encoding: Evidence from Functional Magnetic Resonance Imaging." *Proceedings of the National Academy of Sciences* 93, no. 16: 8660–65.

Stiffler, L. 2011. "Understanding Orca Culture." *Smithsonian Magazine*, August 2011. https://www.smithsonianmag.com/science-nature/understanding-orca-culture-12494696/.

St. Jacques, Peggy L. 2012. "Functional Neuroimaging of Autobiographical Memory." Chap. 7 in *Understanding Autobiographical Memory*, edited by Dorthe Berntsen and David C. Rubin, 114–38. Cambridge: Cambridge University Press.

Stuss, D. T., F. I. Craik, L. Sayer, D. Franchi, and M. P. Alexander. 1996. "Comparison of Older People and Patients with Frontal Lesions: Evidence from Word List Learning." *Psychology and Aging* 11 (3): 387.

Sutton, S., M. Braren, J. Zubin, and E. R. John. 1965. "Evoked Potential Correlates of Stimulus Uncertainty." *Science* 150: 1187–88.

Swallow, Khena M., Deanna M. Barch, Denise Head, Corey J. Maley, Derek Holder, and Jeffrey M. Zacks. 2011. "Changes in Events Alter How People Remember Recent Information." *Journal of Cognitive Neuroscience* 23, no. 5: 1052–64.

Swallow, K. M., J. M. Zacks, and R. A. Abrams. 2009. "Event Boundaries in Perception Affect Memory Encoding and Updating." *Journal of Experimental Psychology: General* 138 (2): 236.

Szpunar, K. K., J. M. Watson, and K. B. McDermott. 2007. "Neural Substrates of Envisioning the Future." *Proceedings of the National Academy of Sciences* 104 (2): 642–47.

Takeuchi, Tomonori, Adrian J. Duszkiewicz, and Richard G. M. Morris. 2014. "The Synaptic Plasticity and Memory Hypothesis: Encoding, Storage and Persistence." *Philosophical Transactions of the Royal Society B: Biological Sciences* 369 (1633): 20130288.

Tambini, A., N. Ketz, and L. Davachi. 2010. "Enhanced Brain Correlations During Rest Are Related to Memory for Recent Experiences." *Neuron* 65 (2): 280–90.

Teuber, H. L. 1964. "The Riddle of Frontal Lobe Function in Man." In *The Frontal Granular Cortex and Behavior*, edited by J. M. Warren and K. Akert. New York: McGraw-Hill.

Teyler, T. J., and P. DiScenna. 1986. "The Hippocampal Memory Indexing Theory." *Behavioral Neuroscience* 100 (2): 147.

Teyler, T. J., and J. W. Rudy. 2007. "The Hippocampal Indexing Theory and Episodic Memory: Updating the Index." *Hippocampus* 17 (12): 1158–69.

Thakral, Preston P., Aleea L. Devitt, Nadia M. Brashier, and Daniel L. Schacter. 2021. "Linking Creativity and False Memory: Common Consequences of a Flexible Memory System." *Cognition* 217: 104905.

Thakral, Preston P., Kevin P. Madore, Sarah E. Kalinowski, and Daniel L. Schacter. 2020. "Modulation of Hippocampal Brain Networks Produces Changes in

Episodic Simulation and Divergent Thinking." *Proceedings of the National Academy of Sciences* 117 (23): 12729–40.

Thomas, Ayanna K., John B. Bulevich, and Elizabeth F. Loftus. 2003. "Exploring the Role of Repetition and Sensory Elaboration in the Imagination Inflation Effect." *Memory & Cognition* 31 (4): 630–40.

Thomas, Ayanna K., and Elizabeth F. Loftus. 2002. "Creating Bizarre False Memories Through Imagination." *Memory & Cognition* 30 (3): 423–31.

Tolman, Edward C. 1948. "Cognitive Maps in Rats and Men." *Psychological Review* 55 (4): 189.

Tulving, Endel. 1972. "Episodic and Semantic Memory." Chap. 12 in *Organization of Memory*, edited by E. Tulving and W. Donaldson, 381–403. New York: Academic Press.

———. 1985. "Memory and Consciousness." *Canadian Psychology / Psychologie canadienne* 26 (1): 1–12.

Tulving, Endel, Hans J. Markowitsch, Shitij Kapur, Reza Habib, and Sylvain Houle. 1994. "Novelty Encoding Networks in the Human Brain: Positron Emission Tomography Data." *NeuroReport: International Journal for Rapid Communication of Research in Neuroscience* 5, no. 18: 2525–28.

Tulving, Endel, and Daniel L. Schacter. 1990. "Priming and Human Memory Systems." *Science* 247 (4940): 301–6.

Tupes, E. C., and R. E. Christal. 1992. "Recurrent Personality Factors Based on Trait Ratings." *Journal of Personality* 60 (2): 225–51.

Umbach, G., P. Kantak, J. Jacobs, M. Kahana, B. E. Pfeiffer, M. Sperling, and B. Lega. 2020. "Time Cells in the Human Hippocampus and Entorhinal Cortex Support Episodic Memory." *Proceedings of the National Academy of Sciences* 117 (45): 28463–74.

Uncapher, Melina R., and Anthony D. Wagner. 2018. "Minds and Brains of Media Multitaskers: Current Findings and Future Directions." *Proceedings of the National Academy of Sciences* 115 (40): 9889–96.

Unkelbach, Christian, Alex Koch, Rita R. Silva, and Teresa Garcia-Marques. 2019. "Truth by Repetition: Explanations and Implications." *Current Directions in Psychological Science* 28 (3): 247–53.

Vargha-Khadem, F., and F. Cacucci. 2021. "A Brief History of Developmental Amnesia." *Neuropsychologia* 150: 107689.

Vargha-Khadem, F., D. G. Gadian, K. E. Watkins, A. Connelly, W. Van Paesschen, and M. Mishkin. 1997. "Differential Effects of Early Hippocampal Pathology on Episodic and Semantic Memory." *Science* 277 (5324): 376–80.

Vinogradova, Olga S. 2001. "Hippocampus as Comparator: Role of the Two Input and Two Output Systems of the Hippocampus in Selection and Registration of Information." *Hippocampus* 11 (5): 578–98.

Viscogliosi, C., H. Asselin, S. Basile, K. Borwick, Y. Couturier, M. J. Drolet, D. Gagnon, et al. 2020. "Importance of Indigenous Elders' Contributions to Individual and Community Wellness: Results from a Scoping Review on Social Participation and Intergenerational Solidarity." *Canadian Journal of Public Health* 111 (5): 667–81.

Volkow, Nora D., Joanna S. Fowler, Gene-Jack Wang, James M. Swanson, and Frank Telang. 2007. "Dopamine in Drug Abuse and Addiction: Results of Imaging Studies and Treatment Implications." *Archives of Neurology* 64 (11): 1575–79.

Voss, J. L., D. J. Bridge, N. J. Cohen, and J. A. Walker. 2017. "A Closer Look at the Hippocampus and Memory." *Trends in Cognitive Sciences* 21 (8): 577–88.

Voss, Michelle W., Carmen Vivar, Arthur F. Kramer, and Henriette van Praag. 2013. "Bridging Animal and Human Models of Exercise-Induced Brain Plasticity." *Trends in Cognitive Sciences* 17 (10): 525–44.

Wade, Kimberley A., Maryanne Garry, and Kathy Pezdek. 2018. "Deconstructing Rich False Memories of Committing Crime: Commentary on Shaw and Porter (2015)." *Psychological Science* 29 (3): 471–76.

Wagner, Anthony D. 1999. "Working Memory Contributions to Human Learning and Remembering." *Neuron* 22 (1): 19–22.

Walker, Matthew. 2017. *Why We Sleep: Unlocking the Power of Sleep and Dreams*. New York: Simon & Schuster.

Wamsley, E. J., and R. Stickgold. 2011. "Memory, Sleep, and Dreaming: Experiencing Consolidation." *Sleep Medicine Clinics* 6 (1): 97–108.

Wang, M. Z., and B. Y. Hayden. 2019. "Monkeys Are Curious About

Counterfactual Outcomes." *Cognition* 189: 1–10.

Wang, Shao-Fang, Maureen Ritchey, Laura A. Libby, and Charan Ranganath. 2016. "Functional Connectivity Based Parcellation of the Human Medial Temporal Lobe." *Neurobiology of Learning and Memory* 134: 123–34.

Wang, Wei-Chun, Michele M. Lazzara, Charan Ranganath, Robert T. Knight, and Andrew P. Yonelinas. 2010. "The Medial Temporal Lobe Supports Conceptual Implicit Memory." *Neuron* 68 (5): 835–42.

Wang, Wei-Chun, Charan Ranganath, and Andrew P. Yonelinas. 2014. "Activity Reductions in Perirhinal Cortex Predict Conceptual Priming and Familiarity-Based Recognition." *Neuropsychologia* 52: 19–26.

Watson, John B. 1913. "Psychology as the Behaviorist Views It." *Psychological Review* 20 (2): 158.

Weldon, M. S., and K. D. Bellinger. 1997. "Collective Memory: Collaborative and Individual Processes in Remembering." *Journal of Experimental Psychology: Learning, Memory, and Cognition* 23 (5): 1160.

West, Robert L. 1996. "An Application of Prefrontal Cortex Function Theory to Cognitive Aging." *Psychological Bulletin* 120 (2): 272.

Wheeler, Mark E., Steven E. Petersen, and Randy L. Buckner. 2000. "Memory's Echo: Vivid Remembering Reactivates Sensory-Specific Cortex." *Proceedings of the National Academy of Sciences* 97 (20): 11125–29.

Wilding, E. L., and M. D. Rugg. 1996. "An Event-Related Potential Study of Recognition Memory with and Without Retrieval of Source." *Brain* 119 (3): 889–905.

Wilson, Robert C., Amitai Shenhav, Mark Straccia, and Jonathan D. Cohen. 2019. "The Eighty-Five Percent Rule for Optimal Learning." *Nature Communications* 10 (1): 1–9.

Wise, Roy A. 2004. "Dopamine, Learning and Motivation." *Nature Reviews Neuroscience* 5 (6): 483–94.

Wise, Roy A., and Mykel A. Robble. 2020. "Dopamine and Addiction." *Annual Review of Psychology* 71: 79–106.

Wittmann, Bianca C., Nico Bunzeck, Raymond J. Dolan, and Emrah Düzel. 2007. "Anticipation of Novelty Recruits Reward System and Hippocampus While

Promoting Recollection." *Neuroimage* 38 (1): 194–202.

Wixted, J. T. 2007. "Dual-Process Theory and Signal-Detection Theory of Recognition Memory." *Psychological Review* 114 (1): 152.

Wolf, Oliver T. 2009. "Stress and Memory in Humans: Twelve Years of Progress?" *Brain Research* 1293: 142–54.

Wright, L. A., L. Horstmann, E. A. Holmes, and J. I. Bisson. 2021. "Consolidation/Reconsolidation Therapies for the Prevention and Treatment of PTSD and Re-experiencing: A Systematic Review and Meta-Analysis." *Translational Psychiatry* 11 (1): 453.

Xia, Chenjie. 2006. "Understanding the Human Brain: A Lifetime of Dedicated Pursuit. Interview with Dr. Brenda Milner." *McGill Journal of Medicine* 9 (2): 165.

Xie, Lulu, Hongyi Kang, Qiwu Xu, Michael J. Chen, Yonghong Liao, Meenakshisundaram Thiyagarajan, John O'Donnell, et al. 2013. "Sleep Drives Metabolite Clearance from the Adult Brain." *Science* 342 (6156): 373–77.

Xue, Gui, Qi Dong, Chuansheng Chen, Zhonglin Lu, Jeanette A. Mumford, and Russell A. Poldrack. 2010. "Greater Neural Pattern Similarity Across Repetitions Is Associated with Better Memory." *Science* 330 (6000): 97–101.

Yonelinas, Andrew P. 1994. "Receiver-Operating Characteristics in Recognition Memory: Evidence for a Dual-Process Model." *Journal of Experimental Psychology: Learning, Memory, and Cognition* 20 (6): 1341.

———. 2001. "Consciousness, Control, and Confidence: The 3 Cs of Recognition Memory." *Journal of Experimental Psychology: General* 130 (3): 361–79.

———. 2002. "The Nature of Recollection and Familiarity: A Review of 30 Years of Research." *Journal of Memory and Language* 46 (3): 441–517.

Yonelinas, A. P., M. Aly, W.-C. Wang, and J. D. Koen. 2010. "Recollection and Familiarity: Examining Controversial Assumptions and New Directions." *Hippocampus* 20 (11): 1178–94.

Yonelinas, A. P., N. E. Kroll, J. R. Quamme, M. M. Lazzara, M. J. Sauvé, K. F. Widaman, and R. T. Knight. 2002. "Effects of Extensive Temporal Lobe Damage or Mild Hypoxia on Recollection and Familiarity." *Nature*

Neuroscience 5 (11): 1236–41.

Yonelinas, Andrew P., and Collen M. Parks. 2007. "Receiver Operating Characteristics (ROCs) in Recognition Memory: A Review." *Psychological Bulletin* 133 (5): 800.

Yonelinas, Andrew P., Colleen M. Parks, Joshua D. Koen, Julie Jorgenson, and Sally P. Mendoza. 2011. "The Effects of Post-encoding Stress on Recognition Memory: Examining the Impact of Skydiving in Young Men and Women." *Stress* 14 (2): 136–44.

Yonelinas, A. P., C. Ranganath, A. D. Ekstrom, and B. J. Wiltgen. 2019. "A Contextual Binding Theory of Episodic Memory: Systems Consolidation Reconsidered." *Nature Reviews Neuroscience* 20 (6): 364–75.

Yonelinas, Andrew P., and Maureen Ritchey. 2015. "The Slow Forgetting of Emotional Episodic Memories: An Emotional Binding Account." *Trends in Cognitive Sciences* 19 (5): 259–67.

Yoo, H. B., G. Umbach, and B. Lega. 2021. "Neurons in the Human Medial Temporal Lobe Track Multiple Temporal Contexts During Episodic Memory Processing." *NeuroImage* 245: 118689.

Zacks, Jeffrey M. 2020. "Event Perception and Memory." *Annual Review of Psychology* 71: 165–91.

Zacks, J. M., T. S. Braver, M. A. Sheridan, D. I. Donaldson, A. Z. Snyder, J. M. Ollinger, R. L. Buckner, and M. E. Raichle. 2001. "Human Brain Activity Time-Locked to Perceptual Event Boundaries." *Nature Neuroscience* 4 (6): 651–55.

Zacks, Jeffrey M., and Barbara J. Tversky. 2001. "Event Structure in Perception and Conception." *Psychological Bulletin* 127 (1): 3.

Zacks, Rose T., and Lynn Hasher. 2006. "Aging and Long-Term Memory: Deficits Are Not Inevitable." In *Lifespan Cognition: Mechanisms of Change*, edited by E. Bialystok and F. I. M. Craik, 162–77. Oxford: Oxford University Press.

Zadra, A., and R. Stickgold. 2021. *When Brains Dream*. New York: W. W. Norton.

Zajonc, R. B. 1968. "Attitudinal Effects of Mere Exposure." *Journal of Personality and Social Psychology* 9 (2, pt. 2): 1–27.

———. 2001. "Mere Exposure: A Gateway to the Subliminal." *Current Directions in Psychological Science* 10 (6): 224–28.

Zheng, Yicong, Xiaonan L. Liu, Satoru Nishiyama, Charan Ranganath, and Randall C. O'Reilly. 2022. "Correcting the Hebbian Mistake: Toward a Fully Error-Driven Hippocampus." *PLoS Computational Biology* 18 (10): e1010589.

國家圖書館出版品預行編目 (CIP) 資料

記憶決定你是誰 : 探索心智基礎, 學習如何記憶 /
蘭迦納特 (Charan Ranganath) 著 ; 姚若潔譯 . --
第一版 . -- 臺北市 : 遠見天下文化出版股份有限
公司 , 2024.07
　　面 ;　　公分 . -- (科學文化 ; 237)
譯自 : Why we remember : unlocking memory's
power to hold on to what matters.
ISBN 978-626-355-860-1(平裝)

1.CST: 記憶 2.CST: 學習方法 3.CST: 認知心理學

176.3　　　　　　　　　　　113009972

科學文化 237

記憶決定你是誰：探索心智基礎，學習如何記憶
Why We Remember: Unlocking Memory's Power to Hold on to What Matters

原　　著 —— 蘭迦納特（Charan Ranganath）
譯　　者 —— 姚若潔
科學叢書顧問群 —— 林和（總策劃）、牟中原、李國偉、周成功

總 編 輯 —— 吳佩穎
編輯顧問 —— 林榮崧
副總編輯 —— 陳雅茜
責任編輯 —— 吳育燐
美術設計 —— 蕭志文（特約）
封面設計 —— bianco（特約）

出 版 者 —— 遠見天下文化出版股份有限公司
創 辦 人 —— 高希均、王力行
遠見・天下文化　事業群榮譽董事長 —— 高希均
遠見・天下文化　事業群董事長 —— 王力行
天下文化社長 —— 王力行
天下文化總經理 —— 鄧瑋羚
國際事務開發部兼版權中心總監 —— 潘欣
法律顧問 —— 理律法律事務所陳長文律師　　　著作權顧問 —— 魏啟翔律師
社　　址 —— 台北市 104 松江路 93 巷 1 號 2 樓
讀者服務專線 —— 02-2662-0012｜傳真 —— 02-2662-0007；02-2662-0009
電子郵件信箱 —— cwpc@cwgv.com.tw
直接郵撥帳號 —— 1326703-6 號 遠見天下文化出版股份有限公司

電腦排版 —— 蕭志文（特約）
製 版 廠 —— 東豪印刷事業有限公司
印 刷 廠 —— 祥峰印刷事業有限公司
裝 訂 廠 —— 聿成裝訂股份有限公司
登 記 證 —— 局版台業字第 2517 號
總 經 銷 —— 大和書報圖書股份有限公司 電話／02-8990-2588
出版日期 —— 2024 年 07 月 29 日第一版第 1 次印行

定價 —— NTD 450 元
書號 —— BCS237
ISBN —— 978-626-355-860-1｜EISBN 9786263558557（EPUB）；978626355856（PDF）

天下文化官網 —— bookzone.cwgv.com.tw

本書如有缺頁、破損、裝訂錯誤，請寄回本公司調換。
本書僅代表作者言論，不代表本社立場。

天下·文化
BELIEVE IN READING